Naucke, Rechtsphilosophische Grundbegriffe

Juristische Lernbücher 19

ISBN 3-472-02601-4

Rechtsphilosophische Grundbegriffe

von

Dr. iur. Wolfgang Naucke

Professor an der
Universität Frankfurt am Main

3. neubearbeitete Auflage

Luchterhand

Die Deutsche Bibliothek – CIP-Einheitsaufnahme
Naucke, Wolfgang:
Rechtsphilosophische Grundbegriffe / von Wolfgang Naucke. –
3., neubearb. Aufl. – Neuwied ; Kriftel ; Berlin : Luchterhand,
1996
(Juristische Lernbücher ; 19)
ISBN 3-472-02601-4
NE: GT

Satz: PL Software, Kronberg/Taunus
Druck, Bindung: Wilhelm & Adam, Heusenstamm
Printed in Germany, Juli 1996

∞ Gedruckt auf säurefreiem, alterungsbeständigem und chlorfreiem Papier

Vorwort

Rechtsphilosophie will eine Lehre vom richtigen Recht, eine Lehre von der Gerechtigkeit entwickeln. Das ist ein schwieriges Unternehmen. Vom Gelingen dieses Unternehmens ist jedermann in seinem Alltag abhängig.

Der folgende Text will das Grundwissen zeigen, das man braucht, um sich am Nachdenken und an den Erörterungen über richtiges Recht beteiligen zu können.

Der Text will anregen, sich die Hauptdaten der Rechtsphilosophie-Geschichte zu vergegenwärtigen oder anzueignen. Vor allem will die Darstellung davon überzeugen, daß man die klassischen rechtsphilosophischen Bücher immer wieder lesen muß. Auf leicht zugängliche Ausgaben dieser klassischen rechtsphilosophischen Bücher ist überall hingewiesen.

Die 3. Auflage enthält neben zahlreichen kleineren Korrekturen und Zusätzen folgende Erweiterungen: Teil 3 über die aktuelle rechtsphilosophische Situation informiert ausführlicher: Abschnitte über die Ökonomische Analyse des Rechts und über (neuere) Vertragstheorien und Recht sind eingefügt; die Abschnitte zur Systemtheorie und zur Konsenstheorie im Recht sind erweitert. Die Literaturhinweise und Leseempfehlungen sind aktualisiert.

Der Text ist für einen Studienkurs der Fernuniversität Hagen geschrieben und für den Druck überarbeitet worden. Manche Passage ist auf die Debatten im langjährigen gemeinsamen Seminar der Frankfurter Strafrechtler und ihrer Mitarbeiter zurückzuführen.

Frau Ass. Dr. Regina Harzer und Frau Ass. Dr. Christine Pott haben den Text dieser Auflage durch inhaltliche Anregungen und technische Überprüfungen sehr gefördert. Hinweise aufmerksamer Leser haben die Tilgung von Irrtümern und Druckfehlern ermöglicht. Frau Evi Langner danke ich vielmals für die große Sorgfalt, mit der sie das Manuskript geschrieben und die Korrekturen überwacht hat.

Frankfurt am Main, im Januar 1996 W. N.

Übersicht

Inhalt

Abkürzungsverzeichnis

a.a.O.	am angeführten Ort
Abs.	Absatz
Anm.	Anmerkung
Art.	Artikel
Aufl.	Auflage
BAföG	Bundesausbildungsförderungsgesetz
Bd.	Band
bes.	besonders
BGB	Bürgerliches Gesetzbuch
d.h.	das heißt
d.i.	das ist
f., ff.	folgende Seite(n)
GG	Grundgesetz für die Bundesrepublik Deutschland
GVG	Gerichtsverfassungsgesetz
hrsg.	herausgegeben
Hrsg.	Herausgeber
Kap.	Kapitel
KritV	Kritische Vierteljahresschrift für Gesetzgebung und Rechtswissenschaft
Nr.	Nummer
o.J.	ohne Jahr
Rn.	Randnummer
S.	Seite
StGB	Strafgesetzbuch
StPO	Strafprozeßordnung
StVG	Straßenverkehrsgesetz
u.a.	und andere
vgl.	vergleiche
z.B.	zum Beispiel

1 Einleitung: Das Problem der Rechtsphilosophie – Literatur – Darstellungsziele

1.1 Der Unterschied zwischen positivem (gesetztem) Recht und richtigem Recht

Jedermann trifft in seinem Alltag auf Rechtsfragen. Nimmt man diese 1
Rechtsfragen ernst, so ist der Weg in die Rechtsphilosophie unvermeidbar.

Man mietet eine Wohnung und entdeckt, daß das Mieten in ganz bestimmten Formen geschehen muß und daß diese Formen bestimmten Inhalten dienen: Verträge werden schriftlich vorgelegt und unterschrieben; die Vertragstexte enthalten vielfältige Bestimmungen über die Pflichten des Vermieters und des Mieters. – Man parkt falsch, ein Polizeibeamter »kassiert« ein Verwarnungsgeld. – Man studiert; unter bestimmten Voraussetzungen erhält man »BAföG«, d.h. Unterstützung nach dem Bundesausbildungsförderungsgesetz. – Man begeht einen geringfügigen Diebstahl und sieht sich einem komplizierten juristischen Verfahren, einem Strafprozeß ausgesetzt.

Die Beteiligten an solchen rechtlichen Vorfällen – der Mieter und der Vermieter, der Falschparker und der Polizeibeamte, der Dieb und der Richter – diese Beteiligten interessiert zeitlich zuerst die Frage: Was sagen die gegenwärtigen Rechtsvorschriften? Welches ist der Inhalt der gegebenen rechtlichen Regeln?

Abkürzend spricht man von *»Inhalt des positiven Rechts«*. 2

Mit »positivem Recht« meint man: das in Gesetzen und sonstigen Regeln niedergelegte, vorhandene und praktizierte Recht, also z.B. das Mietrecht des Bürgerlichen Gesetzbuchs (§§ 535 ff. BGB), die Strafvorschriften über den Diebstahl (§§ 242 ff. StGB) oder die Vorschriften über Organisation und Ablauf eines Strafverfahrens in der Strafprozeßordnung (StPO) und im Gerichtsverfassungsgesetz (GVG).

Das positive Recht ist manchmal einfach zu ermitteln. Man braucht nur die einschlägigen Vorschriften zu finden und genau zu lesen. Der mögliche Umfang eines Verwarnungsgelds wegen falschen Parkens z.B. ist in § 27 des Straßenverkehrsgesetzes (StVG) festgelegt.

In vielen Fällen ist der Inhalt des positiven Rechts aber schwierig, d. h. nur 3
mit Hilfe von Fachwissen zu ermitteln. Was z.B. der Staat gegen einen klei-

nen Dieb tun darf oder unterlassen muß, ist durch Nachlesen einzelner Vorschriften nicht herauszubekommen. Man muß zahlreiche Vorschriften des Strafgesetzbuches und der Strafprozeßordnung nebeneinanderhalten und die Interpretation dieser Vorschriften dazunehmen können, um zu erfahren, welches der Inhalt des positiven Rechts bei der Bestrafung des kleinen Diebstahls ist. Man kann die Probe auf das Exempel leicht machen. Man versuche, das positive Recht der Bestrafung des kleinen Diebstahls aus der Lektüre der Vorschriften der §§ 242, 248 a StGB, 153, 153 a StPO zu verstehen. Der Versuch wird mißlingen.

4 Auch das positive Mietrecht ist den Vorschriften des BGB nicht zu entnehmen. Viele dieser Vorschriften sind unklar. Erst weitreichende Ermittlungen der Gerichtspraxis können herausfinden, welches der Inhalt des gegenwärtigen, gegebenen Mietrechts ist. Bei diesen Ermittlungen wird man feststellen, daß sich dieses positive Mietrecht ständig in Bewegung befindet. »Unzumutbare Mietverhältnisse« können fristlos gekündigt werden (§ 554a BGB). Die Bedingungen, unter denen die Fortsetzung eines Mietverhältnisses unzumutbar ist, ändern sich, auch in kurzen Zeiträumen. Das positive Mietrecht zeigt hier nur Möglichkeiten. Welche Möglichkeit in der Rechtspraxis ergriffen wird, ist durch Lesen von Vorschriften nicht zu erfahren. Das positive, gegebene Recht der Kündigung eines unzumutbaren Mietverhältnisses erschöpft sich in der Anweisung, die vernünftige, richtige Entscheidung im Einzelfall zu finden.

Hier ist – wie häufig – das positive Recht von dem Recht, das vernünftigerweise gelten soll, nicht zu trennen.

Aber positives Recht und vernünftiges Recht sollten auseinandergehalten werden.

Man muß verschieden arbeiten, je nachdem, ob man positives Recht oder vernünftiges Recht beschreiben will. Das positive Recht muß mit juristischen, das vernünftige Recht mit rechtsphilosophischen Mitteln bearbeitet werden.

1.2 Rechtsphilosophie als Lehre vom richtigen Recht; erste Hinweise auf die Schwierigkeiten einer solchen Lehre

5 Der **Gegensatz: positives Recht – vernünftiges Recht** wird klarer, wenn man folgende Überlegung anstellt:

Wird man im Alltag von einer rechtlichen Regelung abhängig – als Arbeitnehmer, Mieter, Autofahrer, BAföG-Empfänger, Straftäter –, so ist die Frage nach dem Inhalt positiven Rechts sicher die dringendste Frage.

Doch wird die Frage gestellt in der Erwartung, das positive Recht sei das richtige Recht. Man erwartet vom positiven Recht, daß es gut und gerecht regelt. Erfüllt sich diese Erwartung nicht, so wird die Beschäftigung mit dem positiven Recht zur Kritik des positiven Rechts mit Hilfe des Begriffs des richtigen (gerechten) Rechts.

Mieter und Vermieter, die über den Inhalt ihrer vertraglichen Pflichten ver- 6
handeln und schließlich streiten, erwarten vom Mietrecht des Bürgerlichen Gesetzbuchs nicht irgendeine Entscheidung, sondern eine richtige Entscheidung. So ergibt sich ein Unterschied zwischen positivem Recht und richtigem Recht. Das positive Recht ist der Gegenstand juristischer Facharbeit[1] (wobei zu wiederholen ist, daß diese Facharbeit oft die Frage nach der Vernünftigkeit des Rechts einschließt). Das Problem des richtigen Rechts ist Gegenstand der Rechtsphilosophie. Rechtsphilosophie ist die Lehre vom richtigen Recht.

Der folgende Text wird jenes Wissen vorführen, über das man mindestens 7
verfügen sollte, wenn man sich auf die Diskussion einer solchen Lehre einläßt. Das Argumentieren mit dem richtigen Recht ist zur Bewältigung des sozialen Alltags so wichtig wie die Aufnahme von Nahrung. Aber die Beschaffung von richtigem Recht (im Unterschied zur Beschaffung von positivem Recht) ist viel mühsamer als die Beschaffung von Nahrung. Die Beschäftigung mit der Frage nach dem richtigen Recht muß damit rechnen, daß sich die Frage als nicht beantwortbar erweist.

Die *Schwierigkeiten, denen sich eine Lehre vom richtigen Recht ausgesetzt* 8
sieht, sollen anhand eines berühmten *Kant*-Textes – *Kant*: 1724–1804 – ein Stück weit verfolgt werden.

Der Text stammt aus der »Metaphysik der Sitten«, 1797 erschienen (also acht Jahre nach dem Beginn der französischen Revolution), und steht in einem Teil mit der Überschrift »Metaphysische Anfangsgründe der Rechtslehre«[2]:

> »Was ist Recht?
> Diese Frage möchte wohl den Rechtsgelehrten, wenn er nicht in Tautologie verfallen oder statt einer allgemeinen Auflösung auf das, was in irgend einem Lande

---

1 Die Bearbeitung des positiven Rechts wird abkürzend häufig als **Rechtsdogmatik** bezeichnet. Der Ausdruck wird im folgenden Text vermieden. Die historischen und inhaltlichen Voraussetzungen für die Bezeichnung juristischer Arbeit am positiven Recht als »Dogmatik« sind wenig geklärt. Interessant zu diesem Problem: *Herberger*, Dogmatik, zur Geschichte von Begriff und Methode in Medizin und Jurisprudenz, 1981.

2 *Kant*, Metaphysik der Sitten, VI, 229 (AB 31,32); zitiert wird hier die verbreitete, verläßliche Akademie-Ausgabe nach Band (römische Ziffer) und Seite (arabische Ziffer). Mit dem Hinweis auf die Erst- und Zweitauflage des Werkes (Klammerzusatz: Erstauflage = A, Zweitauflage = B) wird die »Werkausgabe« (Suhrkamp-Verlag), hrsg. von Weischedel, benutzbar.

die Gesetze zu irgend einer Zeit wollen, verweisen will, ebenso in Verlegenheit setzen, als die berufene Aufforderung: W a s i s t W a h r h e i t ? den Logiker. Was Rechtens sei (quid sit iuris), d. i. was die Gesetze an einem gewissen Ort und zu einer gewissen Zeit sagen oder gesagt haben, kann er noch wohl angeben; aber ob das, was sie wollten, auch recht sei, und das allgemeine Kriterium, woran man überhaupt Recht sowohl als Unrecht (iustum et iniustum) erkennen könne, bleibt ihm wohl verborgen, wenn er nicht eine Zeitlang jene empirischen Prinzipien verläßt, die Quellen jener Urteile in der bloßen Vernunft sucht (wiewohl ihm dazu jene Gesetze vortrefflich zum Leitfaden dienen können), um zu einer möglichen positiven Gesetzgebung die Grundlage zu errichten. Eine bloß empirische Rechtslehre ist ... ein Kopf, der schön sein mag, nur schade! daß er kein Gehirn hat.«

9 Dieser Text, den man mehrmals lesen sollte, bündelt in klarer Weise die Hauptprobleme der Rechtsphilosophie. Das positive Recht (»d. i. was die Gesetze an einem gewissen Ort und zu einer gewissen Zeit sagen oder gesagt haben«) ist dem richtigen Recht (dem allgemeinen Kriterium, woran man überhaupt Recht sowohl als Unrecht erkennen könne, der Grundlage einer möglichen positiven Gesetzgebung) präzise gegenübergestellt. Der *Kant*-Text macht scharf deutlich, daß die Lehre vom richtigen Recht durch ein Horchen auf das eigene Rechtsgefühl nicht zu begründen sein wird. *Kant* fordert umfangreiches Wissen und konzentrierte Arbeit für die Diskussion einer Lehre vom richtigen Recht.

10 Diese Forderung hebt *zwei Regeln* hervor:

Erste Regel: Ohne Kenntnis des positiven Rechts – des »vortrefflichen Leitfadens« zur Begründung einer Rechtsphilosophie – kommt die Erörterung einer Lehre vom richtigen Recht nicht aus. »Wer erfolgreich Rechtsphilosophie treiben will, muß Aktenstaub gerochen haben[3].«

Dies ist die Warnung, nicht nur, weit entfernt von den Veröffentlichungen des Bundesgesetzblattes, über einen allgemeinen Begriff des Rechts zu philosophieren. Und das ist die Forderung, die Rechtsphilosophie auf positives Recht zu richten.

Der folgende Text will dieser Forderung nachkommen. Bei der Darstellung historischer rechtsphilosophischer Lehren wird ein Augenmerk auf die Beiträge dieser Rechtsphilosophien zu einzelnen Rechtsgebieten oder einzelnen rechtlichen Instituten gerichtet sein.

11 *Kants* Forderung für die Behandlung richtigen Rechts hebt eine zweite Regel hervor: Die Behandlung des richtigen Rechts muß wissenschaftlich sein. Die Probleme, die mit dieser Forderung zusammenhängen, sind unendlich. Die Hauptlinien, um die die Probleme sich gruppieren, sind aber leicht einzusehen.

---

3 *Stammler*, Die Lehre von dem richtigen Rechte, 1926, S. 27.

Das positive gegebene Recht hat den Vorteil, daß starke Interessen hinter ihm stehen: Bedürfnisse, Macht, Gewinne. Wenn ein solches positives Recht anhand der Lehre vom richtigen Recht gewogen werden soll, muß das richtige Recht von einer starken, das Interesse übertreffenden Autorität getragen werden.

Die »Quellen« des richtigen Rechts, auf die *Kant* verweist, müssen reiner sein 12
als die des positiven Rechts. *Kant* sieht diese Quellen in der »reinen« Vernunft. Damit kommt es zu dem wichtigen *Gegensatz zwischen empirischer* (das positive Recht tragender) *und reiner* (das richtige Recht tragender) *Vernunft. Kant* nimmt hier ein traditionelles Thema der Rechtsphilosophie auf und gibt es in konzentrierter Form an das 19. und 20. Jahrhundert weiter.

Die Hauptkennzeichen jener reinen Rechtsvernunft, die Quelle einer Lehre 13
vom richtigen Recht sein soll, lassen sich aus *Kants* Texten entnehmen (und mit diesen Hauptkennzeichen sind die Hauptprobleme einer Rechtsphilosophie überhaupt benannt):

Eine Lehre vom richtigen Recht ist nicht den empirischen aktuellen Bedürfnissen einer Gesellschaft verpflichtet. Eine solche Lehre »will« nicht, sie ist nicht politisch. Sie ist gereinigt von Wollen und Politik. Eine Rechtsphilosophie ist unparteilich, keinem Einzel- oder Gruppeninteresse verpflichtet. Sie »erkennt«, wie *Kant* formuliert. Sie kommt zu »wahren« Sätzen, kurz: sie ist wissenschaftlich. Alle diese Kennzeichen fließen bei *Kant* in dem Ausdruck »metaphysische Rechtslehre« zusammen. Die Probleme, denen dieser Text nachgehen muß, liegen damit auf der Hand.

Ist es nicht ein Gemeinplatz, daß es reine, politisch uninteressierte Wissenschaftlichkeit, mithin auch reine Rechtsphilosophie nicht geben kann? *Kant*, immerhin, hält reine rechtliche Vernunft für möglich. Es wird darauf ankommen, viel Material zu dieser Frage vorzuführen. Die *Kant*ische Meinung hat die Erfahrung für sich, daß in der Berufung auf Gerechtigkeit die Berufung auf eine Instanz gesehen wird, die unabhängig ist von politischem Willen und persönlicher Macht, die daher verbindlicher ist als politischer Wille und persönliche Macht.

Aber wenn man eine solche Instanz anerkennt, gerät man dann nicht zu allen 14
Zeiten in unlösbare Konflikte mit jenen Personen und Institutionen, die zuständig sind für die Schaffung positiven Rechts?

In der Tat: Jede »empirische Gesetzgebung«, wie *Kant* sie nennt, wird sich die Einmischung der Rechtsphilosophie verbitten, wenn Gesetzgebung und Rechtsphilosophie in Gegensätze geraten. Auf die Art und Weise, wie eine Rechtsphilosophie ihre Zuständigkeit zur Einmischung in die Geschäfte der empirischen Rechtslehre absichert, wird also im folgenden genau zu achten sein. Dabei wird man mit Sicherheit wieder auf die Forderung stoßen, die

Lehren einer Rechtsphilosophie seien zu beachten, weil sie aus anderen, »reineren« Quellen stammen als die Lehre einer »nur« empirischen Rechtslehre. Hier wird spürbar die Unterscheidung von Recht als bedürfnisnahem Fachwissen und Recht als Versuch, zur Gestaltung von Menschheitsfragen beizutragen. Folgt man *Kant*, so sind beide Rechtsbegriffe stets zusammenzuhalten. Auch das bedürfnisnahste Recht, z.B. das Krankenhausrecht, mischt sich in Menschheitsfragen ein. Weist das bedürfnisnahe Recht eine solche Interpretation von sich, dann ist es nur empirische Regel, nicht Recht.

15 Die Wahrheit, Reinheit, Wissenschaftlichkeit einer Rechtsphilosophie weist auf ein weiteres Problem im Verhältnis von reiner und empirischer Rechtslehre hin. Wie kann eine reine, unparteiliche, wissenschaftliche Rechtslehre so praxisnah werden wie eine empirische, an aktuellen Bedürfnissen von Bürgern interessierte Rechtslehre? Kann eine Rechtsphilosophie überhaupt so praxisnah werden, daß sie dem positiven Recht gleichkommt? Es wird sich zeigen, daß die Rechtsphilosophie dies kann, daß sie also z.B. Philosophie des Straßenverkehrsrechts sein kann. Es wird sich auch zeigen, daß dieses Können prinzipiell bestritten wird. Die Diskussion hängt ihrerseits mit den Problemen der Wissenschaftlichkeit einer Rechtsphilosophie zusammen.

16 Diese erste Aufzählung von Problemen, die eine Rechtsphilosophie stellt, zeigt, daß die Gegenüberstellung »positives Recht – Rechtsphilosophie« nicht ausreicht, um die Gebiete zu benennen, die die Frage »Was ist Recht?« behandeln.

17 Bestreitet man die Möglichkeit einer wissenschaftlichen Rechtsphilosophie, so verschwinden deren Fragen nicht, sondern lösen sich in **Rechtspolitik** auf[4]. Das Entstehen der Konkurrenz zwischen Rechtsphilosophie und Rechtspolitik ist später zu schildern und zu diskutieren.

18 Die Betonung der Wissenschaftlichkeit einer Rechtslehre lenkt den Blick auf die **Rechtssoziologie**. Dieses Gebiet nimmt für sich in Anspruch, mit den Mitteln gerade der modernen Wissenschaften die Frage, was Recht sei, abschließend zu klären. Wird Rechtsphilosophie damit überflüssig oder unmöglich? Auch zwischen Rechtsphilosophie und Rechtssoziologie besteht ein aufklärungsbedürftiges Konkurrenzverhältnis.

19 Am schwierigsten ist der Begriff der **Rechtstheorie** einzuführen. Dieser Text hat das Ziel, einsehbar zu machen, worauf diese Schwierigkeit beruht. Dazu muß die Rechtsphilosophie-Geschichte ein Stück weit verfolgt werden. Zum

---

4 Anregung: Man lese die Programme der politischen Parteien der Bundesrepublik Deutschland - zugänglich bei *Fried Froemer* (Hrsg.), Parteiprogramme - jeweils bei den Abschnitten »Gerechtigkeit«, »Staat«, »Recht« oder »Gesetzgebung«. Alle diese Programme enthalten Sätze, die rechtsphilosophische Sätze sind, aber als parteilich-politische Sätze präsentiert werden.

Anfang so viel: Bestreitet man, daß rechtliche Richtigkeit wissenschaftlich diskutierbar ist, will man aber gleichzeitig nicht alle rechtsphilosophischen Probleme der Rechtspolitik überlassen, so gerät man in beträchtliche Schwierigkeiten. Der Ausweg ist: Rechtstheorie, eine Rechtsphilosophie mit modernen wissenschaftlichen Mitteln. Welche Folgen diese Modernität für die traditionellen Gegenstände einer Lehre vom richtigen Recht hat, wird zu ermitteln sein.

Jedenfalls: *Je stärker die Zweifel an der Möglichkeit einer Rechtsphilosophie als Lehre vom richtigen Recht sind, umso stärker werden Rechtspolitik, Rechtssoziologie und Rechtstheorie.* 20

1.3 Literaturübersicht und Leseempfehlungen

Gesamtdarstellungen der Rechtsphilosophie 21

Helmut Coing, Grundzüge der Rechtsphilosophie, 5. Aufl., 1993.
Karl Engisch, Auf der Suche nach der Gerechtigkeit, Hauptthemen der Rechtsphilosophie, 1971.
Werner Hardwig, Rechtsphilosophie, 1979.
Heinrich Henkel, Einführung in die Rechtsphilosophie, 2. Aufl., 1977.
Arthur Kaufmann, Grundprobleme der Rechtsphilosophie, 1994.
Arthur Kaufmann/Winfried Hassemer (Hrsg.), Einführung in Rechtsphilosophie und Rechtstheorie der Gegenwart, 6. Aufl., 1994.
Fritz Loos/Hans Ludwig Schreiber, Art. Recht, Gerechtigkeit, in: Otto Brunner/Werner Conze/Reinhart Koselleck (Hrsg.), Geschichtliche Grundbegriffe, Bd. 5, 1984, S. 231-311.
Gustav Radbruch, Rechtsphilosophie, 8. Aufl., 1973.
Klaus F. Röhl, Rechtssoziologie, 1987.
Klaus F. Röhl, Allgemeine Rechtslehre, 1994.
Hans Ryffel, Grundprobleme der Rechts- und Staatsphilosophie, Philosophische Anthropologie des Politischen, 1969.
Hermann Schmitz, System der Philosophie, 3. Bd., 3. Teil: Der Rechtsraum, Praktische Philosophie, 2. Aufl. 1983.

Einführungen, Grundrisse 22

Klaus Adomeit, Rechtstheorie für Studenten, Normlogik – Methodenlehre – Rechtspolitologie, 3. Aufl., 1990.
Roland Dubischar, Einführung in die Rechtstheorie, 1983.
Maximilian Herberger/Dieter Simon, Wissenschaftstheorie für Juristen, 1980.
Hans-Joachim Koch/Helmut Rüssmann, Juristische Begründungslehre, eine Einführung in Grundprobleme der Rechtswissenschaft, 1982.
Werner Maihofer (Hrsg.), Begriff und Wesen des Rechts, 1973 (Sammlung wichtiger Abhandlungen des 19. und 20. Jahrhunderts).
Theodor Schramm, Einführung in die Rechtsphilosophie, 2. Aufl., 1982.
Kurt Seelmann, Rechtsphilosophie, 1994.
Stefan Smid, Einführung in die Philosophie des Rechts, 1991.
Reinhold Zippelius, Rechtsphilosophie, Ein Studienbuch, 3. Auflage 1994.

23 **Einige wichtige Monographien und Aufsatzsammlungen**

Robert Alexy, Theorie der juristischen Argumentation, 2. Aufl., 1991.
Arnold Brecht, Politische Theorie, 2. Aufl., 1976.
Ottmar Ballweg/Thomas-Michael Seibert (Hrsg.), Rhetorische Rechtstheorie, 1982.
Ralf Dreier, Was ist und wozu Allgemeine Rechtstheorie?, 1975.
Ronald Dworkin, Bürgerrechte ernstgenommen, 1990.
Günter Frankenberg, Auf der Suche nach der gerechten Gesellschaft, 1994.
Jürgen Habermas, Faktizität und Geltung. Beiträge zur Diskurstheorie des Rechts und des demokratischen Rechtsstaats, 2. Aufl., 1992.
H. L. A. Hart, Der Begriff des Rechts, 1973.
Regina Harzer, Der Naturzustand als Denkfigur moderner praktischer Vernunft, 1994.
Otfried Höffe, Kategorische Rechtsprinzipien, 1990.
Arthur Kaufmann, Rechtsphilosophie im Wandel, 2. Aufl., 1984.
Arthur Kaufmann, Rechtsphilosophie der Nach-Neuzeit, 2. Aufl., 1992.
Hans Kelsen, Reine Rechtslehre, mit einem Anhang: Das Problem der Gerechtigkeit, 2. Aufl., 1960.
Ulrich Klug, Juristische Logik, 4. Aufl., 1982.
Ernst-Joachim Lampe, Genetische Rechtstheorie; Recht, Evolution und Geschichte, 1987.
Karl Larenz, Methodenlehre der Rechtswissenschaft, 6. Aufl., 1991.
Klaus Lüderssen, Genesis und Geltung in der Jurisprudenz, 1996.
Niklas Luhmann, Das Recht der Gesellschaft, 1993.
Dorothea Mayer-Maly/Peter M. Simons (Hrsg.), Das Naturrechtsdenken heute und morgen, 1983.
Ulfrid Neumann, Juristische Argumentationslehre, 1986.
Robert Nozick, Anarchie Staat Utopie, o.J. (1974).
Chaim Perelmann, Über die Gerechtigkeit, 1967.
Karl Popper, Die offene Gesellschaft und ihre Feinde, 1957.
John Rawls, Eine Theorie der Gerechtigkeit, 5. Aufl., 1990.
Hubert Rottleuthner, Rechtstheorie und Rechtssoziologie, 1981.
Ilse Staff, Lehren vom Staat, 1981.
Gunther Teubner, Rechte als autopoietisches System, 1989.
Hans Welzel, Naturrecht und materiale Gerechtigkeit, 4. Aufl., 1962.
Eggert Winter, Ethik und Rechtswissenschaft, 1980.

24 Diese Titel sind nur eine Auswahl aus einer großen Zahl wichtiger rechtsphilosophischer Monographien. Die Titel stehen jeweils für aktuelle rechtsphilosophische Themenbereiche, die über die genannten Bücher zugänglich werden.

Leseempfehlungen

25 Intensives rechtsphilosophisches Interesse wird dazu führen, sich mit den Texten eines einzelnen Denkers (*Kants*, *Hegels*, *Schopenhauers*, *Nietzsches*) immer wieder zu beschäftigen, solange zu beschäftigen, bis man diese Texte beherrscht. Dabei lernt man am meisten. Welche Texte man auswählt, ist nicht beliebig, läßt sich aber auch nicht durch Empfehlungen steuern. Man muß die klassischen Texte, deren Finden nicht schwierig ist, immer wieder

zur Hand nehmen. Über die biographischen und fachwissenschaftlichen Zusammenhänge, in denen man klassische philosophische Texte lesen kann, unterrichten genau und interessant:

Karl Jaspers, Die großen Philosophen, 3. Aufl., 1981;
Otfried Höffe (Hrsg.), Klassiker der Philosophie, 2. Aufl., 1985.

Parallel zu den Bemühungen um schwierige große philosophische Texte sollte man sich aus der Sekundärliteratur einen Überblick über das verschaffen, was als »Hauptprobleme der Rechtsphilosophie« bezeichnet wird.

Der an der Ideengeschichte besonders interessierte Leser sei auf die knappe, präzise Übersicht bei *Coing*, Grundzüge der Rechtsphilosophie, 5. Aufl., 1993, S. 5–94 hingewiesen. *Adomeits* »Antike Denker über den Staat« (1982) können für denjenigen, der an »alten Texten« vorbeizugehen gewöhnt ist, eine spannende Lektüre sein. Die aktuellen Entwicklungen sind an diesen Stellen nicht registriert. Diese Entwicklungen findet man übersichtlich zusammengestellt bei *Ulfrid Neumann*, Rechtsphilosophie in Deutschland seit 1945, in: Dieter Simon (Hrsg.), Rechtswissenschaft in der Bonner Republik, 1994, S. 145–187. **26**

Das Eindringen in große rechtsphilosophische Texte und das Gewinnen eines Überblicks über die »Hauptprobleme der Rechtsphilosophie« aus der Sicht der Sekundärliteratur sollte ergänzt werden durch den Versuch, sich in die moderne rechtsphilosophische Literatur einzulesen und deren Verbindung zur Tradition zu ermitteln. Für dieses Ziel sind Lesempfehlungen am schwierigsten zu formulieren. Diese moderne rechtsphilosophische Literatur erschließt sich inhaltlich schwer, da sie genaue rechtsphilosophische Kenntnisse immer schon voraussetzt. Man kann mit Hilfe des Sammelbandes: *Arthur Kaufmann/Winfried Hassemer* (Hrsg.), Einführung in Rechtsphilosophie und Rechtstheorie der Gegenwart, 6. erweiterte Auflage, 1994, eine Übersicht über den aktuellen Stil und die aktuellen Interessen rechtsphilosophischer Bemühungen gewinnen. Im übrigen muß man zur Kenntnis nehmen, welche rechtsphilosophischen Bücher gerade die größte Aufmerksamkeit haben. Beispiel: *Habermas*, Faktizität und Geltung, 2. Aufl., 1992. **27**

1.4 Wiederholungen

Rechtsphilosophie will eine Lehre vom richtigen Recht entwickeln, im Unterschied zur Lehre vom positiven (gegebenen, gesetzten) Recht. **28**

Die erste Hauptschwierigkeit besteht darin zu belegen, daß es eine Zuständigkeit gibt, dem positiven Recht richtiges Recht (rechtsphilosophische Lehren) entgegenzuhalten oder auch entgegenzustellen.

Die zweite Hauptschwierigkeit ist, eine Rechtsphilosophie so praxisnah zu entwickeln, daß sie es mit der Konkretheit des positiven Rechts aufnehmen kann.

Diese Schwierigkeiten führen zu einer facettenreichen rechtsphilosophischen Landschaft. In dieser Landschaft hat die Rechtsphilosophie gegenwärtig mit intensiven Gebietsansprüchen der Rechtspolitik, der Rechtssoziologie und der Rechtstheorie zu rechnen.

1.5 Zusammenfassung der Ziele der folgenden Darstellung

29 Die Beurteilung positiven Rechts durch Rechtsphilosophie ist ein Problem des sozialen Alltags. Doch ist diese Beurteilung mit alltäglichen Mitteln nicht zu erreichen. Beides,

- die Alltäglichkeit der rechtsphilosophischen Probleme
- und die Unalltäglichkeit der Mittel, mit denen rechtsphilosophische Probleme erörtert werden müssen,

ist anhand großer rechtsphilosophischer Entwürfe zu zeigen.

Die Präsentation der großen Entwürfe soll belegen, daß die rechtsphilosophischen Wahlmöglichkeiten nicht beliebig sind.

Die Form zeitlich geordneter (= historischer) Darstellung der großen rechtsphilosophischen Entwürfe wird zu einer Kennzeichnung der aktuellen rechtsphilosophischen Situation fortgeführt.

2 Typische Rechtsphilosophien in historischer Ordnung

2.1 Übersicht

Die folgende Darstellung versucht, die bis zur heutigen Zeit gefundenen 30
rechtsphilosophischen Modelle zu sammeln und in zeitlicher Reihenfolge aufzuführen. Die Darstellung ist nach den Urhebern großer rechtsphilosophischer Entwürfe gegliedert. Innerhalb der einzelnen Abschnitte ist eine jeweils wiederkehrende Reihenfolge der Erörterungen eingehalten.

Unter 1 werden Daten zu Leben und Schriften des Rechtsphilosophen zusammengestellt. Ziffer 2 skizziert den Inhalt der gerade behandelten Rechtsphilosophie. Jeweils der heikelste Abschnitt ist 3: »Bestandteile einer Rechtsphilosophie«. Dies ist der immer wiederkehrende Versuch zu zeigen, daß die Bestandteile einer Rechtsphilosophie stets die gleichen sind, daß sich aber die Verbindung dieser Bestandteile in respekterheischender Weise als veränderbar erweist.

Mit einem modernen Ausdruck ließe sich sagen, es gehe in diesem Abschnitt 3 um die gleichbleibende *Struktur der Rechtsphilosophie* und die Anpassungsfähigkeit der sprachlichen Aufbereitung dieser Struktur. Und wahrscheinlich geht es um Bestandteile, die jeder Leser bei sich als Teile seiner eigenen Rechtsphilosophie finden kann.

Ziffer 4 und 5 wollen dann die Willkür der Auswahl, die in den Ziffern 2 und 3 steckt, mildern. Die Ziffer 4 ergänzt jeweils die Daten zur Rechtsphilosophie-Geschichte. Die letzte Ziffer (5) will den Stoff fortlaufend zusammenfassen und zu weiterführender Lektüre drängen.

2.2 Rechtsidealismus: Plato

2.2.1 Lebensdaten; Hauptwerke

Plato lebte von 427–347 v. Chr. in Athen. Er gilt als Schüler des *Sokrates* 31
(469–399 v. Chr.) und als Lehrer des *Aristoteles* (384–322 v. Chr). Nach entmutigender praktischer politischer Tätigkeit wird er der Gründer einer Philosophenschule, der sog. Akademie. Zum Einlesen in *Platos* Erörterungs-

weise, den Dialog, gut geeignet ist: »Apologie des Sokrates« (zugänglich in einer Reclam-Ausgabe).

32 Rechtsphilosophische Hauptwerke: der Staat (Politeia); die Gesetze (Nomoi).

Platos »Staat« ist fast spannend zu lesen. Das Buch hat gegenüber modernen Darstellungen der Rechtsphilosophie den Vorzug, daß es auf einzelne Probleme eingeht, auf Regierungslehre, Eigentumsverteilung und Eigentumsrecht, Jugendrecht, Bildungsrecht, Ausgestaltung und Schutz der Ehe, Wehr- und Verfassungsrecht. Selbst heute als banal geltende Fragen werden bei *Plato* als Probleme der Philosophie des Rechts und des Staates diskutiert, z.B. die Frage der Ausgestaltung des Musikunterrichts.

2.2.2 Inhalt eines Rechtsidealismus

2.2.2.1 Zusammenfassende Kennzeichnung (Ideenlehre)

33 *Platos* Lehren werden in folgenden Sätzen zusammengefaßt:

Gerechtigkeit ist eine Idee, die Realität hat. Diese Idee ist dem Menschen zugänglich. Wirkliches, gegebenes Recht muß sich bemühen, an der **Idee der Gerechtigkeit** teilzuhaben. Die Gerechtigkeit eines wirklichen Rechts wird an der Idee der Gerechtigkeit gemessen.

Den modernen Lesegewohnheiten klingt das entweder dunkel – romantisch oder absolut klar. Doch Mißtrauen gegenüber modernen Lesegewohnheiten kann hilfreich sein. Bei *Plato* findet man ein nüchternes, durchgedachtes Muster einer idealistischen Rechtsphilosophie, zugleich das Muster aller nachplatonischen idealistischen Rechtsphilosophien, und das Muster der gegenwärtigen Argumentationen aus der Gerechtigkeit gegen das positive Recht.

2.2.2.2 Einzelheiten

34 Im einzelnen haben die oben mitgeteilten Sätze folgenden Inhalt:

Plato referiert alle Meinungen, die in der Gerechtigkeit nichts anderes als einen Nutzen sehen, einen Nutzen für die Starken, für die Schwachen, für die Revolutionäre oder die Beharrenden[5]. Er sucht nach einem »Wesen« der Gerechtigkeit, das frei ist von Nützlichkeitserwägungen. Er vertraut darauf, daß es dieses »Wesen« gibt, daß es Menschen als wahr erkennen und in soziale Praxis übersetzen können – ein Programm, das mit wechselnden Schwer-

---

5 *Plato*, Der Staat, Ausgabe der Philosophischen Bibliothek, Verlag Meiner/Hamburg, S. 16 ff.

punkten und Sprachgebräuchen in der Rechtsphilosophie bis heute maßgebend geblieben ist.

Für *Plato* beginnt die Bestimmung des »Wesens« der Gerechtigkeit bei der Beschreibung der natürlichen Bedürftigkeit des einzelnen Menschen, bei dem also, was der einzelne Mensch alltäglich notwendig braucht:

> »Die Entstehung des Staates ... ist ... darauf zurückzuführen, daß keiner von uns sich selbst genug ist, sondern vieler Helfer bedarf ... so zieht denn einer den anderen zu Hilfe, einen für dieses, einen anderen für jenes Bedürfnis, und die Mannigfaltigkeit der Bedürfnisse veranlaßt uns dazu, viele Genossen und Helfer zu versammeln, und dieser Ansiedlung geben wir den Namen Staat ... Es teilt also gegebenenfalls der eine dem anderen von dem Seinen etwas mit oder empfängt etwas von ihm, weil er das für besser für sich hält ... was ... den Grund zu ihm (dem Staat) legt, ist ... unser Bedürfnis[6].«

Der »gesunde, echte Staat« stellt die Grundbedürfnisse des Menschen nach Nahrung, Kleidung und Wohnung sicher[7]. Mit diesem Staat begnügt sich der Mensch im Laufe seiner Entwicklung aber nicht. Seine Bedürfnisse differenzieren und verfeinern sich. Die weiterentwickelten, kultivierten, zivilisierten Bedürfnisse machen den »üppigen, aufgedunsenen« Staat unerläßlich[8]: **35**

> Der Staat »muß wachsen an Umfang und Fülle alles dessen, was nicht mehr bloß zur Befriedigung der notwendigen Bedürfnisse in dem Gemeinwesen dient[9].«

Der »jetzige Staat[10]« braucht, um bestehen zu können, drei gut organisierte leistungsfähige Gruppen: die Krieger, um fremdes Land erwerben und eigenes Land schützen zu können[11]; die Handwerker und Bauern, die für Nahrung und Wohnung zu sorgen haben[12]; schließlich die Herrscher, um dem Staat die höchstmögliche Stabilität zu sichern[13]. **36**

Dieser Argumentationsverlauf hat drei Stufen:

1. Stufe: Es gibt notwendige, menschliche Bedürfnisse, die befriedigt werden müssen.

2. Stufe: Diese Befriedigung kann nur der richtig funktionierende Staat sicherstellen.

3. Stufe: Der Staat funktioniert zum Zweck der Bedürfnisbefriedigung richtig, wenn er von drei effektvoll arbeitenden Ständen getragen wird.

---

6 *Plato*, Der Staat, a.a.O. (Anm. 5), S. 64.
7 *Plato*, Der Staat, a.a.O. (Anm. 5), S. 69.
8 *Plato*, Der Staat, a.a.O. (Anm. 5), S. 69 f. Der gleiche Gedankengang findet sich in den »Gesetzen«, 3. Buch, Ausgabe Artemis Verlag, hrsg. von *Gigon*, 1974,S. 91 ff.
9 *Plato*, Der Staat, a.a.O. (Anm. 5), S. 70.
10 *Plato*, Der Staat, a.a.O. (Anm. 5), S. 70.
11 *Plato*, Der Staat, a.a.O. (Anm. 5), S. 70.
12 *Plato*, Der Staat, a.a.O. (Anm. 5), S. 130.
13 *Plato*, Der Staat, a.a.O. (Anm. 5), S. 128 ff.

37 In diesem dreistufigen Argumentationszusammenhang spielen »Ideen«, vor allem »Ideen der Gerechtigkeit« keine Rolle. Dieser Zusammenhang ruht allein auf Erfahrung, er ist – modern geredet – »empirisch« oder »funktionalistisch«. *Plato* bemüht für den skizzierten Zusammenhang immer wieder die »Natur« (des Menschen, seiner Bedürfnisse, der Bedürfnisbefriedigung und der Gefährdung der Befriedigung von Bedürfnissen) als Motor für den Fortgang der Begründung des Staates.

Die Auffächerung dieser *Ableitung der empirischen Notwendigkeit des Staates* bei *Plato* ist unerreicht plastisch und detailliert. Vorausgesetzt ist immer: die Befriedigung notwendiger Bedürfnisse ist nur im Staat möglich; Staat ist Stabilität der Bedürfnisbefriedigung. Von diesen Voraussetzungen aus gelingt eine bis in viele Einzelheiten gehende Beschreibung der Bildung, der Arbeitsweise und des Alltagslebens der drei Stände im Staat. Dabei ist die Überlegungsweise immer die gleiche: Beschrieben wird die Funktion, die im Staat erfahrungsgemäß erfüllt werden muß, und dann wird die Erfahrung befragt, welche Gruppe von wirklich existierenden Menschen mit welchen Fähigkeiten und welcher Ausbildung diese Funktion am zweckmäßigsten erfüllen kann.

Das Problem einer »Zuweisung« eines einzelnen Menschen zu »seinem« Stand wird auf der Grundlage einer scharfsinnigen Lehre von der natürlichen Ungleichheit der Menschen abgehandelt[14].

Die Musik wird zu einer Frage der Staatslehre. Die Bedeutung der Musik für die Ausbildung der Stände, insbesondere der Krieger und damit für die Sicherheit des Staates, ist erörtert mit Mitteln einer frühen Musikpsychologie[15]. Erziehung, Lebensweise und Pflichten der Regierenden werden mit großer Sorgfalt geschildert.

38 In allen diesen Beschreibungen sind Recht und Gerechtigkeit – noch – überflüssig. Alles funktioniert »von selbst«, d. h. aufgrund der natürlichen Bedürfnisse und der natürlichen Organisation der Bedürfnisbefriedigung. Gesetzgebung, soweit man sie überhaupt braucht, bildet nur das Natürliche ab[16]. *Plato* selbst macht in seinem Text deutlich, daß folgerichtiges, empirisches (funktionales) Denken die Frage nach der Gerechtigkeit überflüssig machen könnte[17] (ein Gedanke, der vor allem in neuerer Zeit große Anziehungskraft entwickelt). *Plato* deutet die Meinung an, daß, wenn jeder das natürlicherweise Seinige zum natürlicherweise notwendigen Erhalt des Staates tut, alles in Ordnung sein würde.

---

14 *Plato*, Der Staat, a.a.O. (Anm. 5), S. 130.
15 *Plato*, Der Staat, a.a.O. (Anm. 5), S. 77 ff.
16 *Plato*, Der Staat, a.a.O. (Anm. 5), S. 144 f.
17 *Plato*, Der Staat, a.a.O. (Anm. 5), S. 145, 153.

Aber es gibt ein lästiges, dieses geschlossene Denken in unausweichlichen Nützlichkeiten störendes Faktum: Viele Menschen tun nicht, was natürlicherweise von ihnen erwartet wird. Viele Menschen wollen das ihnen Zugeschriebene nicht erfüllen, wollen z.B. von einem Stand in den anderen wechseln[18]. Aber auch ganze Staatsverfassungen weichen ab von dem, was eine natürliche Staatsverfassung zum Inhalt haben muß[19].

Die Abweichenden muß man zwingen, das Natürliche zu tun. Doch viel- 39
leicht ist auch Abweichung Natur? Dann stünde Natur, den Staat zu errichten, gegen Natur, sich der Errichtung zu widersetzen? Für den heutigen Leser *Platos* werden diese Fragen spannend, weil **»Abweichung«** auch als **»Freiheit«** aufgefaßt werden kann. was *Plato* abschätzig die »Vielgeschäftigkeit« des einzelnen nennt[20], was *Plato* eher widerwärtig findet, nämlich den Wunsch des einzelnen, sich »in alles Mögliche« einzumischen[21] und nicht das Seinige zu tun: das könnte auch Freiheit sein[22].

An diesem Punkt kommen bei *Plato* Recht und Gerechtigkeit ins Spiel. Er weiß, daß der Abweichende durch rechtlichen Zwang in die vorgegebene Ordnung gedrückt werden kann. Doch die Nützlichkeit von Zwang und Macht reichen für *Plato* nicht, diese Einordnung zu rechtfertigen. Diese Rechtfertigung kommt aus der Überlegung, daß die Gerechtigkeit selbst diese Einordnung will. Man muß also dartun können, daß die Organisation der Befriedigung differenzierter Bedürfnisse im Staat – mit der Folge: jeder muß, durch das Recht gezwungen, das Seinige tun – nicht allein eine Forderung der empirischen Natur des Menschen, sondern eine Forderung der Gerechtigkeit ist.

Dieser *Übergang von der bloßen Tatsächlichkeit zur Gerechtigkeit menschli-* 40
cher Organisationsformen (ein Übergang, der sehr verschieden gefunden werden kann und sehr verschieden gefunden wird) *ist eines der Hauptthemen der Rechtsphilosophie.*

Das Tatsächliche, die Natur kann man als »Physik« zusammenfassen das nicht mehr Tatsächliche, das die naive Naturbefragung Überschreitende als »Metaphysik« bezeichnen.

Dann ist der Übergang von der Tatsächlichkeit zur Gerechtigkeit menschlicher Organisationsformen der Übergang von der Physik zur Metaphysik die-

18 *Plato*, Der Staat, a.a.O. (Anm. 5), S. 155 f.
19 *Plato*, Der Staat, a.a.O. (Anm. 5), S. 212 f., 245.
20 *Plato*, Der Staat, a.a.O. (Anm. 5), S. 156.
21 *Plato*, Der Staat, a.a.O. (Anm. 5), S. 155.
22 *Plato* selbst sieht das so in dem Text »Die Gesetze«, 3. Buch: Auch hier ist »Freiheit« mit großen Vorbehalten als die für den Staat gefährliche Willkür des einzelnen Menschen gezeichnet.

ser Organisationsformen. Zu diesen Organisationsformen gehören Staat und Recht. So ergibt sich ein *Übergang von der Physik zur Metaphysik des Staates und des Rechts.*

Plato sieht diesen Übergang von der Physik zur Metaphysik des Rechts (man denke hier an *Kants* Buchtitel von 1797: »Metaphysik« der Sitten und des Rechts) so:

Der zweckmäßige Staat, der von jedermann verlangt, das Seinige zur Befriedigung der differenzierten Bedürfnisse Aller beizutragen, ist der gerechte Staat. Der zweckmäßige Staat entspricht dem »Wesen« der Gerechtigkeit[23].

41 Aber wie kann man dieses »Wesen« finden?

Antwort: Man kann dieses Wesen finden, weil es als Idee ewig ist. Diese Idee der Gerechtigkeit bestimmt als vollkommenes Urbild alle Regelungen, die in der Realität auf Gerechtigkeit zielen.

Freilich, diese Bestimmung ist nicht platt und direkt nach dem Gesetz von Ursache und Wirkung, einer Idee als Ursache und einer gerechten menschlichen Regelung als Wirkung aufzufassen. Vielmehr muß der Mensch die Idee der Gerechtigkeit mit Anstrengungen erkennen und mit Anstrengungen in die Wirklichkeit umsetzen. Um »Erkenntnis« des Richtigen geht es, nicht nur um Ansichten. »Meinungen ohne Erkenntnis sind sämtlich von Übel«[24].

42 Dieser Erkenntnisvorgang ist in einer Weise beschrieben, die man mit den gegenwärtigen Hör- und Sehgewohnheiten kaum angemessen aufnehmen kann. *Plato* bedient sich der gleichnishaften Darstellung: sog. Höhlengleichnis. Der Text, der das *Höhlengleichnis* enthält, gehört zur Pflichtlektüre bei allen Bemühungen um Rechtsphilosophie. Es ist ein ungewöhnlich beziehungsreicher, dichter Text; eine Zusammenfassung mißlingt. Die Hauptstelle – in der Form eines Dialogs zwischen Sokrates und Glaukon[25] – wird daher hier wörtlich eingerückt. Das Zitat will aber nur als Anregung verstanden werden, die Stelle im »Staat« noch einmal zu lesen und dabei die Seiten davor und danach nicht zu übergehen.

43 »Sokrates: Und nun vergleiche Bildung und Unbildung in unserer Natur mit folgendem Zustand. Stelle dir Menschen vor in einer unterirdischen, höhlenartigen Wohnstätte mit lang nach aufwärts gestrecktem Eingang, entsprechend der Ausdehnung der Höhle. Von Kind auf sind sie in dieser Höhle festgebannt mit Fesseln an Schenkeln und Hals; sie bleiben also immer an der nämlichen Stelle und sehen nur geradeaus vor sich hin, denn durch die Fesseln werden sie gehindert, ihren Kopf herumzubewegen. Von oben her aber aus der Ferne leuchtet hinter ihnen das

23 *Plato*, Der Staat, a.a.O. (Anm. 5), z.B. S. 209 f.
24 *Plato*, Der Staat, a.a.O. (Anm. 5), S. 255 ff., 259.
25 *Plato*, Der Staat, a.a.O. (Anm. 5), S. 268 ff. = Beginn des 7. Buches.

Licht eines Feuers. Zwischen dem Feuer aber und den Gefesselten läuft oben ein Weg hin, dem entlang eine niedrige Mauer errichtet ist ähnlich der Schranke, die die Puppenspieler vor den Zuschauern errichten, um über sie weg ihre Kunststücke zu zeigen.

Glaukon: Das steht mir alles vor Augen.

Sokrates: Längs dieser Mauer – so mußt du es dir nun weiter vorstellen – tragen Menschen allerlei Geräte vorbei, die über die Mauer hinausragen, Statuen verschiedenstet Art aus Stein und Holz von Menschen und anderen Lebewesen, wobei, wie begreiflich, die Vorübertragenden teils reden, teils schweigen.

Glaukon: Ein sonderbares Bild, das du da vorführst, und sonderbare Gefangene.

Sokrates: Sie gleichen uns. Können denn zunächst solche Gefesselte von sich selbst und voneinander etwas anderes gesehen haben als die Schatten, die von dem Feuer auf die ihnen gegenüberliegende Wand der Höhle geworfen werden?

Glaukon: Wie wäre das möglich, wenn sie ihr Leben lang den Kopf unbeweglich halten müssen?

Sokrates: Und ferner: gilt von den vorübergetragenen Gegenständen nicht dasselbe?

Glaukon: Was denn sonst?

Sokrates: Wenn sie nun miteinander reden könnten, glaubst du nicht, daß sie der Meinung wären, die Benennungen, die sie dabei verwenden, kämen den Dingen zu, die sie unmittelbar vor sich sehen?

Glaukon: Notwendig.

Sokrates: Ferner, wenn der Kerker auch einen Widerhall von der gegenüberliegenden Wand her ermöglichte, meinst du da, wenn einer der Vorübergehenden gerade etwas sagte, sie würden dann die gehörten Worte einem anderen zulegen als dem jeweils vorüberziehenden Schatten?

Glaukon: Nein, beim Zeus.

Sokrates: Durchweg also würden diese Gefangenen nichts anderes für wahr halten als die Schatten der künstlichen Gegenstände.

Glaukon: Notwendig.

Sokrates: Nun betrachte den Hergang ihrer Lösung von den Banden und ihrer Heilung von dem Unverstand, wie er sich gestalten würde, wenn sich Folgendes naturgemäß mit ihnen zutrüge: wenn einer von ihnen aus den Fesseln befreit und genötigt würde, plötzlich aufzustehen, den Hals umzuwenden, sich in Bewegung zu setzen und nach dem Licht emporzublicken und alles dies nur unter Schmerzen verrichten könnte und geblendet von dem Glanz nicht imstande wäre, jene Dinge zu erkennen, deren Schatten er vorher sah, was, glaubst du wohl, würde er sagen, wenn man ihn versicherte, er hätte damals lauter Nichtigkeiten gesehen, jetzt aber sei er dem Seienden näher gerückt und auf Dinge hingewandt, denen mehr Sein zukäme, und sehe deshalb richtiger? Wenn man zudem noch ihn auf jedes der vorüberziehenden Dinge hinwiese und ihn nötigte, auf die Frage zu antworten, was es sei? Meinst du da nicht, er werde weder aus noch ein wissen und glauben, das vordem Geschaute sei wirklicher als das, was man ihm jetzt zeige?

Glaukon: Weitaus.

Sokrates: Und wenn man ihn nun zwänge, seinen Blick auf das Licht selbst zu richten, so würden ihn doch seine Augen schmerzen, er würde sich abwenden und wieder jenen Dingen zustreben, die er anschauen kann, und diese würde er doch für tatsächlich gewisser halten als die, die man ihm zeigte?

Glaukon: Ja.

Sokrates: Wenn man ihn nun aber von dort gewaltsam durch den holperigen und steilen Aufgang aufwärts schleppte und nicht eher ruhte, als bis man ihn an das Licht der Sonne gebracht hätte, würde er diese Gewaltsamkeit nicht schmerzlich empfinden und sich dagegen sträuben? Und wenn er an das Licht käme, dann würde er, völlig geblendet von dem Glanz, von alledem, was ihm jetzt als das Wahre angegeben wird, überhaupt nichts zu erkennen vermögen?

Glaukon: Nein, wenigstens für den Augenblick nicht.

Sokrates: Er würde sich also erst daran gewöhnen müssen, wenn es ihm gelingen soll, die Dinge da oben zu schauen. Zuerst würde er wohl am leichtesten die Schatten erkennen, darauf die Abbilder der Menschen und der übrigen Dinge im Wasser, später dann die Gegenstände selbst; in der Folge würde er dann zunächst bei Nacht die Erscheinungen am Himmel und den Himmel selbst betrachten und das Licht der Sterne und des Mondes anschauen. Das wird ihm leichter fallen, als wenn er bei Tage die Sonne und das Sonnenlicht ansehen sollte.

Glaukon: Gewiß.

Sokrates: Zuletzt dann, denke ich, wird er imstande sein, die Sonne, nicht etwa bloß ihre Spiegelbilder im Wasser oder sonst irgendwo, sondern sie selbst in voller Wirklichkeit an ihrer eigenen Stelle zu schauen und ihre Beschaffenheit zu betrachten.

Glaukon: Notwendig.

Sokrates: Und dann würde er schlußfolgernd erkennen, daß sie es ist, der wir die Jahreszeiten und die Jahresumläufe verdanken, und daß sie über allem waltet, was in der sichtbaren Welt sich befindet, und in gewissem Sinne auch die Urheberin all jener Erscheinungen ist, die sie vordem schauten.

Glaukon: Offenbar würde er in solcher Reihenfolge zu dieser Einsicht gelangen.

Sokrates: Wie nun? Meinst du nicht, er würde in der Erinnerung an seine erste Wohnstätte, an seine dortige Weisheit und an seine damaligen Mitgefangenen sich nun glücklich preisen wegen dieser Veränderung, jene dagegen bemitleiden?

Glaukon: Sicherlich.

Sokrates: Wenn es damals aber unter ihnen gewisse Ehrungen, Lobpreisungen und Auszeichnungen gab für den, der die vorüberziehenden Schatten am schärfsten wahrnahm und sich am besten zu erinnern wußte, welche von ihnen gewöhnlich eher, welche später und welche gleichzeitig vorüberwandelten, und auf Grund dessen am sichersten zu erraten verstand, was danach sich einstellen werde, glaubst du etwa, daß er sich danach zurücksehnen und die bei ihnen durch Ehren und Macht Ausgezeichneten beneiden werde? Oder wird er nicht vielmehr nach Homer das harte Los wählen, viel lieber »einem anderen, einem unbegüterten Manne um Lohn dienen zu wollen«, und lieber alles andere über sich ergehen lassen, als im Banne jener Trugmeinungen zu stehen und ein Leben jener Art zu führen?

Glaukon: Ja, ich denke, er würde lieber alles andere über sich ergehen lassen als auf jene Weise leben.

Sokrates: Und nun bedenke auch noch Folgendes. Wenn ein solcher wieder hinabstiege in die Höhle und dort wieder seinen alten Platz einnähme, würden dann seine Augen nicht förmlich eingetaucht werden in Finsternis, wenn er plötzlich aus der Sonne dort anlangte?

Glaukon: Gewiß.

Sokrates: Wenn er nun wieder, bei noch anhaltender Trübung des Blicks, mit jenen ewig Gefesselten wetteifern müßte in der Deutung jener Schattenbilder, ehe noch seine Augen sich der jetzigen Lage wieder völlig angepaßt haben – und die Gewöhnung daran dürfte eine ziemlich erhebliche Zeit fordern –, würde er sich da nicht lächerlich machen? Würde es nicht von ihm heißen, sein Aufstieg nach oben sei schuld daran, daß er mit verdorbenen Augen wiedergekehrt sei, und schon der bloße Versuch, nach oben zu gelangen, sei verwerflich? Und wenn sie den, der es etwa versuchte, sie zu entfesseln und hinaufzuführen, irgendwie in ihre Hand bekommen und umbringen könnten, so würden sie ihn doch auch umbringen?

Glaukon: Sicherlich.«

Im Übersetzungsversuch ergibt sich folgendes: Vom wirklich Seienden, von der Realität etwa der Idee der Gerechtigkeit, wird der durchschnittliche Mensch wegen der Beschränktheit seines Blicks, wegen seiner Standpunktabhängigkeit (wie man heute sagen müßte), immer nur einen Schatten, ein schwankendes Bild haben. Dieses Schwanken wird ihn narren. So wird er für Gerechtigkeit halten, was Gerechtigkeit nicht ist **44**

Das Erkennen einer Idee, z.B. der Idee der Gerechtigkeit ist schwierig, kann sogar schmerzlich sein. Viele Menschen, die die Chance haben, die Idee der Gerechtigkeit in ihrem wirklichen Sein zu sehen, ziehen doch das schattenhafte, aber bequeme Abbild der Realität vor. Wenige, gut ausgebildete, standhafte Menschen halten das Erkennen der Idee der Gerechtigkeit und das Erkennen des Unterschieds zwischen wirklicher Idee und scheinbarer Wirklichkeit aus. Doch wenn diese Menschen ihr Wissen zu verbreiten versuchen, wird man ihnen nicht glauben.

Damit ist auch gesagt, wie die Erkenntnis dessen, was der Idee der Gerechtigkeit entspricht, in Praxis umgesetzt werden kann; dadurch nämlich, daß man Menschen ausbildet, denen die Erkenntnis der Gerechtigkeit und das Verbreiten dieser Erkenntnis trotz aller Schwierigkeiten gelingt, und dadurch, daß man diese Menschen – die Philosophen – herrschen läßt.

Folgende Stelle hat aus vielen Gründen ihren Reiz bei Regierenden und Regierten, bei Gesetzgebern und Gesetzesunterworfenen bis heute nicht verloren: **45**

»Wenn nicht entweder die Philosophen Könige werden in den Staaten oder die heutigen sogenannten Könige und Gewalthaber sich aufrichtig und gründlich mit Philosophie befassen, und dies beides in eines zusammenfällt, politische Macht und Philosophie ... gibt es ... kein Ende des Unheils für die Staaten ...[26]«

Ein positives, gegebenes Recht ist für diese Herrschaft eigentlich nicht nötig. Die Philosophen finden das richtige Recht, die Gerechtigkeit als selbstverständlich von Fall zu Fall. In einem späteren Werk – den »Gesetzen« – hat *Plato* diese Lehre geändert und die Überführung der erkannten Gerechtigkeit in positives, gesetztes Recht für notwendig gehalten. Dieses Schwanken ist für viele Rechtsphilosophien typisch.

---

26 *Plato*, Der Staat, a.a.O. (Anm. 5), S. 213; vgl. auch: S. 243 ff., 275 ff.

Rechtsphilosophie als Rechtsidealismus am Beispiel *Platos* bedeutet also:

Gehandhabtes Recht, wenn es auf die Auszeichnung »gerechtes« Recht Anspruch haben soll, muß Abbild der Idee der Gerechtigkeit sein wollen. Das Abbild wird erzeugt durch Menschen, die ausgebildet sind, die Idee der Gerechtigkeit zu erkennen, zu ertragen und gegen Widerstände immer wieder zu zeigen. Vollkommen wird das Abbild nicht ausfallen können, da zu viele Menschen die Idee der Gerechtigkeit nur unvollständig sehen können. Alle diese großen intellektuellen Zurüstungen werden angestachelt durch die politische Empirie: Der zur Bedürfnisbefriedigung notwendige Staat ist nur als gerechter Staat tatsächlich gesichert.

46 Das Maß, in dem die Herrschenden in einem Staat Anteil an der Idee der Gerechtigkeit haben, wird zum Kriterium für die Vernunft einer Staats- und Rechtsverfassung. In der Erörterung der Gerechtigkeit der verschiedenen **Staatsformen**, nämlich

- Timokratie: Herrschaft der Vermögenden,
- Oligarchie: Herrschaft einer kleinen Gruppe,
- Demokratie: Herrschaft des Volkes,
- Tyrannei: Herrschaft eines einzelnen,

wird der gesamte Ableitungszusammenhang für den Rechtsidealismus noch einmal gebündelt:

Es gibt einen natürlichen Zusammenschluß der Menschen zur Befriedigung differenzierter Bedürfnisse. Aber es gibt auch Abweichungen von dieser Natur. Der gerechte Staat mit einem gerechten Recht nützt der Natur, der ungerechte Staat zeigt die möglichen Abweichungen von der Natur in der politischen Wirklichkeit.

So sehr *Plato* auf die Verwirklichung der Idee der Gerechtigkeit drängt, er ist »realistisch«: Man müsse zufrieden sein, wenn der Staat dem Wesen der Gerechtigkeit so nahe wie möglich komme[27].

2.2.3 Die Bestandteile einer idealistischen Rechtsphilosophie

2.2.3.1 Plato als Modell

47 *Platos* Rechtsphilosophie, seine Lehre vom richtigen Recht in Einzelheiten, ist ein Modell für alle Rechtsphilosophien.

---

27 *Plato*, Der Staat, a.a.O. (Anm. 5), S. 211.

Plato zeigt,

- welche Bestandteile eine Rechtsphilosophie enthalten muß,
- wie diese Bestandteile zueinander geordnet sind,
- an welcher Stelle Ableitungen in das aktuelle positive Recht möglich werden
- und auf welchen Wegen sich Alternativen ergeben (Alternativen, die dann die unterscheidenden Bezeichnungen:
  Rechtsidealismus,
  Rechtstheologie,
  Rechtsrealismus,
  wissenschaftliche Rechtsphilosophie
  möglich machen).

2.2.3.2 Empirischer und ideeller Teil einer Rechtsphilosophie

Es lassen sich mit Schärfe zwei Teile einer Lehre vom richtigen Recht unter- **48**
scheiden: ein natürlicher, empirischer Teil und ein bewertender, ideeller Teil.

Im natürlichen, empirischen Teil einer Rechtsphilosophie werden Überlegungen zur wirklichen, vorfindbaren Art der Bedürfnisse des Menschen angestellt. Alle Überlegungen laufen auf einen Punkt zu: Der Mensch hat von Natur Bedürfnisse; Bedürfnisse verlangen Befriedigung, und diese Befriedigung kann nur in organisierter menschlicher Gemeinschaft sichergestellt werden.

Das Leben in Gemeinschaft ist tatsächlich notwendig.

Im bewertenden, ideellen Teil einer Rechtsphilosophie – wie der *Platos* – erscheint ein anderes Argument mit dem gleichen Ziel: Das Leben in einer der Natur des Menschen entsprechenden Gemeinschaft ist gerecht. Die tatsächlich notwendige Gemeinschaft ist die gerechte Gemeinschaft.

Man kann sehen: Der Aufbau der Platonischen Rechtslehre zielt auf eine *doppelte Sicherung des Lebens in der Gemeinschaft*, auf eine natürliche, empirische und auf eine ideelle, normative Sicherung. Beide erscheinen als zwingend.

Dieses Streben, diese Sehnsucht beinahe, den Inhalt des Staates und des Rechts – das organisierte Leben in der Gemeinschaft – als notwendig, als unvermeidlich, als »erkannt« zu begründen, d.h. nicht nur als möglich oder gar willkürlich darstellen zu müssen, ist ein durchgehender Zug aller Rechtsphilosophie.

An der Organisation der Platonischen Rechtsphilosophie wird sich jede spätere Rechtsphilosophie orientieren. Man kann Rechtsphilosophien danach unterscheiden, ob sie der empirischen oder der normativen Begründung des

Staates und seines Rechts mehr zutrauen. Die Schilderung der Entwicklung wird zeigen, daß Rechtsphilosophie, je moderner sie wird, um so mehr bemüht ist, dem normativen Teil einer Lehre vom richtigen Recht, dem Rechtsidealismus, zu entkommen und nur noch empirisch – natürlich zu sein.

Gelingen wird das nicht. Zunächst aber weiter zum »Modell *Plato*«:

2.2.3.3 Organisation des empirischen Teils einer Rechtsphilosophie

49 Der empirische Teil der Platonischen Rechtsphilosophie zeigt eine bestimmte Organisation, d.h. dieser Teil nennt Themen und Themenordnungen, die beispielhaft bleiben.

Die wichtigste Rolle in diesem empirischen Teil spielt der Begriff der Bedürfnisse des Menschen. Diese Bedürfnisse werden so geschildert, daß sie notwendig auf Befriedigung drängen, daß ihre Befriedigung aber nur durch Zusammenfassung, »Verstaatlichung«, »Verrechtlichung« aller menschlichen Kräfte möglich wird.

In dieser Charakterisierung der Bedürfnisse des Menschen steckt eines der Hauptprobleme der Rechtsphilosophie: Die Organisation der Bedürfnisbefriedigung ist ein Problem rechtlicher Organisation.

Beim ersten Zusehen – oft bleibt es später dabei – ist die Sache so, daß das Wissen vom Bestehen der Bedürfnisse und die Einsicht, Bedürfnisbefriedigung sei nur in der Zusammenfassung menschlicher Kräfte möglich, natürliche Erkenntnisse sind, denen sich kein Vernünftiger entziehen kann, daß dies also Erkenntnisse sind, die nur der Nachzeichnung, aber nicht der zwängenden Steuerung bedürfen.

Das ist ein verführerischer Gedankengang, auf den die Rechtsphilosophie seit *Plato* in den verschiedensten Einkleidungen zurückkommt.

50 Wenn die Befriedigung der Bedürfnisse notwendig und die gemeinschaftliche Organisation der Bedürfnisbefriedigung natürlich sind, dann ist Recht, soweit es überhaupt erforderlich wird, nur Mitteilung des Selbstverständlichen, in das jeder Mensch aus Einsicht einstimmen wird. Diese Hoffnung, das Recht als so notwendig begründen zu können, daß jeder einzelne es freiwillig achtet, ihm zustimmen muß, formuliert *Plato* so:

> Es entspricht der Erkenntnis, »daß ... von Natur das Gesetz seine Herrschaft über Freiwillige ausüben soll und nicht gewaltsam sein darf[28].«

Die Schwierigkeit dieses Themas: Das notwendig überzeugende, daher auf Zwang nicht angewiesene Recht, ist in *Platos* Lehre schon uneingeschränkt

---

28 *Plato*, Die Gesetze, 3. Buch, a.a.O. (Anm. 8), S. 111.

sichtbar (aber immer noch als empirisches Problem, das sich aus der Erfahrung im Umgang mit Menschen stellen und bearbeiten läßt).

Die menschlichen Bedürfnisse, so zeigt *Plato*, sind nicht festgestellt. Sie entwickeln sich ständig, sind immer geschichtlich abhängige soziale Bedürfnisse, keine »natürlichen« – mit der Folge, daß auch der Zusammenschluß zur rechtlich organisierten Bedürfnisbefriedigung im Staat kein automatisch-notwendiger Vorgang mehr ist.

Als empirisches Faktum wird hier in die Rechtsphilosophie eingeführt, daß der Mensch den Schwerpunkt der Bedürfnisbefriedigung auswählen, daß er diesen Schwerpunkt steuern, daß er willentlich handeln kann. Es kommt die Erfahrung hinzu, daß alle diese Möglichkeiten zu wollen, wenn sie genutzt werden, gefährliche Widersprüche hervorbringen, daß also entschieden werden muß, welche Willkürlichkeiten den Vorrang vor anderen haben sollen.

Das Recht erhält die Aufgabe, aus Alternativen zu wählen. Das Recht muß 51
außerdem die ausgewählten und die verworfenen Freiheiten formen: Die ausgewählten Freiheiten müssen ausgezeichnet, die verworfenen abgewertet und unterdrückt werden. Recht in diesem empirischen Zusammenhang erweist sich als Auswahl zwischen Alternativen, als Stellungnahme zum Problem der Freiheit, die die Stabilität gefährdet. Diese Stellungnahme im einzelnen zeigt rechtsphilosophische Argumentierweisen, auf die man bis heute nicht verzichten kann:

Zunächst wird ein historisches Schema eingeführt, dessen Faszination nicht abgenommen hat und das zeigt, in welchem Maße Rechtsphilosophie immer auch Kulturinterpretation und Kulturkritik ist. *Plato* sieht eine Entwicklung von gesunden, wirklich natürlichen, zu ungesunden, üppigen Bedürfnissen.

Die Organisation der Befriedigung gesunder Bedürfnisse (das Stillen des unraffinierten, gleichen Hungers und des natürlichen Durstes, das Beenden des für alle unvermeidbaren Frierens) mit Hilfe von Staat und Recht ist einfach, natürlich: Jeder tut für diese Ziele aus zwingender Einsicht, was ihm zugeschrieben wird.

Aber die Bedürfnisse sind jetzt eben üppig. Das ist eine Entwicklung über notwendige Bedürfnisse hinaus zu nicht-notwendigen[29], und diese üppigen Bedürfnisse drängen alle zur Befriedigung. Aber sie können nicht alle befriedigt werden. Dazu reichen die Kräfte des Menschen, auch die im Staat vereinigten Kräfte nicht.

Wer wählt wie aus? Die Antwort ist durch die Schilderung der Entwicklung 52
schon vorbereitet. Die Entwicklung hat von der Natur zum Schlechten

29 *Plato*, Der Staat, a.a.O. (Anm. 5), S. 69, S. 333 ff.

(Üppigen, Nicht-Notwendigen) geführt. Daraus folgt: Die natürlichen Bedürfnisse genießen klar den Vorrang.

Wie es immer war, so muß es bleiben (und das Recht muß dies sicherstellen): Die natürlichen Bedürfnisse müssen zuerst befriedigt werden. Der Zusammenschluß aller, der Staat, muß durch das Recht zuerst für Leben, Nahrung, Kleidung und Wohnung zu Lasten nicht-notwendiger Bedürfnisse sorgen. Das ist natürlich, das ist »**Naturrecht**«.

Die üppigen Bedürfnisse sind prinzipiell minderwertig. Aus ihnen darf ausgewählt werden. Es kommt eigentlich nicht darauf an, welche dieser üppigen Bedürfnisse befriedigt, welche vernachlässigt werden, wenn nur sicher ist, daß die üppigen Bedürfnisse die natürlichen nicht gefährden.

Hier findet man die Wurzel für die Unterscheidung zweier verschiedener Sorten, Qualitäten von Recht. Es gibt Recht, das die Grundbedürfnisse in der unerläßlichen (d.h. empirisch unerläßlichen) Menge sichert: echtes, absolutes, wahres Recht. Und es gibt Recht, das die Befriedigung nichtnotwendiger Bedürfnisse organisiert: unechtes, nicht-natürliches, relatives Recht. Der Schutz des Lebens gehört bei *Plato* zum ersten, der Schutz von Bildungsinteressen zum zweiten Bereich.

53 Die Hauptthemen der empirischen Seite einer Rechtsphilosophie sind damit gesammelt:

Um den gegenwärtigen gesellschaftlichen Zustand der Menschen überhaupt darstellen zu können, braucht man den Vergleich mit einem früheren Zustand, dem Naturzustand. Bei *Plato* fällt dieser Vergleich zu Lasten der Moderne aus. Diese Belastung wird mit Ausdrücken beschrieben, die der Natur-Schilderung nahestehen: gesund – ungesund; natürlich – üppig; notwendig – nicht-notwendig.

Es gibt unbefragbare natürliche Bedürfnisse, die der Staat und das Recht auf jeden Fall sicherstellen müssen. *Plato* findet diese Bedürfnisse, indem er die Physis des Menschen befragt. Das ist das bleibende Thema des »Naturrechts«. Dieses Problem wird sich aber zunehmend komplizieren, vornehmlich aus folgendem Grund:

Ist es wirklich unvermeidbar, die Natur der Menschen auf die physische Natur zu beschränken? Läßt sich nicht auch z.B. Freiheit zu den Grundbedürfnissen zählen mit der Folge, daß Freiheit am Naturrecht teilnimmt? So wird gefragt werden.

Aus *Platos* Annahme, die gesellschaftlichen Verhältnisse des Menschen hätten sich vom gesunden zum ungesunden Zustand entwickelt, ergeben sich für die Rechtsphilosophie wichtige Möglichkeiten, die Moderne abzuwerten. Die Moderne wird als Entartung aufgefaßt, die in engen Grenzen gehalten werden muß, jedenfalls nicht gefördert werden darf. Das Recht, das dies leisten kann und muß, entfaltet nicht, sondern zwingt in Grenzen, ist mißtrauisch. Hier taucht das Problem des **Rechts als Macht** auf, einer Rechtsmacht, die Ausgewogenheit und Stabilität der nicht-notwendigen Bedürfnisse erzwingt.

Dies ist die Nahtstelle, an der der empirische Teil einer Rechtsphilosophie in einzelne Rechtsbewertungen oder Rechtsforderungen umgesetzt wird. Alle die genauen Vorstellungen, die *Plato* zur Organisation eines Staates – Organisation auch durch Recht – entwickelt (die Vorstellungen über Ständeverfassung, Wehrverfassung, Handwerksordnung, Bildungsplanung, Musikerziehung und Turnunterricht), sind Ausformulierungen jenes empirisch begründeten Mißtrauens gegen das »Jetzt«.

Dieses Mißtrauen ist später der Motor für die Formulierung rechtssoziologischer, die Wirklichkeit des Rechts aufhellender Fragen:

> Wie eigentlich wird die – im Ergebnis gleichgültige – Auswahl aus den üppigen Bedürfnissen, die rechtlichen Schutz genießen sollen, getroffen?
> Wie wird diese Auswahl gesichert?
> Welche tatsächlichen Folgen hat diese Auswahl?

Das Mißtrauen gegen die üppigen Bedürfnisse läßt später auch das Problem einer Politik mit Hilfe von Recht, das Problem der Rechtspolitik entstehen und verständlich werden. Die Rechtspolitik muß die üppigen Bedürfnisse so ordnen und beengen, daß offene Konflikte und damit die Gefährdung der notwendigen Bedürfnisse vermieden werden.

Es liegt fast auf der Hand, daß dieses Denken im Gegensatz von verlorener **54**
Natur und erreichtem Jetzt fest eingegrenzte rechtsphilosophische Möglichkeiten eröffnet.

Drei Modelle werden sichtbar:

1. Modell: Das ist *Platos* Beispiel. Die Entwicklung des Menschen und seiner **55**
Gemeinschaftsformen ist »schlecht« gegangen. Der Mensch hat sich von gesunder Natur entfernt. Die erreichte Üppigkeit entspricht aber auch vorfindbaren Bedürfnissen. Eine Rückkehr zur notwendigen Natur, so erleichternd diese Rückkehr wäre, ist nicht möglich. Die Entwicklung der Subjektivität, der Freiheit, ist nicht ungeschehen zu machen. So bleibt nur übrig, für Stabilität zu sorgen, damit die notwendigen Bedürfnisse befriedigt werden können und damit die nicht-notwendigen Bedürfnisse nicht eine alle Menschen gefährdende Übermacht gewinnen. Das Recht muß die notwendigen Bedürfnisse sichern und den ständigen Wandel in den nicht-notwendigen Bedürfnissen in ein kontrollierbares Verfahren zwingen *(Modell praxisnaher Steuerung durch Recht).*

56 2. Modell: Der erreichte Zustand ist unerträglich, verglichen mit der unverfälschten Natur des Menschen. Der erreichte Zustand muß zu Gunsten größerer Natürlichkeit revidiert werden *(Modell »Zurück zur Natur« durch Recht).*

57 3. Modell: Der erreichte Zustand zeigt die Möglichkeiten des Menschen gerade im Vergleich mit der ungebildeten, kümmerlichen Natur. Der erreichte Zustand der Pflege üppiger, nicht-notwendiger Bedürfnisse muß immer weiter entwickelt werden *(Modell »Fortschritt« durch Recht).*

Der Vergleich des platonischen empirischen Teils der Rechtsphilosophie mit den Alternativen zeigt scharf, daß in die Empirie eine Bewertung des Menschen eingeflochten ist. Dieses Aufeinandertreffen von empirischer (naturwissenschaftlicher) Anthropologie (= Lehre vom Menschen) und bewertender (philosophischer, sozialer) Anthropologie wird bleibender Bestandteil jeder Rechtsphilosophie.

Die naturwissenschaftliche Anthropologie schildert den Menschen so, wie sie ihn tatsächlich vorzufinden meint.

58 Die philosophische, soziale Anthropologie fragt, ob der Mensch so bleiben kann wie er ist, ob sein gegenwärtiges Verhalten bestärkt oder geändert werden sollte. Diese philosophische Anthropologie ist veranlaßt durch die Erfahrung, daß der Mensch aus Alternativen wählt, im Kleinen und im Großen. Die philosophische Anthropologie ist allerdings nichtempirisch, soweit sie es unternimmt festzulegen, was getan werden soll. Jede Rechtsphilosophie entwickelt eine empirische Anthropologie und verschränkt sie mit einer philosophischen sozialen Anthropologie (künftig in diesem Text abgekürzt: Sozialanthropologie). »Stabilität«, »zurück zur Natur«, »Fortschritt« als Ziele des Rechts: Dies sind Fragen der bewertenden Sozialanthropologie, nicht der empirischen Anthropologie[30].

59 Dieser *nicht-empirische Einschlag im empirischen Teil einer Rechtsphilosophie* hat die Rechtsphilosophie immer irritiert und zu großen Anstrengungen veranlaßt. Ihr Bestreben war und ist, diesen nichtempirischen Teil durch Rückgriffe auf eine Metaphysik zu sichern (Beispiel: *Platos* Ideenlehre) oder die nicht-empirischen Teile überflüssig zu machen durch Überführung von Sozialanthropologie und Metaphysik in Physik, Empirie, Erkenntnis, Erfahrung (das ist die Tendenz in der Moderne).

---

30 Zur Vertiefung dieses Fragenbereichs gut geeignet: *Lampe*, Das Menschenbild des Rechts – Abbild oder Vorbild? in: Lampe (Hrsg.), Beiträge zur Rechtsanthropologie, 1985, S. 9 ff.

2.2.3.4 Organisation des nicht-empirischen (metaphysischen) Teils einer Rechtsphilosophie

Für *Plato* und die längste Zeit nach ihm ist aber ein nicht-empirischer, metaphysischer Teil einer Rechtsphilosophie selbstverständlich, und zwar aus folgenden, bis heute einsehbaren Gründen: 60

Die bloße Faktizität – so und so funktioniert der Mensch, so und so laufen Staat und Recht – erscheint flach und uneinladend. Die Einbindung der Faktizität in ein Gedankengebäude, das sie überhöht, sie verschönt, ihr Würde verleiht, ihr den Charakter des Maschinellen nimmt, ist ein unabtrennbarer Teil jeder Rechtsphilosophie. Es ist wahrscheinlich auch ihr faszinierendster Bestandteil. *Platos* Versuch, Auswahl und Befriedigung von Bedürfnissen durch Recht als Teilhabe an der immerwährenden Idee der Gerechtigkeit zu formulieren, hat sich zu allen Zeiten die Bewertung als großartig und zauberhaft zugezogen.

Davon zu trennen ist eine viel nüchternere Aufgabe, die der Übergang von der Physik zur Metaphysik des Rechts in einer Rechtsphilosophie erfüllen muß. Diese Aufgabe ist: sicherzustellen, daß Rechtsregeln **Verbindlichkeit** haben. 61

Dies soll folgendes bedeuten:

Die empirischen Teile einer Lehre vom richtigen Recht führen immer wieder darauf, daß das Recht von Willkür und Macht nicht zu trennen ist. Recht, so zeigt jener empirische Teil, schränkt den einzelnen ein, beengt ihn im Interesse aller. Recht, so zeigt der empirische Teil weiter, wählt aus Alternativen aus, z.B. aus Alternativen für die Staats-, Straßenverkehrs- oder Familienorganisation.

Die Bemühungen, mit Hilfe einer gemischt empirisch-philosophischen Anthropologie, mit Hilfe optimistischer oder pessimistischer Geschichts- und Menschenbilder diese Auswahl zu begründen, führen nicht weit. Die Behauptung, gerade die vom Recht abgewählte Alternative sei empirisch und anthropologisch und historisch die viel bessere, ist zu leicht möglich. Begründen läßt sich eine solche Behauptung mit geringen Mitteln. Diese Behauptung und Begründung schwächt die Verbindlichkeit der gerade getroffenen Wahl.

Hier liegt die große Aufgabe der Metaphysik des Rechts, jenes zweiten Bestandteils der platonischen und mancher späteren Rechtsphilosophie.

Die Metaphysik des Rechts übernimmt es darzustellen, daß rechtliche Regeln im einzelnen – bei *Plato* z.B. das gesamte Recht der Bildungsorganisation bis hinein in Stundentafeln – nicht auf willkürlicher, zufälliger Machtentfaltung, sondern auf Einsicht in die Struktur der Gerechtigkeit beruhen, daß der Grund der Verbindlichkeit rechtlicher Regeln ein Mehr als nur Macht ist, die zur Bedürfnisbefriedigung genutzt wird. Jedes genaue Zuhören bei Schulorganisations-Debatten belegt, daß sich daran nicht viel geändert hat.

62 Der Macht kann man sich durch Entschluß oder durch den Aufbau größerer Macht entziehen. Die Metaphysik des Rechts versucht zu begründen, daß die rechtliche Auswahl aus den Alternativen für die Organisation menschlichen Zusammenlebens im Großen und im Kleinen nicht nur faktisch nötigend, sondern richtig ist. Der rechtsphilosophische Typus, den *Plato* darstellt, der Rechtsidealismus, erweist sich in der Folge als außerordentlich ausbaufähig.

Die Bestandteile des Typus bleiben:

- Vorhandensein einer empirisch-anthropologisch geleiteten Rechtslehre einerseits,
- eine vom menschlichen Willen unabhängige Möglichkeit der Beurteilung der Richtigkeit empirisch abgeleiteten Rechts andererseits.
- Und: Eine von Menschen organisierte Institution, die beide Bereiche zusammenbringen kann, d. h. die empirisch für angemessen gehaltenes Recht auf seine Richtigkeit (Gerechtigkeit) kontrollieren kann.

Man kann schwerlich bestreiten, daß man im platonischen Rechtsphilosophie-Typus systematisch ausgebreitet findet, was jedermann heute naiv tut, wenn er fragt, ob eine bestimmte Regelung, die er vorfindet, denn wirklich gerecht sei.

Der nicht-empirische Teil einer Lehre vom richtigen Recht wie der *Platos* enthält *drei Unter-Themen*, die sich immer wiederholen und abwandeln. Diese drei Themen sind hier zusammenzustellen:

63 Erstes Unter-Thema: Wie eigentlich kann aus einem **Sein** ein **Sollen** entstehen?

Diese Frage entwickelt sich zunächst in dem empirischen Teil einer Rechtsphilosophie. Daraus, daß ein Bedürfnis besteht (= Sein), ergibt sich noch nicht, daß es befriedigt werden soll (= Sollen). In diesem empirischen Zusammenhang läßt sich der Übergang vom Sein zum Sollen noch einigermaßen leicht schaffen. Es gehört zum »Sein« eines Bedürfnisses, daß es auf Befriedigung drängt. Die Befriedigung des Bedürfnisses beruht gar nicht auf einem Sollen, sondern ist »Sein«. Man trifft hier nur wieder auf jenen Gedanken, der hofft, alle menschliche Organisation komme mit »Natur«, d. h. ohne zwingendes machtvolles Sollen aus, alle menschliche Gesellschaft organisiere sich »von selbst«.

Schwieriger wird das Problem, wenn die Bedürfnisse sich entfalten, wenn aus vielen Bedürfnissen ausgewählt werden muß und wenn auch die ausgewählten Bedürfnisse nur noch unterschiedlich stark gefördert werden. Das Faktum der Auswahl, das »Sein« dieser Auswahl: kann dies allein verpflichten, die Auswahl zu respektieren? Das »Sein« einer solchen Auswahl als Grundlage für das »Sollen«, diese Auswahl zu achten?

Übersetzt in die alltägliche juristisch-politische Erfahrung heißt dies: Das »Sein« des positiven Rechts, reicht das als Begründung dafür, daß dem positiven Recht gefolgt werden soll? Offenbar doch nicht. Es muß »etwas« hinzukommen, um den Übergang vom »Sein« (eines Zustandes, einer Regelung) zum »Sollen« (dieser Zustand, diese Regelung sollen erhalten oder reformiert oder abgeschafft werden) zu ermöglichen. Dieses »Etwas« kann z.B. sein: tyrannische Macht, eine Idee, Gottes Wille, die Vernunft, die Macht einer Mehrheit, die Übereinstimmung (Konsens), die Einsicht der Wissenschaft.

Die nicht-empirischen, metaphysischen Teile einer Rechtsphilosophie haben hier ihre außerordentliche Aufgabe. Sie überwinden die Kluft zwischen Sein und Sollen, indem sie Möglichkeiten zur Begründung der Richtigkeit einer rechtlichen Regelung schaffen. Rechtliche Regelung ist immer Bevorzugung eines »Seins« (z.B. eines Bedürfnisses) zu Lasten eines anderen »Seins« (z.B. zu Lasten eines anderen Bedürfnisses). Diese Bevorzugung gelingt nur, d. h. Stabilität der rechtlichen Regelung ist nur gewährleistet, wenn die Richtigkeitsfrage zugleich mit der Bevorzugung beantwortet ist. Gelingt das nicht, schafft man einen politischen Zeitzünder; man ruft das Recht zum Widerstand auf den Plan.

Wird die Richtigkeitsfrage nur mit Meinungen diskutiert, so bleiben alle Antworten wirkungslos. Jedes Meinen kann durch anderes Meinen paralysiert werden. Daher entstehen die ungeheuren Anstrengungen, Richtigkeitsgarantien im Recht nicht aus dem Bereich vorfindbaren Meinens zu gewinnen, sondern aus der dem tatsächlich vorgefundenen Meinen überlegenen Metaphysik des Rechts.

Plato stilisiert eines der wichtigsten Richtigkeitskriterien, eine der wichtigsten Brücken zwischen Sein und Sollen, nämlich die Erkenntnis der Idee der Gerechtigkeit. Die Idee, auf die hin das richtige Recht zu formen ist, kann erkannt werden. Was aber erkannt ist, ist unausweichlich bindend. Mehr weiß man darüber heute auch nicht.

Zusatz: Es ist nicht ohne Reiz, das Problem der Ableitung eines Sollens aus einem Sein auch auf die Erkenntnis der richtigen Rechtsinhalte anzuwenden. Etwa so: Die Erkenntnis des richtigen Rechts ist nur ein »Sein«. Wie ist das »Sollen«, einer Erkenntnis zu folgen, zu gewinnen? Diese Frage ist nicht in einer Rechtsphilosophie typisiert. Das ist auch nicht zu erwarten. Denn wer diese Frage für sich verbindlich stellen kann, wird an der Möglichkeit der Verbindlichkeit von Recht zu zweifeln haben. Die selbstverständliche Voraussetzung jeder Rechtsphilosophie ist also, daß sich aus der Erkenntnis von Recht die Verbindlichkeit von Recht ergibt.

64 Zweites Unter-Thema des nicht-empirischen Teils des rechtsphilosophischen »Modells *Plato*«:

Platos Rechtsidealismus, seine Metaphysik des Rechts, enthält einen exemplarischen Beitrag zum Verhältnis von **Theorie** (Erkenntnis) und **Praxis** (Politik). Die Praxis wird außerordentlich ernst genommen. Die alltägliche Praxis ist Gegenstand der rechtsphilosophischen Bemühungen.

Die empirische Seite der platonischen Rechtslehre ist eine detaillierte Lehre von der Sozial-Natur des Menschen, eingeschlossen die detaillierte Lehre von der Gefährlichkeit dieser Natur für Leben und Interessen anderer Menschen. Es wird – aber – der uneingeschränkte Anspruch erhoben, daß die richtige, ideen-gemäße Einsicht in die Organisation menschlicher Angelegenheiten verwirklicht werden muß, mag die Wirklichkeit sein wie sie wolle. *Die Theorie, die Erkenntnis führt, ja beherrscht die Praxis.* Erkenntnis geht also vor Handlungszuständigkeit. Die oft formulierte Meinung, *Platos* »Staat« sei eine gelehrte Utopie, ohne Forderung, verwirklicht zu werden, findet im Text *Platos* keine Stütze.

Auch dieser Punkt: Verhältnis von Rechtsphilosophie und Rechtspraxis, bleibt Dauerthema in beiden Bereichen der Rechtsphilosophie, im empirischen und im bewertenden, nicht-empirischen Bereich. Und diejenigen, denen der Weg durch die Ideenlehre zur Begründung des Vorranges der Rechtsphilosophie vor der politischen Macht zu beschwerlich oder zu unmodern ist, können und werden sich auf eine handlichere Formulierung *Platos* verlassen:

> Nötig ist« die Pflege der echten Philosophie, der ich nachrühmen konnte, daß sie die Quelle der Erkenntnis ist für alles, was im öffentlichen Leben sowie für den Einzelnen als wahrhaft gerecht zu gelten hat[31].«

Bei der Diskussion dieses Themas »Vorrang der Theorie = Philosophie des Rechts vor der Praxis des Rechts« sollten einige Auflagen, die *Plato* gemacht hat, nicht vergessen werden:

Das Wesen der Gerechtigkeit ist erkennbar (und diese Erkenntnis ist verpflichtend), jedoch einfach ist dies nicht, persönliche Anstrengungen und Opfer werden verlangt. Einige Menschen gelangen zu dieser Erkenntnis sicherer als andere; das ist das Problem des Verhältnisses von Theorie-Elite und Rechtsphilosophie. Niemals ist auszuschließen, daß nur Annäherung an die Erkenntnis der Gerechtigkeit, aber nicht Erkenntnis selbst gelungen ist; das ist der Relativismus-Vorbehalt, den man in jeder Lehre vom richtigen Recht suchen sollte.

---

31 *Plato*, zitiert bei *Wilpert*, Einleitung zu *Platos* Staat, a.a.O. (Anm. 5), S. VII.

Drittes Unter-Thema einer Metaphysik des Rechts: 65

Muß das erkannte richtige Recht positiviert, d.h. in Gesetze, Verordnungen und Erlasse umgesetzt werden oder gilt es »direkt«? *Plato* hat – wie erwähnt – bei der Antwort auf diese Frage geschwankt. Eigentlich, so ist dem Buch über den Staat zu entnehmen, gilt das richtige Recht direkt, ohne Zwischenarbeit eines Gesetz- oder Verordnungsgebers. Das richtige Recht muß nur von Fall zu Fall ausgesprochen werden. In dem Text über die Gesetze hat *Plato* die Positivierung richtigen Rechts dagegen für zweckmäßig gehalten. Dieses Schwanken ist beispielhaft für alle Rechtsphilosophien. Aus diesem Schwanken entwickelt sich das Thema: Richtiges Recht **(Naturrecht) gegen positives Recht.**

2.2.4 Plato und die antike Rechtsphilosophie

2.2.4.1 Begriff der antiken Rechtsphilosophie

Platos Rechtsphilosophie steht in einem Zusammenhang, der mit »antike Rechtsphilosophie« bezeichnet wird. Mit »antiker Rechtsphilosophie« ist einmal ein zeitlicher Rahmen gemeint, etwa die Zeit vom 5. Jahrhundert v. Chr. bis zum 2. Jahrhundert n. Chr. Der Ausdruck »antike Rechtsphilosophie« bezeichnet zugleich bestimmte Sachprobleme. Der Ausdruck soll sagen, daß in einer bestimmten Zeit die Hauptprobleme der Rechtsphilosophie dem Inhalt nach gefunden, jedoch in vergänglicher, heute so nicht mehr herstellbarer, gleichwohl bewunderungswürdiger, eben »antiker« Weise formuliert worden sind. 66

2.2.4.2 Die Sophisten

Aus der Zeit vor *Plato* sind wichtig die Lehren der sogenannten Sophisten. 67

Bis heute wird im gehobenen Sprachgebrauch die Bezeichnung »Sophist« für jemanden verwendet, der in künstlicher, aber anziehender Weise vieles mit scheinbar einleuchtenden Gründen in sein Gegenteil verkehren kann. Im Bereich organisierter menschlicher Gemeinschaft scheinen die Sophisten zum ersten Mal mit Schärfe darauf hingewiesen zu haben, daß jedes staatlichrechtliche Institut Auswahl aus mehreren gleich zweckmäßigen oder fast gleich zweckmäßigen Lösungen ist; und daß man diesen Sachverhalt als Einwand gegen die getroffene Auswahl benutzen kann. Das ist ganz modern.

Ob Geldstrafe oder Freiheitsstrafe auf Diebstahl steht, ob man das Aktienrecht mehr ausbaut als das Recht der Gesellschaft mit beschränkter Haftung, das scheint ziemlich gleichgültig zu sein, bedeutsam nur für kurze Zeit innerhalb der Interessen weniger Leute, kurz: scheint relativ zu sein. Der sog.

Rechtsrelativismus hat hier seine Vorformen, die sich freilich schon in *Platos* Erwägungen zu den üppigen, nicht-notwendigen Bedürfnissen im Staat finden.

Aber bei den Sophisten bereits findet man das Bemühen, den genau gesehenen Rechtsrelativismus zugunsten sicherer Gerechtigkeit zu überwinden. Auch das ist ein Dauerthema, heute: *das* Thema der Rechtsphilosophie: relatives oder richtiges Recht.

Die Sophisten stellen die menschliche Gesetzgebung, die von wechselnden Gründen geleitet ist, und die natürliche wesenhafte Rechtsregel einander gegenüber. Hier findet man die Denkform des Gegensatzes von positivem Recht als künstlich gemachtem, auf Macht oder Zuständigkeit beruhendem Recht und wahrem, richtigem, erkanntem, dem Menschen natürlich entsprechendem Recht. Fachjuristische Behandlung eines gerade aktuellen Rechtszustandes und Naturrecht trennen sich.

Dieses Naturrecht, so sagen die Sophisten, ist aber nicht einheitlich; man kann es aufspalten. Die naturrechtliche Argumentation läßt sich einsetzen, um zu zeigen, daß das positive Recht der Natur entspricht **(konservatives Naturrecht)**; oder man kann es einsetzen, um zu zeigen, daß das positive Recht vom Naturrecht abgefallen ist – woraus folgt, daß das positive Recht dem Naturrecht wieder anzugleichen ist **(revolutionäres Naturrecht)**.

Gemeinsam ist beiden naturrechtlichen Denkweisen, daß sie im Recht – auch im positiven Recht – mehr finden müssen als nur beliebige relative Setzung[32].

2.2.4.3 Aristoteles

68 In der Zeit nach *Plato* werden einige Bestandteile jeder Rechtsphilosophie in einer Weise präzisiert, die bis heute nicht vergessen ist.

Aristoteles (384–322 v. Chr.) – rechtsphilosophische Hauptschriften: Nikomachische Ethik; Politik; Rhetorik[33] – bestätigt das rechtsphilosophische Grunddogma: der Mensch könne tatsächlich nur in Gemeinschaft (im Staat) leben, das Leben im Staat sei für den Menschen notwendig. Aber *Aristoteles* streicht den »Zauber Platos« (*Popper*): die Ideenlehre.

69 Die Auffassung, das Leben im rechtlich verfaßten Staat sei Teilhabe an der Idee der Gerechtigkeit, wird verworfen. Freilich, auf die bloße, uneingeklei-

32 Knappe Übersicht über die sophistische Rechtsphilosophie bei *Coing*, Grundzüge der Rechtsphilosophie, 5. Aufl., S. 6-9 und bei *Verdross*, Abendländische Rechtsphilosophie, 2. Aufl., 1963, S. 21 ff.

33 Übersichten: *Friedrich*, Die Philosophie des Rechts in historischer Perspektive 1955, S. 11 ff.; *Verdross*, a.a.O. (Anm. 32), S. 40 ff.

dete, unwürdige Faktizität – ohne Staat lebt der Mensch gefährlich – verläßt sich *Aristoteles* nicht. Zwar ist die politische Empirie, die Beschreibung, wie Rechtsordnungen und Staaten entstehen und untergehen, breit ausgeführt[34]. Und diese Ausführung lebt von der Annahme, daß der Mensch erfahrungsgemäß den stabilen Staat will. Diese Erfahrung bekommt ihre Bedeutung jedoch erst aus der anderen Erfahrung, daß viele Menschen dauernd aus der bestehenden Gemeinschaft hinausstreben. Die Verbindung der Tatsache, daß viele Menschen im sichernden Staat leben wollen, mit der Verpflichtung für alle, im Staat zu leben, die Verbindung also von Physik und Metaphysik des Rechts und des Staates, der Politik und der Gerechtigkeit, geschieht auf eine neue, unverlierbare Weise.

Ausgangspunkt ist ein Satz, der jede Rechtsphilosophie leitet:

> »Wer die beste Verfassung angemessen erforschen will, muß zuvor bestimmen, welches das wünschbarste Leben sei[35].«

Aristoteles lehrt, der Mensch sei »von Natur«, d. h. durch den Zwang seiner Natur, auf das Leben im Staat angelegt:

> Es »ergibt sich, daß der Staat zu den naturgemäßen Gebilden gehört und daß der Mensch von Natur ein staatenbildendes Lebewesen ist[36].«

Dieser Satz enthält seiner Formulierung nach Erkenntnis, d. h. unverrückbare Wahrheit, die verpflichtet oder die die Befugnis gibt zu zwingen.

Aristoteles entwirft eine höchst raffinierte Form des von erkannter Natur ab- 70
geleiteten Rechts = Naturrechts. In dieser Form gehen Empirie und Bewertung, Erkenntnis und Gerechtigkeit eine untrennbare Mischung ein. »Von Natur« auf Gemeinschaft angelegt, das heißt nicht einfach: so wird es beobachtet. Denn einer solchen Beobachtung kann man sich entziehen, indem man gegenteilige Beobachtungen präsentiert oder indem man selbstsicher darauf verweist, daß aus Beobachtungen – einem »Sein« – kein »Sollen« entstehen kann.

Aristoteles überspielt diese gängigen Einwände gegen die Möglichkeit eines Naturrechts. »Von Natur« faßt er auf als »unvermeidbar von Natur«. »Von Natur« heißt: Es gibt eine notwendige Gestaltung der Natur, auf die hin sie stets strebt. Es gibt einen wahren Zweck eines jeden Gebildes, dem es folgt, auch wenn ein Wille dagegensteht. Diesen Gedanken faßt man als *Entelechie* = Zielstrebigkeit allen Seins und Werdens zusammen:

---

34 *Wichtige Lektüre*: *Aristoteles*, Politik, 5. und 6. Buch, eine Sammlung von Erfahrungen, die der Mensch mit den verschiedenen Staatsformen gemacht hat (leicht zugänglich in der dtv-Ausgabe).

35 *Aristoteles*, Politik (dtv-Ausgabe), S. 218.

36 *Aristoteles*, Politik (dtv-Ausgabe), S. 49.

»Alle Menschen haben ... von Natur den Drang zu einer solchen (staatlichen) Gemeinschaft[37].«

Abweichungen von einer so bestimmten notwendigen Natur mögen vorkommen; aber sie sind den natürlichen Zwecken des Menschen zuwider:

»Wer aber nicht in Gemeinschaft leben kann ..., der ist kein Teil des Staates, sondern ein wildes Tier[38].«

71 Solange der natürliche Zustand und der gerade herrschende Zustand nicht übereinstimmen, besteht Ungerechtigkeit. *Aristoteles* kann mit diesem Verfahren betonen, daß der notwendige Naturzweck, dem Recht und Staat zu folgen haben, erkannt und nicht nur gesetzt wird. Das ist das Modell *Platos*. Nur, an die Stelle der Verbindlichkeit der Idee ist die Verbindlichkeit der notwendigen natürlichen Gestaltung, der die Wirklichkeit zustreben muß, getreten. Das ist eine Säkularisierung der Ideenlehre; das ist ein säkularisierter Rechtsidealismus, ein Rechtsidealismus auf empirischer Grundlage gleichsam. Dies ist ein epochemachendes Modell; der Vorgang der »Empirisierung des Rechtsidealismus« beginnt. Diese Änderungen im rechtsphilosophischen Modell haben sofort Folgen im praktischen Bewerten. *Plato* interessiert die staatliche Wirklichkeit als Gegenstand, der an der Idee der Gerechtigkeit zu messen ist. *Aristoteles* interessiert die Wirklichkeit viel intensiver als Beispiel für die Ausbildung notwendiger sozialer Gestaltungen, als Punkt, von dem aus der Abstand zwischen Wirklichkeit und zu erreichender Wirklichkeit bestimmt werden kann. Empirische Beschreibung – Rechtssoziologie und Rechtspolitik – treten als selbständige Wissensgebiete deutlich hervor:

»... die Theorie (ist) frei, während die Erfahrung von den Notwendigkeiten ausgeht[39].«

In den Überlegungen zur Gerechtigkeit fehlt daher der große Entwurf:

»Die Gerechtigkeit ... ist der staatlichen Gemeinschaft eigen. Denn das Recht ist die Ordnung der staatlichen Gemeinschaft, und die Gerechtigkeit urteilt darüber, was gerecht sei[40].«

Die Frage, wie der eine mit dem anderen Menschen praktisch auskommen kann, ohne den notwendig anzustrebenden Frieden unter allen Menschen zu stören, wird genau erörtert: Rechtstatsachenforschung, Rechtspsychologie, Rechtsbiologie zeichnen sich ab. Unter der Voraussetzung, daß »Staat« = Frieden und Sicherheit für möglichst viele ist, ergibt sich:

37 *Aristoteles*, Politik (dtv-Ausgabe), S. 50.
38 *Aristoteles*, Politik (dtv-Ausgabe), S. 50.
39 *Aristoteles*, Politik (dtv-Ausgabe), S. 63.
40 *Aristoteles*, Politik (dtv-Ausgabe), S. 50.

»Das politische Gute ist das Gerechte, und dieses ist das, was der Allgemeinheit zuträglich ist. Das Gerechte scheint nun Gleichheit für alle zu sein[41].«

Gleichheit als Gerechtigkeit, das ist das politisch Einfachste, um einen Staat stabil zu halten. 72

In diesem Zusammenhang kommt es zu jener Unterscheidung, die bis heute zum Grundbestand rechtsphilosophischen Wissens gehört, zu der Unterscheidung zwischen **ausgleichender und verteilender Gerechtigkeit** (iustitia commutativa und iustitia distributiva). Die ausgleichende Gerechtigkeit fordert, daß man für Rechtsverletzungen Ersatz leiste (z.B. Schadensersatz bei Eigentumsverletzungen), die verteilende Gerechtigkeit verlangt, daß die Güter, über die ein Gemeinwesen verfügt, angemessen – der jeweiligen Gemeinschaftsverfassung angemessen – verteilt werden[42].

Es sollte immer wieder auffallen, daß die Themen der Rechtsphilosophie und die Ordnung dieser Themen bei *Plato* und bei *Aristoteles* gleich sind. Und das wird so bleiben.

Das erste Thema ist die Empirie menschlichen Zusammenlebens. Der Tenor der Behandlung dieses Themas ist: Die natürliche Einheit des Zusammenlebens ist verloren; das Leben in der Gemeinschaft ist ständig gefährdet. Das zweite Thema ist das Problem der Verbindlichkeit des Zusammenlebens in der rechtlich organisierten Gemeinschaft (Problem der Verbindlichkeit des Rechts). Der Tenor der Behandlung dieses zweiten Themas ist: Es besteht eine vom individuellen Wünschen und Wollen unabhängige Verpflichtung, in Gemeinschaft mit anderen nach Regeln friedlich zu leben.

Aber welche Unterschiede in den Ergebnissen bei gleicher Struktur in *Platos* und *Aristoteles*' Texten (und in allen späteren Texten)! Bei *Plato* sind die Rechtsphilosophen diejenigen, die die Werte für das Zusammenleben der vielen Einzelnen als Erkenntnis gewinnen; der Staat ist kraftvoll stabil, heroisch, schön organisiert; das Recht weist jedem einen festen, gerechten Platz zu. – Bei *Aristoteles* sind die Rechtsphilosophen die empirisch wissenschaftlichen Kenner wirklicher staatlicher, rechtlicher Entwicklungen. Dem positiven Recht wird bei *Aristoteles* viel größere Aufmerksamkeit gewidmet als bei *Plato*, und dem positiven Recht wird ein viel größerer Richtigkeitsspielraum zugestanden. Nicht ein einziger, in strenge Formen gezwungener Staat ist das ideale Bild – wie bei *Plato*. *Aristoteles* nimmt wirklichkeitsnah die Bewegungen im Staat hin. Blaß ist die Gerechtigkeitslehre; sie bleibt idealistisch, aber es ist ein sehr gemäßigter Idealismus. Die Gerechtigkeitslehre zielt auch bei *Aristoteles* auf Stabilität, doch ist es die Stabilität, die die Mitte nicht verlassen

41 *Aristoteles*, Politik (dtv-Ausgabe), S. 122.
42 *Aristoteles*, Nikomachische Ethik, 5. Buch (zugänglich in einer dtv-Ausgabe).

will. Die Gerechtigkeit ist eine Mitte. *Aristoteles'* Gerechtigkeitslehre verleiht dem mittleren Maß Würde; dieses mittlere Maß erscheint der notwendigen Gestalt menschlicher Beziehungen am dienlichsten:

> »In allen Staaten gibt es drei Teile, die sehr Reichen, die sehr Armen und die Mittleren. Wenn nun das Maß und die Mitte anerkanntermaßen das Beste sind, so ist auch in bezug auf die Glücksgüter der mittlere Besitz von allen der beste. Denn in solchen Verhältnissen gehorcht man am leichtesten der Vernunft ... Der Staat soll also möglichst aus Gleichen und Ebenbürtigen bestehen, und dies ist bei den Mittleren am meisten der Fall... Diese Schicht der Bürger hat ja auch im Staat am meisten Sicherheit[43].«

Aristoteles ist viel moderner als *Plato*.

2.2.4.4 Cicero

73 Am Schluß dieser Skizze rechtsphilosophischer Grundbegriffe anhand antiker Texte soll ein Hinweis auf *Cicero* (106–43 v.Chr.) stehen.

Hauptwerke: Über die Pflichten; Über den Staat; Über die Gesetze.

Cicero ist einer der wenigen rechtsphilosophischen Schriftsteller, die ermordet worden sind, aus politischen Gründen. Er kannte genau die Wirklichkeit, auf die sich seine rechtsphilosophischen Meinungen bezogen. *Cicero* treibt Rechtsphilosophie in der Nähe nüchterner, alltäglicher Jurisprudenz.

Der empirisch-politische Ausgangspunkt, die Erfahrungsbreite aller Rechtsphilosophie, liegt für *Cicero* wie selbstverständlich zutage. Der Mensch muß, um sich erhalten zu können, in rechtlich organisierter, staatlicher Gemeinschaft leben. Aber der Mensch kann die Alternative, nicht in staatlicher Gemeinschaft zu leben, nicht nur denken, sondern handelnd wollen[44]. Folge: Alle menschlichen Anstrengungen, auch das Recht, müssen darauf zielen, die Gemeinschaft zusammenzuhalten. Die Mittel, dies zu erreichen, sind: Die Ordnung der Gemeinschaft darf im Prinzip nicht gestört werden; und: am Gemeinschaftsleben muß man aktiv teilnehmen. Das sind jedoch nur Zweck-Mittel-Erwägungen. Was aber, wenn jemand den empirischen Zweck, den viele sich setzen, nämlich: in Gemeinschaft zu leben, nicht will? *Ciceros* Antwort auf diese Frage ist eine exemplarische Zusammenfassung aller rechtsidealistischen Übergänge von der Physik zur Metaphysik des Rechts.

Auf halber Höhe zwischen Physik und Metaphysik des Rechts erscheint der **Begriff das Gemeinwohls** (bonum commune). Das Gemeinwohl ist der all-

---

43 *Aristoteles*, Politik (dtv-Ausgabe), S. 151 f.

44 Z.B. *Cicero*, Über den Staat (Ausgabe von Ziegler, *Cicero*, Staatstheoretische Schriften, Akademie-Verlag, Berlin, 2. Aufl., 1979), S. 65 (= 1,25), De officiis/Vom pflichtgemäßen Handeln (Ausgabe Reclam-Verlag), S. 29 ff., 47 ff., 89 f., 155 f., 207 f.

gemeine Nutzen der Gemeinschaft[45]. In diesem Begriff wird der Satz aufbewahrt: Ohne Gemeinschaft kann der Mensch nicht leben; er muß wollen, was der Gemeinschaft als Ganzem dient. Mit dem Begriff des allgemeinen Wohls als Ziel des Rechts wird die empirisch-zwingende Seite jeder Rechtsphilosophie, jene bemerkenswerte Verschränkung von Tatsachen und Verbindlichkeiten, für den politischen und den juristischen Alltag verfügbar.

Aber für *Cicero* ist es schon eine nicht mehr zu befragende historische Tatsache, daß viele Menschen sich von der Notwendigkeit, das im Recht konzentrierte allgemeine Wohl zu befolgen, nicht nur befreien wollen, sondern auch können. Die Suche nach einem »höheren« als dem nur notdürftig verbrämten empirischen Verpflichtungsgrund ist daher genauso selbstverständlich. *Cicero* sieht die Metaphysik des Rechts, die eigentliche Verbindlichkeit, in einem ewigen Gesetz (lex aeterna).

> Es ist »die Meinung der größten Philosophen gewesen, daß das Gesetz nicht in den Köpfen von Menschen ausgedacht worden, noch ein Beschluß von Völkern ist, sondern etwas Ewiges (aeternum quiddam), welches das ganze Weltall mit der Weisheit des Gebietens und Verbietens regiert[46].«

Dieses ewige Gesetz gebietet das Gute und Gerechte und verbietet das Schlechte und Ungerechte. Das Gute ist das Gemeinwohl, das Schlechte der Abfall vom Gemeinwohl. Folglich sind die rechtlichen Regeln, die dem Gemeinwohl dienen, verbindlich.

Im Aufbau und im Inhalt einer Rechtsphilosophie ist das nichts Neues. Man **74**
kann sich bei der *Cicero*-Lektüre sogar bei dem Gedanken ertappen, daß in den Texten *Ciceros* das Bisherige nur vereinfacht wird. Aber selbst wenn: es ist eine wichtige Vereinfachung, die die Grundlinien jeder Rechtsphilosophie nur schärfer, praktischer hervortreten läßt. Die Bevorzugung der staatlichen Gemeinschaft auch um den Preis großer Beschränkung der Individualität durch Recht tritt hervor, das Bemühen um eine metaphysische Begründung des Rechts im einzelnen ist selbstverständlich; ebenso die Suche nach der Gerechtigkeit.

Ein weiteres Thema der Rechtsphilosophie wird bei *Cicero* aufgehoben und weitergegeben. Wie kann man den weiten Spielraum ausfüllen, den die Begriffe: »Notwendigkeit der Gemeinschaft« und »Allgemeinwohl« lassen? *Plato* hatte diesen Spielraum bis gegen Null verengt, *Aristoteles* ihn bewundernd analysiert. *Cicero* kalkuliert ihn nüchtern ein. Das positive Recht bestimmt, was gerade in dieser Epoche dem Gemeinwohl dient[47].

---

45 *Cicero*, De officiis/Vom pflichtgemäßen Handeln (Ausgabe Reclam-Verlag), S.77.
46 *Cicero*, Über die Gesetze (Ausgabe von Ziegler, *Cicero*, Staatstheoretische Schriften, Akademie-Verlag, Berlin, 2. Aufl., 1979), S. 257 (= II, 4).
47 *Cicero*, Über die Gesetze, a.a.O. (Anm. 46), S. 259 f. (= II, 5).

Aber:

> »Wenn nur auf die Willensbekundungen des Volkes, die Verordnungen der Fürsten, die Urteile der Richter das Recht sich gründete, dann wäre es Recht, Straßenraub zu treiben, Recht, die Ehe zu brechen, Recht, gefälschte Testamente unterzuschieben, sobald dies durch Entscheidungen oder Beschlüsse der Menge gut geheißen würde[48].«

Das aber ist gegen das ewige Gesetz.

Hier gewinnen *drei alte rechtsphilosophische Themen* praktisches Profil:

Das Recht, das positive Recht braucht die Philosophie (oder die Idee, die Theorie, die Wissenschaft usw.): Recht ohne Philosophie ist nur häßliche Macht.

Jedes Detail einer positiven Rechtsordnung läßt sich »philosophisch« erörtern. Drei Ergebnisse sind möglich: Das positive Recht ist richtig – das positive Recht ist relativ richtig – das positive Recht ist falsch.

Der Philosoph (der Theoretiker, der Wissenschaftler) hat in der Beurteilung des positiven Rechts den Vorrang vor dem Politiker. Die Theorie ist der Praxis überlegen.

2.2.5 Wiederholungen

75 Der Rechtsidealismus versucht, die verpflichtenden Inhalte positiven Rechts durch Erkenntnis der Idee der Gerechtigkeit zu bestimmen. Dieser Punkt ist aber nur ein Teil des Gesamtaufbaus einer idealistischen Rechtsphilosophie. Dieser Gesamtaufbau – der die Bestandteile jeder Rechtsphilosophie zeigt – ist so angelegt:

Mittelpunkt aller Überlegungen ist eine Sozialanthropologie, eine Lehre vom Verhalten des Menschen zu anderen Menschen. Ergebnis dieser Anthropologie ist: Der Mensch kann nur in Gemeinschaft mit anderen Menschen leben. Diese Anthropologie ist aus empirischen und nichtempirischen, aus physischen und metaphysischen Teilen zusammengesetzt. Recht und Staat sind unerläßlich, um das Zusammenleben von Menschen zu organisieren und zu ordnen. *Recht und Staat sind Ableitungen aus der Sozialanthropologie.* Mitgedacht ist in diesem Ableitungszusammenhang immer, daß der Mensch zu Abweichung fähig ist, daß er nicht tut, was von ihm erwartet wird. Recht formt und zwingt denjenigen Menschen, der abweicht. Das Bemühen, diese Ableitung des Rechts als empirisch, als »natürlich« darzustellen, ist unverkennbar. Das ist die Denkweise des Naturrechts.

---

48 *Cicero*, Über die Gesetze, a.a.O. (Anm. 46), S. 239 (= I, 16).

Im Aufbau einer Rechtsphilosophie tritt ein zweiter Bereich klar hervor, das Unternehmen nämlich, das Notwendige auch als das Gerechte, das Verpflichtende aufzufinden. Neben die anthropologische, physische Begründung des Rechts tritt die metaphysische Begründung des Rechts. Ihr Ziel ist es, die Verbindlichkeit des Rechts gegen die Fähigkeit zur Abweichung zu sichern. Bei *Plato* geschieht das durch den Beleg, daß die Annäherung menschlichen Rechts an die ewige Idee der Gerechtigkeit möglich ist. Dieser Beleg ist nicht poetisch-spekulativ. Er ist scharfsinnig und aufwendig auf Erkenntnis gerichtet.

2.2.6 Weiterführende Literatur

Platos Rechtslehre war und ist Gegenstand einer breiten Literatur. Zwei pro- **76**
filierte Stellen aus neuerer Zeit, die den Umfang und die Intensität das *Plato*-Interesses belegen, können im Anschluß an eigene *Plato*-Lektüre weiterhelfen:

Hans Kelsen, *Plato* und die Naturrechtslehre, in: *Hans Kelsen*, Aufsätze zur Ideologiekritik, 1964, S. 232 ff.

Karl Popper, Die offene Gesellschaft und ihre Feinde, 1. Band: Der Zauber Platons, dtsch., 1957 (leicht zugänglich in einer UTB-Ausgabe).

2.3 Rechtstheologie: Thomas v. Aquin

2.3.1 Lebensdaten; Hauptwerke

Thomas v. Aquin lebte von 1224 (oder 1225)–1274. Er studierte in Italien, **77**
Frankreich und Deutschland. Er lehrte in Italien und Frankreich.

Hauptwerk: Summa Theologica (etwa: Zusammenfassung allen theologischen Wissens über alle Gegenstände, die den Menschen angehen, also auch Zusammenfassung allen theologischen Wissens über Staat und Recht). Die deutsch-lateinische Ausgabe der Summa umfaßt 37 Bände. Für die Rechtsphilosophie am interessantesten sind folgende Bände der deutsch-lateinischen Ausgabe der Summa: 8 (Erhaltung und Regierung der Welt); 13 (Das Gesetz) und 18 (Recht und Gerechtigkeit).

Zum Einlesen gut geeignet: *Thomas v. Aquin*, Über die Herrschaft der Für- **78**
sten (zugänglich in einer Reclam-Ausgabe). Die Summa im Bereich von Recht und Gerechtigkeit ist ähnlich konkret wie *Platos* »Staat«. Die Abenteuer, die der Mensch auf sich nimmt, wenn er im Gebiet von Moral, Staat und Recht nach festen Stützen sucht, werden eindringlich dargestellt. Kein modernes Problem ist übergangen.

2.3.2 Inhalt einer Rechtstheologie

2.3.2.1 Zusammenfassende Kennzeichnung (Rechtstheologie)

79 Bei *Thomas v. Aquin* sind die beiden rechtsphilosophischen Hauptbereiche: *der empirische und der nicht-empirische Teil einer Rechtsphilosophie*, mit aller Deutlichkeit wiederzufinden, in bedeutender neuer Färbung allerdings.

Der empirische Teil sieht so aus: Der Mensch ist von Natur unfähig, sich als einzelner am Leben zu erhalten. Die »Notwendigkeit der menschlichen Natur« zwingt zum Leben in Gemeinschaft:

> »Es ist ... die natürliche Bestimmung des Menschen, das für gemeinschaftliches und staatliches Leben erschaffene Geschöpf zu sein. ... So ist das gesellige Leben eine Notwendigkeit, damit der eine von dem anderen unterstützt werde...[49].«

Es folgen unvermeidbare Gedankenschritte:

> »Wenn es also der natürlichen Bestimmung des Menschen entspricht, in Gesellschaft mit vielen zu leben, so muß unter den Menschen etwas sein, wodurch die vielen gelenkt werden[50].«

Aber, wenn es »Natur« ist, in der Gemeinschaft der Menschen zu leben, müßte diese Natur sich nicht selbst herstellen, ohne Anstrengung und Zwang? Eigentlich wohl ja, aber die Erfahrung steht dagegen:

> »Wären nämlich viele Menschen beisammen und jeder nur auf das bedacht, was ihm selbst angemessen erscheint, so würde die Gesellschaft nach entgegengesetzten Richtungen auseinandergeraten... Das meint *Salomo* wohl, wenn er ... sagt:,Wo kein Regent ist, zerstreut sich das Volk'[51].«

Staat, positives Recht und Regierung garantieren das, was als empirisch notwendig, als eigentlich natürlich eingesehen ist: die Gemeinschaft der Menschen.

Eine solche überscharfe Zusammenfassung das Gedankengangs des *Thomas v. Aquin* macht klar, daß dieser empirische Teil der Rechtsphilosophie einen nicht-empirischen Teil unentbehrlich macht. Im empirischen Teil steckt die Mitteilung, daß aus Erfahrung die Neigung, vielleicht die auch »natürliche« Neigung der Menschen bekannt ist, sich gegen die Gemeinschaft zu wenden. Die »Natur« reicht offenbar nicht, die Organisation der staatlichen Gemeinschaft und die Verbindlichkeit des Rechts zu sichern. Dies wiederum ist der

---

49 *Thomas v. Aquin*, Über die Herrschaft der Fürsten (Reclam-Ausgabe), 1. Buch, 1. Kap., S. 5 f.
50 *Thomas v. Aquin*, Über die Herrschaft der Fürsten, a.a.O. (Anm. 49), S. 7.
51 *Thomas v. Aquin*, Über die Herrschaft der Fürsten, a.a.O. (Anm. 49), S. 7.

Übergang von der Physik zur Metaphysik des Rechts. Wie kann man die Verbindlichkeit, in der rechtlich verfaßten Gemeinschaft zu leben, stärker begründen als nur mit dem – umgehbaren – Hinweis, dieses Leben sei Natur?

Für diese Begründung kann sich *Thomas v. Aquin* der ganzen Palette von Begründungsmöglichkeiten bedienen, die ihm die antike Rechtsphilosophie anbietet. Und *Thomas v. Aquin* bereichert diese Möglichkeiten um theologische Elemente.

Scharf auf den Typus gebracht, entsteht die Verbindlichkeit des Rechts bei *Thomas v. Aquin* aus dem Willen Gottes. *Gott will Recht und Staat.* Diesem Willen unterwirft sich der Mensch. An die Stelle der Idee der Gerechtigkeit in einer Rechtsphilosophie nach dem platonischen Modell tritt der Wille Gottes. Dieser Änderung sollte man sich allerdings nicht mit der psychologisierenden Sicherheit der Moderne nähern. Die Vorstellung des *Thomas v. Aquin* ist nicht, daß in den Wolken ein alter Herr sitzt und sein Wollen z.B. auf deutsch mitteilt. So leicht ist Metaphysik des Rechts nicht zu erledigen.

Die Lehre des *Thomas v. Aquin* zur Metaphysik des Rechts hat diesen Inhalt:

In Erinnerung an *Aristoteles* sieht *Thomas v. Aquin* die Welt von bestimmten Baugesetzen geordnet. Der Gedanke der Entelechie taucht wieder auf. Alles Sein drängt auf Verwirklichung, ist geleitet von zielstrebiger, formender Kraft. Und dieses Sein – mit seiner auf ein bestimmtes Ziel gerichteten Natur – leitet sich von Gott ab.

So auch die Gemeinschaft der Menschen: Recht und Staat. Das Leben in der Gemeinschaft ist kein zufälliges, von Natur blindes Ziel, dem man sich durch Entschluß entziehen könnte. Das Leben in der Gemeinschaft ist vielmehr ein von Gott geschaffenes Ziel.

2.3.2.2 Einzelheiten

Wie vernünftig, ganz unmystisch das alles gedacht ist, können nur Zitate belegen. 80

Gott gibt »jedem Ding durch eine bestimmte Ordnung, durch seine eigene Wirksamkeit und den Platz, auf den es gestellt ist, seine Eigentümlichkeit«; diese Eigentümlichkeiten müssen Recht und Staat treffen, wenn sie richtig sein sollen[52]. *Man sieht hier klar das Konstruktionsprinzip einer Rechtstheologie*: Gottes Wille bestimmt nach einem unwandelbaren Prinzip den Inhalt des Rechts unter Menschen.

---

52 *Thomas v. Aquin*, Über die Herrschaft der Fürsten, a.a.O. (Anm. 49), S. 49 ff.

Die Art und Weise, in der *Thomas v. Aquin* die Übersetzung des göttlichen Willens in menschliche Satzung beschreibt, ist eine Leistung von großer intellektueller Kraft[53].

81 Gottes Wille, das Gesetz, das die Welt hat entstehen lassen und das ihre Bewegung bestimmt, die notwendige Ordnung der Welt, ist aufgehoben in der ewig seienden **lex aeterna** (ewiges Gesetz)[54].

82 Der Mensch ist in der Lage, diese lex aeterna durch seine Vernunft zu erkennen und sie in einer **lex naturalis** (natürliches Gesetz) niederzulegen. Dieses natürliche Gesetz drückt das Weltgesetz für den Menschen aus. Es findet sich im Menschen »eine Teilnahme an der ewigen Vernunft, durch die (er) eine natürliche Hinneigung zu dem ihm wesensgemäßen Handeln und Ziele besitzt[55].«

83 Aber hinzukommen muß noch die **lex humana** (das Gesetz für Menschen und unter Menschen). Das ist die Konkretisierung der lex aeterna und der lex naturalis für die besondere geschichtliche Situation und für den Einzelfall in der geschichtlichen Situation.

Die lex humana ist das positive Recht, für das aber ein deutlicher Zusammenhang zur Weltordnung Gottes angenommen wird. Positive Gesetze, die von der lex aeterna und der lex naturalis abweichen, sind falsche Gesetze:

> Der Mensch hat »auf seiten seiner auf das Tun gerichteten Vernunft am ewigen Gesetz naturhaft teil bezüglich gewisser allgemeiner Grundsätze, nicht aber bezüglich der Lenkung des Einzelnen, die das ewige Gesetz gleichwohl in sich begreift. So muß die menschliche Vernunft über die Grundsätze hinaus zu ins Einzelne gehende Gesetzesverordnungen fortschreiten[56].«

In dieser Rechtstheologie wird ein Problem zugeschärft, das in allen bisher vorgeführten Typen von Rechtsphilosophien zu sehen war:

84 Wie eigentlich können rechtliche Einzelheiten – das Mietrecht, das Bildungsrecht, das Strafrecht – in diesem Ableitungszusammenhang von empirischen und nicht-empirischen Teilen einer Rechtsphilosophie erörtert werden? Als Modell zeigt sich: Die Bedürftigkeit des Menschen macht groß- und kleinräumige organisatorische Regelungen nötig, um diese Bedürftigkeit auszugleichen. Diese Regelungen, zu denen das Recht gehört, werden dann an eine Metaphysik des Rechts angebunden. Aber es bleibt – je länger die politische

---

53 Am besten nachzulesen in: *Thomas v. Aquin*, Summa Theologica, deutsch-lateinische Ausgabe, 13. Band: Das Gesetz, 1977. Auf diesen Text beziehen sich die Zitate im folgenden Abschnitt.

54 *Thomas v. Aquin*, Summa Theologica, a.a.O. (Anm. 53), S. 16-18.

55 *Thomas v. Aquin*, Summa Theologica, a.a.O. (Anm. 53), S. 20.

56 *Thomas v. Aquin*, Summa Theologica, a.a.O. (Anm. 53), S. 24.

Geschichte dauert, um so nachdrücklicher – das Faktum, daß die die Bedürftigkeit des Menschen ausgleichenden Sozial-Regelungen verschieden sein können, ohne ihre Aufgabe zu verfehlen.

Man braucht einen Mechanismus, der die Naturnotwendigkeit, in Gemeinschaft zu leben, und der die verpflichtende Naturnotwendigkeit, in Gemeinschaft zu leben, in Einzelheiten übersetzt, ohne den Grad der Verpflichtung zu mindern.

Thomas v. Aquin greift an dieser Stelle rechtsphilosophische Überlegungen zum Begriff das Gemeinwohls auf und schärft diese Überlegungen in einer Weise zu, die das spätere Nachdenken über den Begriff angezogen hat[57].

Es versteht sich, daß jenes Ziel, dem die Gemeinschaft der Menschen zustreben muß, das gemeine Wohl ist. Aber wie läßt sich das gemeine Wohl erkennen? *Thomas v. Aquin* trifft folgende Unterscheidungen:

Das *Gemeinwohl* (bonum commune) muß unterschieden werden vom *Wohl des einzelnen* (bonum singulare), das nicht Ziel menschlicher Gemeinschaft ist. Etwas anderes als das Gemeinwohl ist auch das *Wohl des. Kollektivs* das größte Glück der größten Zahl (bonum totius):

> »Das Gemeinwohl ist das Ziel der einzelnen, zu einer Gemeinschaft gehörenden Personen, wie das Gut des Ganzen Ziel eines jeden der einzelnen Teile ist. Das Gut einer Einzelperson ist aber nicht das Ziel der anderen[58].«

Was aber bleibt dann als bonum commune, als allgemeiner Nutzen übrig?

Antwort des *Thomas*: der innere Friede und die Ordnung, Schutz gegen An- **85**
griffe von außen und gegen Verbrechen, Sicherung von Nahrung, Wohnung und Kleidung. Diese Ziele sind notwendige rechtliche Ziele. Alles andere ist zufällig, wechselnd und unverbindlich[59]. Der nun schon vertraute Gedanke taucht hier in neuer Form und mit detailliertem Inhalt auf. Rechtsphilosophisch gesehen gibt es echtes und unechtes Recht, *notwendiges und historisch zufälliges Recht.*

Daß solche Sätze aber nicht ausreichen, um eine detaillierte Rechtsordnung entwerfen und beurteilen zu können, bedarf für *Thomas v. Aquin* keines Belegs mehr. Der Zustand, den *Plato* den Zustand der Organisation nicht-notwendiger Bedürfnisse genannt hatte, ist der alltägliche Zustand. Zu seiner Erörterung bedient sich *Thomas v. Aquin* der *Figur des Unterschieds zwischen ausgleichender und austeilender Gerechtigkeit.*

---

57 Grundlage: *Thomas v. Aquin*, Summa Theologica, Deutsch-lateinische Ausgabe, 18. Bd.: Recht und Gerechtigkeit.

58 *Thomas v. Aquin*, Summa Theologica, a.a.O. (Anm. 57), S. 47.

59 Am deutlichsten: *Thomas v. Aquin*, Über die Herrschaft der Fürsten (Reclam Ausgabe), S. 9 ff., 57 ff.

Wichtig und bleibend ist die Stelle, an der die Figur eingesetzt wird. Sie dient zur Konkretisierung des Begriffs des Gemeinwohls. Die Stelle wird eingeleitet mit der Bemerkung, die Privatperson verhalte sich zur Gemeinschaft wie ein Teil zum Ganzen. Dann wörtlich:

> »Man kann aber zu einem Teil eine doppelte Ordnung feststellen. Einmal die Ordnung vom Teil zum Teil; der entspricht die Ordnung der einen Privatperson zur anderen. Und diese Ordnung regelt die ausgleichende Gerechtigkeit, die in jenen Handlungen obwaltet, die zwischen Personen gegenseitig gesetzt werden. Die andere Ordnung ist die des Ganzen zu den Teilen. Und dieser Ordnung entspricht die Ordnung dessen, was gemeinsam ist, zu den einzelnen Personen. Und diese Ordnung regelt die austeilende Gerechtigkeit, die die Gemeinschaftsgüter nach einem bestimmten Verhältnis zuteilt. Und so gibt es zwei Arten von Gerechtigkeit: die ausgleichende und die austeilende[60].«

Hier ist für eine überkommene rechtsphilosophische Vorstellung, die die politische Praxis tief beeinflußt hat, eine überdauernde Formulierung gefunden worden.

2.3.3 Die Bestandteile einer Rechtstheologie

2.3.3.1 Thomas v. Aquin als Modell

86 In der Rechtstheologie des *Thomas v. Aquin* findet man – ähnlich wie bei *Plato* – ein rechtsphilosophisches Modell. Freilich ist dieses Modell schon nur noch typische Abwandlung eines feststehenden Grundmusters.

2.3.3.2 Empirie (Physik) und Metaphysik des Rechts

87 Dieses Grundmuster wird von *Thomas* wiederholt:

Die Empirie, die wirkliche physische Natur des Menschen, die wissenschaftliche Anthropologie lehren, daß der Mensch nur in einer rechtlich verfaßten, von einem Staat garantierten Gemeinschaft leben kann.

Diese Empirie wird – entsprechend der Tradition – gespeist aus der Vorstellung, daß man einen nicht-staatlichen Zustand (den Naturzustand) mit einem staatlichen Zustand vergleichen könne. Die Frage: Wie würde der Mensch leben, gäbe es Recht und Staat nicht, ist als Teil der Rechtsphilosophie erhalten.

Die empirischen Teile der Rechtsphilosophie des *Thomas v. Aquin* zeigen auch, daß die Auffassung fortbesteht, die menschliche Gemeinschaft sei ständig durch Abweichung gefährdet. Aber die Empirie allein erzeugt keine Verbindlichkeit, in Gemeinschaft zu leben und das Recht zu befolgen.

---

60 *Thomas v. Aquin*, Summa Theologica, a.a.O. (Anm. 57), S. 92/93.

Diese Verbindlichkeit wird erzeugt durch die Erörterungen, die belegen sollen, daß sich in der Empirie die wirkliche, von Gott gegebene Weltordnung ausdrückt. Diese Metaphysik des Rechts ist breit ausgearbeitet. Ihr Inhalt – ein theologischer Inhalt – macht den entscheidenden Unterschied zwischen *Plato* und *Thomas v. Aquin* aus: Mischung aus Physik und Metaphysik des Rechts bei beiden; Ideenlehre bei *Plato*, Gottes Wille bei *Thomas v. Aquin* als Grundlage der Metaphysik des Rechts, also Rechtsidealismus einerseits, Rechtstheologie andererseits bei gleichbleibendem empirischen Ziel.

Mit großer Schärfe tritt das Problem das **Übergangs vom Sein zum Sollen** **88**
als Problem des Entwurfs einer Rechtsphilosophie überhaupt hervor.

Im Großen zeigt sich das am Übergang von der Physik zur Metaphysik des Rechts. Warum sollte das »Sein« der Unfähigkeit, als einzelner zu existieren, das »Sollen« erzeugen können, diese Bedürftigkeit durch rechtsförmige Gemeinschaftsbildung zu überwinden? Ohne Metaphysik ist diese Frage nicht zu beantworten.

Aber auch im Kleinen zeigt sich dieses Problem. *Thomas v. Aquins* Texte sind gefüllt mit detaillierten juristischen Überlegungen. Eines der eindrucksvollsten Beispiele ist die Erörterung zu den Problemen der fahrlässigen Tötung[61]. Bis hierher reicht das Problem der Trennung von Sein und Sollen. Reicht das Sein (das Vorhandensein) des Wunsches vieler Menschen, gegen fahrlässige Tötung geschützt zu werden, aus, um ein Sollen (fahrlässige Tötung zu vermeiden und, wenn solche Taten doch geschehen, sie zu bestrafen) zu begründen? Nicht ohne rechtstheologische Metaphysik, ist die Antwort des *Thomas v. Aquin*, nicht ohne eine Metaphysik, die das Leben des Menschen für unantastbar erklären kann gegen die Erfahrung, daß es ständig angetastet wird.

Auch die Versuchung, dieses Problem des Verhältnisses von Sein und Sollen mit kurzen, aber wirksamen Schlüssen zu erledigen, ist bei *Thomas v. Aquin* eindrücklich denunziert. Es liegt ja ganz nahe zu meinen: Wenn viele etwas wollen und wenn die vielen aus ihrem Wollen Rechtsregeln machen, oder wenn einer, der die tatsächliche Macht hat, den Willen vieler in Rechtsregeln umsetzt, so erzeugt der Wille der Menge (ein »Sein«) Gerechtigkeit (ein »Sollen«).

Dagegen *Thomas v. Aquin*:

> »Nicht aber ist deshalb etwas (= das positive Recht) gerecht, weil es aus dem menschlichen Willen hervorgeht, sonst könnte der menschliche Wille nicht ungerecht sein[62].«

---

61 *Thomas v. Aquin*, Summa Theologica, a.a.O. (Anm. 57), S. 177 ff.
62 *Thomas v. Aquin*, Summa Theologica, a.a.O. (Anm. 57), S. 7f.

Die Versuchung, Sein und Sollen durch Willen und Macht zu verbinden, wird also gezeigt und getadelt. Das ist die Vorwegnahme einer Diskussion, die im 19. und 20. Jahrhundert intensiv geführt wird. Die aktuelle Zeit hat keine Schwierigkeiten, so zu denken: Jugendliche »sind« anders als Erwachsene, also »sollen« sie im Recht anders behandelt werden. Und die Schwierigkeit, aus dem Sein ein Sollen zu begründen? Diese Schwierigkeit ist glatt zu überwinden, wenn nur eine Mehrheit »will«, daß Jugendliche im Recht anders behandelt werden als Erwachsene. Aber wenn man so denkt, dann muß man mitdenken, daß ein bestimmtes Wollen ständig durch anderes, stärkeres Wollen gefährdet ist.

2.3.3.3 Die Schwierigkeiten einer Metaphysik des Rechts

89 An der Rechtstheologie des *Thomas v. Aquin* läßt sich studieren, wie schwierig es schon zur Zeit des *Thomas* geworden ist, eine Lehre vom richtigen Recht zu begründen. Man weiß viel über den Menschen und seine Art, mit anderen Menschen umzugehen. Die große Menge an Einzelheiten dieses Wissens macht große Anstrengungen nötig, alle diese Einzelheiten in einer Metaphysik diskutierbar zu machen. Der Aufwand an Wissen und Scharfsinn in *Thomas v. Aquins* Rechtstheologie ist unvergleichbar umfangreicher als der in *Platos* Ideenlehre. *Empirie und Metaphysik des Rechts lassen sich nicht mehr harmonisch aufeinander beziehen.* Wissen über die politische Wirklichkeit des Menschen und göttliche Offenbarung liegen im Widerstreit. Diese Entwicklung wird andauern und dem Wissen über die Wirklichkeit ein immer größeres Gewicht in der Rechtsphilosophie verschaffen.

90 Das Problem der **Relativität positiven Rechts** ist in den Überlegungen zum Inhalt der lex humana ausgedrückt.

Die Unmöglichkeit, von der lex aeterna einen Ableitungszusammenhang über die lex naturalis bis zu den Einzelheiten der wirklichen lex humana herzustellen, scheint mit erdrückenden Gründen belegt zu sein. Auch hier zeigt sich eine Linie, auf der die spätere Rechtsphilosophie sich entwickeln wird, bis Rechtsphilosophie sich in der Beschreibung der vermeintlich unausweichlichen Relativität positiven Rechts erschöpft.

Thomas v. Aquin stellt sich noch mit großer intellektueller Kraft gegen die angedeutete Entwicklung. Es kann nicht nachdrücklich genug empfohlen werden, einige Text-Stellen aus den Bänden 13 oder 18 der Summa Theologica nachzulesen. Die Bände sind klar und lehrreich gegliedert. Aber vor allem wird in diesen Bänden sichtbar, mit welcher Fülle von Argumenten jeder, der sich mit Recht und Staat befaßt, zu rechnen hat. Man muß gewappnet sein, auf Tausende von Argumenten aus weit auseinanderliegenden Gebieten zu jedem kleinen Diskussionspunkt zu treffen. Bei *Thomas v. Aquin* wird man darauf aufmerksam gemacht, daß man in der Fülle von Material ertrinken (d. h. zu Willkür in der Entscheidung Zuflucht nehmen) muß, wenn man dieses Material nicht ordnet. Bei *Thomas v. Aquin* findet sich diese Ordnung, diese Disziplin der Argumentation (die man heute *Argumentationstheorie* nennt). Diese Ordnung bei *Thomas v. Aquin* hat den historischen Namen Scholastik (abgeleitet von schola = Schule).

Als Kennzeichen der Scholastik gelten: formale Organisation von Grund und Gegengrund; scharfsinnige, spitzfindige Zuschärfung des Problems, das dann kaum noch lösbar erscheint; Entscheidung mit Hilfe der souveränen Auslegung eines Textes mit Autorität (bei *Thomas v. Aquin*: mit Hilfe biblischer Texte).

Auch hier zeichnet sich Künftiges ab: Das Ersetzen weiträumiger Rechtsphilosophie durch ausgeklügelte (»scholastische«) Argumentationsverfahren unter der Bezeichnung »Wissenschaftstheorie des Rechts«, durch Argumentationsverfahren, die aber auf den Rückgang zu Texten mit großem Ansehen nicht verzichten können. Bis in die aktuellen Kommentare zum BGB oder zum StGB reicht die scholastische Tradition.

2.3.3.4 Drei Ebenen der Rechtsphilosophie

Bei *Thomas v. Aquin* wird endgültig sichtbar, daß eine Rechtsphilosophie ein **91**
Bau mit drei Ebenen ist:

Ewiges Gesetz (unveränderliches Sein der Idee; Gottes Wille);
Natürliches Gesetz (Erkenntnis des Ewigen durch den Menschen; Übersetzung des ewigen Seins in die Sphäre menschlichen Seins zunächst dem Prinzip nach);
Menschliches Gesetz (Übertragung des natürlichen Gesetzes in die Aktualität).

Die Art des Umgangs mit diesen drei Ebenen charakterisiert eine Rechtsphilosophie. Dabei schälen sich wiederum zwei besonders auffällige Merkmale heraus:

Das erste Merkmal ist die Behandlung der Übergänge von einer Ebene zur **92**
anderen. Auch diejenigen Rechtsphilosophen, die – wie *Plato* und *Thomas v. Aquin* – die genannten drei Ebenen scharf auseinanderhalten, leugnen nicht, daß durch die Übergänge von einer Ebene zur anderen Verluste an Inhalt und Klarheit auftreten. Die Idee (Gottes Wille) wird nicht restlos in die menschliche Erkenntnis wahrer (göttlicher) Prinzipien übertragen, die menschliche Erkenntnis der wahren (göttlichen) Prinzipien des Rechts nicht vollständig in positives Recht überführt. Es entstehen auf der mittleren und unteren Ebene Räume für selbständiges, von der nächsthöheren Ebene nicht gebundenes Entscheiden. Je mehr eine Rechtsphilosophie diese Räume sieht und nutzt, umso unnützer wird der Gesamtbau.

93 Das zweite, von der Unterscheidung der drei Ebenen eines rechtsphilosophischen Gebäudes abgeleitete Charakteristikum ist dies: Wieweit versucht eine Rechtsphilosophie mit nur zwei Ebenen (Verzicht auf ewige Ideen oder Gottes Wille) oder nur einer Ebene (Verzicht auf ewige und natürliche Gesetze) auszukommen? Diese Versuche sind geradezu die Hauptarbeit künftiger Rechtsphilosophie.

Der Verzicht auf ewige Ideen der Gerechtigkeit (oder auf Gottes Wille) als oberster Ebene für die Ableitung richtigen Rechts führt zum (weltlichen) Naturrecht. Es gibt nur noch zwei Ebenen in einem rechtsphilosophischen Gebäude: das Naturrecht und das positive Recht.

Der Verzicht auf das Naturrecht führt zu einer Rechtsphilosophie, die nur noch auf einer Ebene arbeitet, der Ebene des positiven Rechts.

Aber es ist schon hier darauf aufmerksam zu machen, daß der Verzicht auf die oberste Ebene oder auf die beiden oberen Ebenen eines rechtsphilosophischen Gebäudes nicht zum ersatzlosen Wegfall dieser Ebenen, gleichsam zu einer Erniedrigung des Gebäudes führt.

Bei *Plato* und *Thomas v. Aquin* kann man lernen, daß diese drei Ebenen unerläßlich sind, wenn man die Richtigkeit positiven Rechts erörtern will. Der Verzicht auf die oberen Ebenen führt dazu, daß die darunterliegenden Ebenen die Funktion der äußerlich weggefallenen Ebenen mitübernehmen müssen.

In dieser Richtung wird sich die Rechtsphilosophie entwickeln, und sie wird sich sehr kompliziert entwickeln. Die Metaphysik des Rechts, die in der obersten Ebene einer Rechtsphilosophie aufgehoben ist, wird zwar im Laufe der weiteren Entwicklung abgebaut, taucht aber versteckt, umformuliert, säkularisiert und larviert in den verbleibenden Teilen eines rechtsphilosophischen Baues wieder auf.

Der Anspruch, daß der Theologe, der Philosoph, der Metaphysiker, der Theoretiker, kurz: der Wissenschaftler des Rechts Vorrang vor dem Praktiker (Juristen, Gesetzgeber, Politiker) haben müsse, ist bei *Thomas v. Aquin* unterstrichen. Nur dieser Gelehrte ist in der Lage, die komplizierten Zusammenhänge, die richtiges Recht verbürgen, zu beherrschen. Hier festigt sich eine Linie, die ein nicht hinwegzudenkender Bestandteil aller rechtsphilosophischen Erörterungen bleibt.

2.3.4 Thomas v. Aquin und die rechtstheologische Tradition

2.3.4.1 Die Tradition der Rechtstheologie

Die Rechtstheologie des *Thomas v. Aquin* ist keine einzelne isolierte Lehre, die man mit der Einordnung »Katholizismus des 13. Jahrhunderts« gering achten könnte. *Thomas v. Aquin* ist ein Beispiel für eine lange und fortwirkende rechtsphilosophische Tradition. Das muß daran liegen, daß sich eben – nach einer Bemerkung *Schopenhauers* im 19. Jahrhundert – kaum eine wirksamere Begründung des Rechts denken läßt als die theologische: 94

»... denn wer würde so vermessen sein, sich dem Willen des Allmächtigen und Allwissenden zu widersetzen? Gewiß niemand...[63].«

Nur knappe Belege für die rechtstheologische Tradition:

2.3.4.2 Die 10 Gebote

Einigermaßen vertraut ist der Eingangstext zu den 10 Geboten im Alten Testament. 95

»Und Gott redete alle diese Worte.« (2. Buch Mose, Kapitel 20)

Dann folgen die 10 Gebote. Dies ist die einfachste, vielleicht wirksamste Form einer Rechtstheologie, die in säkularisierten Formen (»Der Bundestag hat das folgende Gesetz beschlossen.«) durchaus fortwirkt.

Vorausgesetzt ist die Erfahrung, daß Gebote wie die 10 Gebote gebrochen werden; und vorausgesetzt ist die Notwendigkeit, die 10 Gebote zu achten. Der Grund der Verpflichtung, dieser Notwendigkeit zu folgen, wird in Gottes Willen – in eine unüberwindliche machtvolle Autorität – verlegt. Diese Rechtstheologie ist der eindringlichste Ausdruck der Sorge, ein Recht ohne Nachdruck, ohne unausweichliche Verbindlichkeit müsse wirkungslos sein.

2.3.4.3 Augustin

Ein Hinweis auf *Augustin* (354–430) soll nicht fehlen. Man kann bei *Augustin* bestätigt finden, daß alle rechtsphilosophischen Modelle, alle Lehren vom richtigen Recht mit drei Ebenen arbeiten. *Augustin* unterscheidet: 96

- das ewige, im göttlichen Bewußtsein aufbewahrte Gesetz;
- das natürliche vom göttlichen in die menschliche Vernunft übersetzte, unvollkommen übersetzte Gesetz;

---

63 *Schopenhauer*, Sämtliche Werke, hrsg. von Löhneysen, Bd. III, S. 637.

– und das zeitliche Gesetz als – wiederum unvollkommene – Verwirklichung des natürlichen Gesetzes[64].

Das ist nichts Neues seit *Aristoteles*; und auch nach *Augustin* wird es in dieser Frage nichts Neues geben (von unglaublich vielen, gelehrten Einzelheiten abgesehen).

Der Gedanke, daß alle empirische Notwendigkeit, in Gemeinschaft mit anderen zu leben, nichts als Macht ist, daß zur Notwendigkeit die Legitimation hinzutreten muß, findet eine haftende, aktuelle Einsichten z. T. vorwegnehmende Formulierung:

> »Was anderes sind also Reiche, wenn ihnen Gerechtigkeit fehlt, als große Räuberbanden? Sind doch auch Räuberbanden nichts anderes als kleine Reiche[65].«

Wie alle seine Vorgänger und Nachfolger beschäftigt *Augustin* die Frage der philosophischen Anthropologie oder Sozialanthropologie. *Ist der Mensch von Natur gut oder böse?* Die Bedeutung der Frage für die Rechtsphilosophie (und in der Folge für die Rechtspraxis) kann gar nicht hoch genug eingeschätzt werden.

Ist der Mensch (im Verhältnis zum anderen Menschen) als im Prinzip gut aufgefaßt, so brauchen Recht und Staat dieses Gute nur zu pflegen und zu entwickeln, und Gerechtigkeit liegt nahe.

Ist der Mensch dagegen als böse aufgefaßt, so werden Recht und Staat zu Zwangsanstalten, um das Schlimmste zu verhüten.

Trotz aller Bemühungen wird diese Alternative nicht verschwinden, nur ihre Einkleidung ändert sich. Diese Einkleidung kann theologisch sein – wie bei *Augustin* oder *Thomas v. Aquin* –; sie kann (wie spätere Jahrhunderte zeigen) naiv-empiristisch oder wissenschaftstheoretisch-empirisch sein.

Augustin – als Beispiel – sieht den Menschen als nicht gänzlich verdorben; er sieht ihn trotz aller Schwächen als führbar, erziehbar und förderbar. Entsprechend ist das Klima, das er der Rechts- und Staatsordnung zutraut, entfaltend, menschenfreundlich, hilfreich-begrenzend, trotz aller Betonung der Notwendigkeit von Zwang[66].

---

64 Übersichtliche Zusammenfassung in der Schrift *Augustins*, Über den freien Willen (zugänglich in einer kommentierten Ausgabe des Schöningh-Verlages), Kap. 1, Nr. 14, 15, 31, 32.

65 *Augustin*, Vom Gottesstaat (dtv-Ausgabe), 4. Buch, 4. Kap., S. 173.

66 *Augustin*, Vom Gottesstaat (dtv-Ausgabe), vor allem 15. und 16. Buch, Kap. 5 ff., S. 213 ff., 536 ff.

2.3.4.4 Luther

Anders *Luther* (1483–1546). In *Luthers* Nachdenken zum Recht findet man zunächst alle Bausteine wieder, die im bisherigen Text zusammengetragen worden sind. Die Notwendigkeit, im rechtlich organisierten Staat zu leben, ist breit beschrieben, ebenso die Unfähigkeit des Menschen, dieser Notwendigkeit in natürlicher Weise zu folgen. Gottes Wille als Verpflichtungsgrund für alles Recht ist mit Schärfe herausgearbeitet. Auch die drei Stufen: göttliches – natürliches – menschliches (positives) Recht findet man wieder[67]. 97

Die Alternative innerhalb der Rechtstheologie liegt in der Sozialanthropologie. *Luther* sieht den Menschen als gänzlich verdorben. Die Folge ist, daß Recht und Staat zu einer theologisch gerechtfertigten Zwangsanstalt werden, um die Verderbnis des Menschen in Grenzen zu halten[68]. »Gesetze gelten Faulen, Bösen und Unmündigen ...«

Die Sehnsucht, die sich durch alle Typen von Rechtsphilosophien zieht, es könne gelingen, mit Hilfe des Rechts eine natürliche Harmonie unter Menschen zu begründen, wird von *Luther* für gänzlich unerfüllbar erklärt.

Die Nähe des Rechts zur Macht erscheint als »anthropologisch« notwendig. Den Regierenden, den *Plato* als Philosophen und den *Thomas v. Aquin* als von Gott gelenkten Menschen sehen will, sieht *Luther* als Gottes Henker und Stockmeister, der über Schalke und böse Buben herrschen muß[69].

2.3.5 Wiederholungen

Die rechtsphilosophischen Hauptfragen zeichnen sich deutlicher ab. 98

Da ist an erster Stelle die empirische Überlegung, daß der Mensch nur in Gemeinschaft leben kann. Um diese Gemeinschaft sicherzustellen, erscheinen Recht und Staat als notwendig.

Diese Überlegung ist, so empirisch sie sich gibt, durchzogen von Bewertungen. Eine nicht-empirische, also über-empirische (metaphysische) Stellungnahme ist es, daß die Form der Gemeinschaft der Form der Nicht-Gemeinschaft vorgezogen werden soll. Eine andere nicht-empirische Annahme in den Überlegungen zur empirischen Grundlage von Recht und Staat betrifft

---

67 *Luther*, Von weltlicher Obrigkeit, wieweit man ihr Gehorsam schuldig sei, 1523 (zugänglich in: *Martin Luther*, Ausgewählte Schriften, Frankfurt a.M. [Insel-Verlag], 1982, Bd. 4).

68 Am deutlichsten in *Luthers* Sermon von den guten Werken, 1520 (zugänglich in: *Martin Luther*, Ausgewählte Schriften, Frankfurt a. M. [Insel-Verlag], 1982, Bd. 4, bes. S. 55 ff.).

69 *Luther*, Werke, Weimarer Ausgabe, Bd. 16, S. 488.

das allgemeine Klima, in dem Rechtsetzung sich vollzieht. Je nachdem, ob die empirisierende Sozialanthropologie den Menschen als gut oder böse auffaßt, erscheint das Recht als Entfaltungsmöglichkeit oder Zwangsanstalt. Eine weitere nicht-empirische Annahme in den empirischen Grundlagen von Recht und Staat betrifft die Frage der Gleichheit der Menschen. Die – empirisch notwendige – Gemeinschaftsbildung durch Recht und Staat sieht völlig verschieden aus, je nachdem, ob Herstellung von Gleichheit oder Organisation von Verschiedenheit erwartet wird.

Solange man sich nur auf der Ebene: Wie ist es? bewegt, kann Recht Verbindlichkeit nicht schaffen. *Aus dem Sein entsteht kein Sollen.* Die Sehnsucht, es möge doch aus dem Sein das Sollen sich entwickeln lassen, ist freilich groß, vielleicht sogar gewaltig. Die Versuche, Recht als »natürlich«, d. h. Recht als ohne Alternative bestehend darzustellen, beherrschen die rechtsphilosophischen Bemühungen.

Die Bestrebungen, der Physik des Rechts eine – Verbindlichkeit schaffende – Metaphysik des Rechts beizugeben, bestimmen das rechtsphilosophische Denken. Die »großen« metaphysischen Alternativen sind: Rechtsidealismus und Rechtstheologie.

Die Rechtsphilosophie auf drei Ebenen – ewiges, natürliches, menschliches Gesetz – wird zum Modell. Die Probleme, die entstehen, wenn man sich bemüht, Einzelheiten des menschlichen positiven Rechts aus den oberen Stufen eines rechtsphilosophischen Gebäudes durch Erkenntnis abzuleiten, werden immer unübersehbarer. Im gleichen Maße wird der Satz, alles Recht sei von der historischen Situation abhängig, sei also relativ, einleuchtender. Das führt zu neuen Anstrengungen, einen Weg zu unbedingter Gerechtigkeit zu finden.

2.3.6 Weiterführende Literatur

99 Die als Reclam-Ausgabe leicht verfügbare, am Anfang dieses Abschnitts genannte Schrift des *Thomas v. Aquin*, Über die Herrschaft der Fürsten, sollte gelesen werden. Sie führt gut in eine Rechtstheologie ein, auch in den heute überraschenden »Rationalismus« eines solchen Rechtsphilosophie-Typus.

Weiter sollte ein Stück der Summa Theologica gelesen werden als Beispiel für den »scholastischen« Umgang mit juristischen und politischen Texten und als Hinweis darauf, daß keine Lehre vom richtigen Recht ohne einen Schuß Scholastik auskommt. Lektüre-Vorschlag: Summa Theologica, deutsch-lateinische Ausgabe, Band 18: Recht und Gerechtigkeit, 57. Frage: Vom Recht.

Eine übersichtliche zusammenfassende Auswahl von *Thomas*-Texten findet sich bei *Hoerster*, Klassische Texte der Staatsphilosophie, 8. Aufl., 1993, S. 76-89. Empfehlenswert ist die Lektüre von *Hoersters* Charakterisierung der Staatsphilosophie das Altertums und des Mittelalters, a.a.O., S. 19-27 (zugleich Repetitorium der Auffassungen *Platos*, *Aristoteles* und *Thomas v. Aquins*). Eine das moderne politische Interesse an *Thomas v. Aquin* referierende Darstellung ist: *Ulrich Matz*, Thomas v. Aquin, in: H. Maier, Rausch, Denzer (Hrsg.), Klassiker das politischen Denkens, 1. Bd., 6. Aufl., 1986, S. 110-130, 291-296 u. 337-339.

2.4 Rechtsrealismus: Machiavelli

2.4.1 Lebensdaten; Hauptwerke

Machiavelli lebte von 1469–1527. Er ist ein Zeitgenosse z.B. *Luthers*. Im 100
Dienste seiner Vaterstadt Florenz hat er eine ungewöhnlich breite politische Erfahrung gewonnen.

Hauptwerk: Der Fürst (il principe), auch mit heutigen Augen fesselnd zu lesen. Diesen Text muß man sich gründlich angeeignet haben, wenn man Probleme des Rechts erörtern will. Eine weitere für rechtsphilosophische Fragen wichtige Schrift ist: Discorsi (Untersuchungen über Politik auf der Grundlage antiker Texte).

Machiavelli wird als Begründer einer neuen politischen Wissenschaft aufgefaßt. Als **»Machiavellismus«** wird meist eine scharf zweckorientierte, opportunistische, nur Machtgewinn und Machterhaltung anstrebende, auf Erfahrung gestützte Staats- und Rechtslehre bezeichnet. Es geht im folgenden darum, anhand des Textes des »Fürsten« die alten Themen der Rechtsphilosophie im »Machiavellismus« wiederzufinden.

2.4.2 Inhalt eines Rechtsrealismus

2.4.2.1 Zusammenfassende Kennzeichnung (Rechtsrealismus)

Bei *Machiavelli* findet man die scharfe Trennung zwischen einem empiri- 101
schen und einem nicht-empirischen Teil einer Rechtsphilosophie nicht mehr. Nach dem Wortlaut seiner Schriften ist die ganze Staats- und Rechtslehre nur noch Erfahrung, Empirie, Realismus. *Rechtsphilosophie*, wenn man davon überhaupt noch sprechen will, ist *Rechtsrealismus*. Ideen der Gerechtigkeit und Gottes Willen spielen dabei keine Rolle.

Was heißt das im einzelnen? Und sollte dies wirklich gelingen: eine Rechtslehre, nur gegründet auf die Erfahrungen, die die Menschen im Umgang miteinander gemacht haben?

2.4.2.2 Einzelheiten

102 Die Erfahrung, die *Machiavelli* zugrundelegt, hat diesen Inhalt: in den Hauptlinien folgt *Machiavelli* den Wegen, die seit Jahrhunderten bekannt sind. Er beurteilt den Menschen im Verhalten zum anderen Menschen; er überlegt, was aus dieser Beurteilung für die Organisation des Zusammenlebens folgt. Der Unterschied zwischen *Machiavelli* und früheren Jahrhunderten besteht darin, daß *Machiavelli* nicht mehr über den Menschen überhaupt, die Bedürfnisse des Menschen und die Entwicklung dieser Bedürfnisse im allgemeinen, über Abweichung und die Legitimation für die Verhinderung von Abweichung zu jeder Zeit nachdenkt.

103 *Machiavelli* beurteilt den Menschen, den er jetzt im 16. Jahrhundert vorfindet. Er beurteilt nicht den Menschen, der sich überlegt, wie eine vernünftige Staats- und Rechtsordnung überhaupt aussehen sollte. Er überlegt sich, wie der Mensch mit den Gewohnheiten, Vorstellungen, Bedürfnissen des 16. Jahrhunderts in einer Staats- und Rechtsordnung gedacht werden kann.

Dabei findet *Machiavelli*:

Der wirkliche Mensch, der Mensch realistisch gesehen, muß mit Pessimismus betrachtet werden:

> »... auf der Welt gibt es nur Pöbel[70].«

Ausführlicher:

> »Alle, die über Politik schrieben, beweisen es und die Geschichte belegt es durch viele Beispiele, daß der, welcher einem Staatswesen Verfassung und Gesetze gibt, davon ausgehen muß, daß alle Menschen schlecht sind, und daß sie stets ihren bösen Neigungen folgen, sobald sie Gelegenheit dazu haben[71].«

Der Mensch im Verhältnis zum anderen Menschen, also der politische Mensch, ist nicht gut:

> »... ein Mensch, der sich in jeder Hinsicht zum Guten bekennen will, muß zugrunde gehen inmitten von so viel anderen, die nicht gut sind[72].«

Der Mensch ist furchtsam, haßerfüllt, durch Wohltaten korrumpierbar, durch große Taten zu beeindrucken, niedrig, lenkbar durch Gewinn und Belohnung, Ruhm und Reichtum[73]:

---

70 *Machiavelli*, Il Principe/Der Fürst (Reclam-Ausgabe), S. 141.

71 *Machiavelli*, Discorsi (Ausgabe des Kröner-Verlages, 2. Aufl., 1977), S. 17 (I. Buch, 3. Kap.).

72 *Machiavelli*, Il Principe/Der Fürst, a.a.O. (Anm. 70), S. 119.

73 *Machiavelli*, Il Principe/Der Fürst, a.a.O. (Anm. 70), S. 63, 173, 175, 177, 179, 181, 195.

»... die Menschen werden sich dir gegenüber immer als böse erweisen, wenn sie nicht gezwungen werden, gut zu sein[74].«

Dieser wirkliche Mensch muß immer auf der Suche nach Schutz vor seinesgleichen sein[75]. Diesen Schutz gewähren Staat und Recht. Der Staat ist eine Zwangsanstalt, die Frieden, Ordnung und Gehorsam erzwingt[76]. Die Mittel des Staates sind die Macht und das Recht:

»Ihr müßt nämlich wissen, daß es zweierlei Kampfweisen gibt: die eine mit der Waffe der Gesetze, die andere mit bloßer Gewalt[77].«

und:

»Die hauptsächlichen Grundlagen, die alle Staaten brauchen ... sind gute Gesetze und ein gutes Heer[78].«

Alles dies klingt nach Mitteilung von Faktischem, Empirischem, Realistischem. Man hat deswegen auch gemeint, *Machiavelli* sei kein *Philosoph*, der sich auf die Suche nach richtigem Recht gemacht habe, sondern er sei ein *Politiker*, der die Dinge beschreibe wie sie seien. Und *Machiavelli* selbst formuliert:

»... es liegt eine so große Entfernung zwischen dem Leben, wie es ist, und dem Leben, wie es sein sollte, daß ... ich also die bloßen Vorstellungen über den Fürsten beiseite lasse und nur von seiner Wirklichkeit spreche ...[79].«

Dieses Tatsächliche – so müssen alle jene interpretieren, die *Machiavelli* nur als Politiker sehen – ergibt sich, wenn man die Erhaltung von Macht als »natürlich« annimmt und nur noch fragt, mit welchen Mitteln Macht erhalten werden kann. *Machiavelli* selbst regt zu solchen Meinungen an:

»Die Eroberungslust ist wahrlich eine sehr natürliche und verbreitete Erscheinung[80].«

Das Büchlein über den Fürsten handelt vordergründig nur davon, wie Macht, 104
die man besitzt oder die man gerade erobert hat, behauptet werden kann. Was diesem Zweck dient, ist gut. Die zur Machterhaltung zweckmäßige Grausamkeit ist gut, die unzweckmäßige schlecht[81]. Dies, so scheint es, ist *der vollendete rechtliche Relativismus*, eben nur noch das Faktische.

---

74 *Machiavelli*, Il Principe/Der Fürst, a.a.O. (Anm. 70), S. 187.
75 *Machiavelli*, Il Principe/Der Fürst, a.a.O. (Anm. 70), S. 77, 79.
76 *Machiavelli*, Il Principe/Der Fürst, a.a.O. (Anm. 70), S. 57, 127, 129.
77 *Machiavelli*, Il Principe/Der Fürst, a.a.O. (Anm. 70), S. 135.
78 *Machiavelli*, Il Principe/Der Fürst, a.a.O. (Anm. 70), S. 93 f.
79 *Machiavelli*, Il Principe/Der Fürst, a.a.O. (Anm. 70), S. 119.
80 *Machiavelli*, Il Principe/Der Fürst, a.a.O. (Anm. 70), S. 27.
81 *Machiavelli*, Il Principe/Der Fürst, a.a.O. (Anm. 70), S. 73.

Aber vielleicht ist der Rechtsrealismus eines *Machiavelli* doch nicht so dürftig, nicht so widerwärtig wie es das Faktische sein muß.

Aufmerksam macht zunächst der Schlußabschnitt des »Fürsten«, in dem *Machiavelli* dazu aufruft, Italien von den »Barbaren« zu befreien. »Barbaren«, dieser Ausdruck ist nicht relativistisch gemeint, sondern absolut. Barbaren sind böse, unrechtliche, gewalttätige, grausame Leute. Und dann folgt der ganze Sprachgebrauch, der einer idealistischen oder theologischen Lehre vom richtigen Recht angemessen wäre. Da wird rühmend gesprochen von gerechten Vorhaben, guten Gesetzen, der gerechten Sache und vom Recht als richtigem Recht[82].

Das ist ein Rechtsrealismus, der am Ende ohne Gerechtigkeit bar jeder Zweckmäßigkeit nicht auskommt. Und Gerechtigkeit ohne Metaphysik, sollte das möglich sein?

105 Ein anderer Punkt legt die Vermutung nahe, daß ein Rechtsrealismus nach dem Modell *Machiavellis* völlig ohne unrealistische, also metaphysische Voraussetzungen nicht auskommt.

Der Rechtsrealismus muß davon ausgehen, daß er die Dinge – auch die politischen Dinge – so erkennt, wie sie wirklich (tatsächlich, faktisch, empirisch, wissenschaftlich) sind. *Machiavelli* geht auch immer davon aus, daß die Schilderungen, die er gibt, wahr seien. Aber das wirkliche Sein – Voraussetzung für die Erkenntnis der Wahrheit –, wie kommt es zustande? *Plato* konnte darauf antworten, dieses Sein sei das Abbild von Ideen, *Thomas v. Aquin* konnte die Existenz dieses Seins auf Gott zurückführen.

Und *Machiavelli*? Ideenlehre und Schöpfergott liegen ihm fern. Dennoch geht er davon aus, daß es eine geschaffene Natur gibt, die erkennbar ist, d. h. deren Gesetzmäßigkeit erkennbar ist. Bei der Annahme, auch Entwicklungen seien in ihrem Ablauf erkennbar, tauchen Formeln auf, die an die Entelechie-Lehre des *Thomas* erinnern. *Machiavellis* Anliegen ist es, mehr »der Wirklichkeit der Dinge nachzugehen als den bloßen Vorstellungen über sie[83].« Diese Wirklichkeit gibt es eben, wird angenommen; und deshalb ist sie als wahr erkennbar. Die Frage, woher die Wirklichkeit (z.B. der politischen Verhältnisse des Menschen) kommt, wird nicht gestellt. Aber die Frage unterbleibt nicht deswegen, weil man sie mit tausend Gründen als überflüssig oder sinnlos erwiesen hat, sondern weil man sie einfach wegläßt.

Die metaphysischen Voraussetzungen der Erkenntnis der Wahrheit – und damit des Rechtsrealismus – sind nicht aufgehoben, sondern beiseitegescho-

---

82 *Machiavelli*, Il Principe/Der Fürst, a.a.O. (Anm. 70), S. 199 ff.
83 *Machiavelli*, Il Principe/Der Fürst, a.a.O. (Anm. 70), S. 119.

ben. Man hat Wichtigeres zu tun: Politik machen. Die Probleme, die damit entstehen, sind vielfältig.

Eine erste Schwierigkeit zeigt sich beim *Übergang vom Sein zum Sollen.*

Im Rechtsrealismus gibt es nur Fakten: Ordnungswünsche, Gewinnsucht, Machtwille. Was soll den Vorzug haben: Ordnung oder Unordnung, Ruhe oder Bewegung im Leben eines Staates? Redlicherweise kann es auf diese Frage nur Achselzucken geben; man kann die Frage nicht beantworten. Aus dem Sein – mag es noch so richtig erkannt worden sein – gibt es keinen Schluß auf das Sollen. Manchmal deutet *Machiavelli* an, daß er bereit ist, so weit zu gehen[84].

Freilich: *Machiavellis* Rechtsrealismus – wie jeder Rechtsrealismus nach ihm – ist weit davon entfernt, sich mit einer wahren Beschreibung der politischen Welt zu begnügen. *Machiavelli* sagt ganz genau, was getan werden soll. Und sein Problem ist nicht nur: wenn jemand herrschen will, was muß er dann tun. In dieser Problemformulierung würde die Verbindung vom Sein (der politischen Welt) zum Sollen (Handeln des Staatsmanns und Gesetzgebers) durch das Wollen des Staatsmanns und Gesetzgebers hergestellt.

Machiavellis Voraussetzungen aber sind komplizierter und schwieriger. 106

Angenommen ist, daß die Menschen in Ordnung leben wollen. Da sich diese Ordnung jedoch – wegen der Schlechtigkeit des Menschen – nicht automatisch herstellt, muß die Macht – gestützt auf Recht und Militär – diese Ordnung herstellen. Das ist – im Prinzip – jener empirische Teil der Rechtsphilosophie, der seit *Plato* und *Thomas v. Aquin* bekannt ist.

Machiavelli wörtlich und im Stil der von jedem Rechtsrealismus verachteten spekulativen Rechtsphilosophie:

> »... am Anfang der Welt, als es noch wenig Menschen gab, lebten diese zerstreut, ähnlich den wilden Tieren. Als sich später das Menschengeschlecht vermehrte, schlossen sie sich zusammen und begannen, um sich verteidigen zu können, den stärksten und beherztesten unter ihnen herauszustellen, machten ihn zu ihrem Führer und gehorchten ihm ... um Übel zu vermeiden, entschloß man sich, Gesetze zu schaffen und Strafen gegen Zuwiderhandelnde einzuführen[85].«

Diese Stelle zeigt ungewöhnlich klar, *wie sehr der Rechtsrealismus mit der Metaphysik des Rechts verbunden ist*, ohne es sagen zu müssen. Was heißt das im einzelnen?

Plato und *Thomas v. Aquin* – als Beispiele für eine beständige Meinung – sagen, daß der Mensch in Gemeinschaft leben will. Dies sagt auch *Machiavelli.* 107

---

84 *Machiavelli*, Il Principe/Der Fürst, a.a.O. (Anm. 70), S. 119.
85 *Machiavelli*, Discorsi, a.a.O. (Anm. 71), S. 13.

Plato und *Thomas v. Aquin* schildern, daß es immer und machtvoll Versuche der Menschen gibt, die Gemeinschaft zu verlassen. *Machiavellis* Schilderung dieser Erscheinung ist so eindrucksvoll wie die seiner Vorgänger. *Plato* und *Thomas v. Aquin* erklären, daß Abweichung nicht sein soll, daß sie ungerecht ist. So auch *Machiavelli.* »Gerechtigkeit« ist für ihn die Achtung der Gesetze, die die Ordnung unter den Menschen aufrecht erhält[86]. Unordnung und Anarchie sind für *Machiavelli* nicht diskussionswürdig[87]:

> »... am unglücklichsten ist der Staat, in dem gar keine Ordnung herrscht ... (der Staat ist nötig), um der Anarchie zu entgehen[88].«

Die Verpflichtung, in rechtlich geordneter Gemeinschaft zu leben, ergibt sich für *Plato* aus der Idee der Gerechtigkeit, für *Thomas v. Aquin* aus Gottes Willen, für beide aus einer metaphysischen Rechtsbegründung also. *Machiavelli* aber diskutiert die Bevorzugung der Ordnung vor der Unordnung, d. h. die Verpflichtung, in geordneter Gemeinschaft zu leben, nicht mehr.

Die Metaphysik des Rechts, die *Machiavelli* so sehr braucht wie *Plato* und *Thomas v. Aquin*, ist verschwunden, nur dem Wortlaut nach freilich. Daß Ordnung besser, gerechter ist als Unordnung, daß der Mensch verpflichtet ist, in rechtlich geordneter Gemeinschaft zu leben, ist selbstverständlicher Teil des Rechtsrealismus.

108 *Machiavellis* Bemühen gilt nicht der Beschreibung des Mechanismus der Macht überhaupt. Sein Bemühen gilt der Beschreibung des Mechanismus, auf dem die Macht Ordnung erreicht oder verfehlt. Das Mittel-Zweck-Denken, dem auch das Recht sich nach *Machiavellis* Meinung anbequemen muß, gründet sich eben nicht nur auf Fakten, Realitäten und Empirie. Die pöbelhafte Natur des Menschen und das natürliche Machtstreben der Mächtigen, der »Übermut der Großen und die Zügellosigkeit der Menge«[89] bringen gewaltige politische Bewegungen zustande. Aber diese Beschreibung ist nur interessant, weil gefragt wird, wie diese Bewegung angehalten und durch Staat und Recht in stabile Formen gebunden werden kann. Diese Frage selbst enthält die – nicht mehr empirische – Auffassung, daß die fortdauernde Bewegung »schlecht« ist.

---

86 *Machiavelli*, Discorsi, a.a.O. (Anm. 71), S. 13.
87 *Machiavelli*, Discorsi, a.a.O. (Anm. 71), S. 11 ff.
88 *Machiavelli*, Discorsi, a.a.O. (Anm. 71), S. 12, 15.
89 *Machiavelli*, Discorsi, a.a.O. (Anm. 71), S. 16.

2.4.3 Die Bestandteile einer rechtsrealistischen Rechtsphilosophie

2.4.3.1 Machiavelli als Modell

Typisch für einen Rechtsrealismus nach dem Modell *Machiavellis* ist der 109
Wegfall langer Ableitungsketten. Der Zwang, von ewigseienden Ideen oder von Gottes Willen bis zum Bildungsrecht hinunterzuargumentieren, ist aufgehoben. Alle Argumente zur Gestaltung von Recht und Staat zielen auf *tagesnahe Plausibilität*.

2.4.3.2 Empirie und Metaphysik des Rechts in neuem Verhältnis

Weiter ist typisch für einen Rechtsrealismus die Beschränkung auf den empi- 110
rischen Teil einer Lehre vom richtigen Recht. Der Rechtsrealismus stellt die sozialanthropologische Frage: Wie ist der Mensch, gut oder böse? – und zieht aus der empirisch verstandenen Antwort auf diese Frage (der Mensch ist böse) die Folgerungen für die Gestaltung des Staates und des Rechts.

Allerdings ist das nur die Oberfläche. Am Rechtsrealismus *Machiavellis* wird deutlich, daß die nicht-empirischen, metaphysischen Teile einer Lehre vom richtigen Recht nicht einfach verschwinden, sondern dem empirischen Teil zugeschlagen, gleichsam einverleibt werden. Das ist an vielen Stellen unübersehbar:

Machiavelli muß, um überhaupt realistisch sein zu können, eine für sich existierende, geschaffene, daher erkennbare Natur des Menschen voraussetzen.

Der Rechtsrealismus eines *Machiavelli* lebt aus der tiefen Überzeugung, dem festen politischen Wunsch, der Mensch solle die Ordnung in Gemeinschaft der Unordnung undisziplinierten Wollens vorziehen.

Diese Voraussetzung steuert die Daten, die in einen Rechtsrealismus eingehen und steuert die Interpretation dieser Daten. *Dieser Rechtsrealismus ist ein Realismus zur Vermeidung von Unordnung*, ein höchst spekulativer Realismus also. Der Rechtsrealismus bewahrt die metaphysischen, nicht-empirischen Teile einer Lehre vom richtigen Recht in der Form nicht mehr diskutierter Voraussetzungen auf. Das ist **Rechtsphilosophie in der Form der Rechtsempirie**, eine für die folgenden Jahrhunderte immer wieder anziehende Form.

2.4.3.3 Die Folgen

Die Folgen des Aufgehens der Rechtsphilosophie in der Rechtsempirie für 111
die Hauptprobleme einer Lehre vom richtigen Recht sind:

Das Problem einer Ableitung des Sollens aus dem Sein wird außergewöhnlich einfach. Im Rechtsrealismus hat das Sein das Sollen immer schon in sich. »Ist« der Mensch pöbelhaft (Sein), so muß er – selbstverständlich – in Grenzen gezwungen werden (Sollen). Man braucht nur eine »wahre« Sozialanthropologie zu entwickeln, und das Sein-Sollen-Problem verflüchtigt sich.

Auch das Problem des Verhältnisses von Theorie und Praxis löst sich klar. Man braucht keine Theoretiker, um die Ziele und Verbindlichkeiten von Staatsorganisation und von Gesetzen zu bestimmen. All' dies liegt mit der Sozialanthropologie fest. Aber man braucht kluge Leute (Wissenschaftler, Sachverständige), die die gescheiten Mittel zur Erreichung der vorgegebenen Ziele angeben. Hier zeichnet sich der *Unterschied zwischen einer rechtsphilosophischen Theorie der rechtlichen Ziele und einer rechtsphilosophischen Theorie der rechtlichen Mittel* ab. Rechtsidealismus und Rechtstheologie umfassen beide Rechtsphilosophien. Der Rechtsrealismus enthält nur eine Rechtsphilosophie der rechtlichen Mittel – eine Lehre vom Recht als richtigem Mittel bei vorgegebenem Ziel. Der Rechtsrealismus verteidigt nicht mehr die Form des Staates und die Zulässigkeit zwingenden Rechts, sondern nur noch die Stärke von Staat und Recht.

Daraus folgt: Ist das Ziel akzeptiert oder unbefragt, so sind alle Juristen Machiavellisten. Daß der Rechtsrealismus einen hohen Bedarf an Theoretikern rechtlicher Mittel hat, und daß der Rechtsrealismus hohes Prestige für diese Theoretiker bereithält, liegt nahe.

2.4.3.4 Das Problem des Relativismus

112 Das Problem des Relativismus' gewinnt eine neue Form.

Daß prinzipiell Ordnung unter den Menschen sein muß und daß Staat und Recht zur Garantie von Ordnung beizutragen haben, dies ist im Rechtsrealismus absolut (nicht nur relativ) richtig, dies ist unbezweifelbarer als im Rechtsidealismus und in der Rechtstheologie. Staat und Recht, die nicht prinzipiell der Ordnung verpflichtet sind, gelten als falsch.

Der Inhalt dieser prinzipiellen Ordnung ist nicht beliebig. *Machiavelli* beschreibt durchaus die Einzelheiten, die eine Organisation erst zur rechtlich geordneten Organisation machen. Gewährleistet sein müssen Friede und Eintracht unter den Bürgern; es darf nicht geplündert werden; Zwietracht darf nicht herrschen; Raub, Streit, überhaupt Gesetzlosigkeit werden unterbunden[90]. Alle Kennzeichen, die man nennen kann, um »echtes« Recht zu erkennen, sind hier versammelt.

---

90 *Machiavelli*, Il Principe/Der Fürst, a.a.O. (Anm. 70), S. 55, 57, 127, 129.

Aber der Realismus eines *Machiavelli* lehrt die ständige Bewegung im politischen Verband, lehrt die Instabilität aller menschlichen politischen Verhältnisse. Stabiles Recht kann es faktisch nicht geben. Vielmehr: es gibt nur Recht, das entweder den Weg zur Unordnung versperrt oder den Weg zur Ordnung bereitet. Ein solches Recht muß klug, anpassungsfähig, wandelbar, schlau, ja listig sein. Ist ein rechtlicher Bereich für das prinzipielle Problem der Ordnung belanglos, kann man ihm weite Spielräume einrichten. Ist ein rechtlicher Bereich dagegen für das prinzipielle Problem der Ordnung wichtig, muß man ihn ständig beobachten, ständig anpassen – relativ zur jeweiligen Situation. Der Relativismus, der sich hier zeigt, ist klar; aber er ist schwierig zu handhaben.

2.4.3.5 Die Notwendigkeit positiven Rechts

Daß alles Recht positiv sein muß, versteht sich für den Rechtsrealismus bei- 113
nahe von selbst. Recht muß jederzeit machbar sein, sonst kann es seine Ziele nicht erfüllen. Dazu gehört die Erkennbarkeit und Überprüfbarkeit durch Positivität. Die Positivität des Rechts ist eine notwendige Folge der pessimistischen Sozialanthropologie:

> »Wo von selbst ohne Gesetze gut gehandelt wird, sind Gesetze nicht nötig; hört aber die gute Gewohnheit auf, so ist sogleich das Gesetz nötig[91].«

2.4.4 Die Tradition des Rechtsrealismus

2.4.4.1 Die Entwicklung des empirischen Teils der Rechtsphilosophie

Machiavelli schreibt nichts Neues, wenn man nur auf die empirische Seite sei- 114
ner Staats- und Rechtslehre blickt. Alle Themen, die man von *Plato* und *Thomas v. Aquin*, also von den Rechtsidealisten und den Rechtstheologen her kennt, tauchen wieder auf.

Allerdings ist dieser empirische Teil »lebensnäher«, dichter am alltäglichen, politischen Geschehen, insofern eben realistisch.

Diese Realitätsnähe ist – gemessen an der Tradition – aber Auswahl aus zwei Möglichkeiten. Man kann den Menschen als gut und als böse schildern, ohne unrealistisch zu sein. *Machiavelli* wählt die **»Realität der Schlechtigkeit«**. Die Vitalität, mit der diese Wahl verfolgt wird, macht einen Teil der Wirkung *Machiavellis* auf die folgende Zeit aus. Die **»Realität der Güte des Men-**

---

91 *Machiavelli*, Discorsi, a.a.O. (Anm. 71), S. 18.

schen« – im Zusammenhang der Rechts- und Staatslehre – hat es künftig schwerer.

Bei *Machiavelli* fällt der Formulierung nach der nicht-empirische, metaphysische Teil einer Lehre vom richtigen Recht fort. Diese Verbindung von »Realität der Schlechtigkeit des politisch handelnden Menschen« und »Wegfall einer Metaphysik des Rechts« macht den neuen Typus einer realistischen Rechtsphilosophie aus. Diese Verbindung wirkt stilbildend. Die Metaphysik des Rechts gerät in immer größere Schwierigkeiten, der Rechtsrealismus breitet sich immer weiter aus.

Die Konzentration auf den empirischen Teil einer Rechtslehre schärft den Blick für das Problem empirischer Erkenntnis. *Machiavelli* übernimmt aristotelische und thomasische Vorbilder. Der Rechtsrealismus steht und fällt aber mit seiner Fähigkeit, empirische Wahrheit überprüfbar mitzuteilen. So wird gerade an dieser Stelle die Bemühung der Rechtsphilosophie größer. Sie strengt sich – soweit sie Rechtsrealismus ist – immer mehr an, die »Natur«, auch die »Natur« des Rechts und des Staates, als *erkannt* darzustellen. Daraus entstehen die verschiedenen Varianten des »Naturrechts im engeren Sinne«. Naturrecht ist die realistische Lehre vom richtigen Recht auf erkenntnistheoretisch abgesicherter Grundlage.

2.4.4.2 Die Entwicklung des metaphysischen Teils der Rechtsphilosophie

115 Keine der auf *Machiavelli* folgenden rechtsrealistischen Lehren entgeht diesem Problem: In die rechtsrealistische Fragestellung ist eine nichtempirische Voraussetzung eingewoben, nämlich die, daß der Mensch in geordneter Gemeinschaft leben solle. Der Stachel, der hier steckt, bleibt spürbar. Je weiter der Rechtsrealismus fortschreitet, um so mehr wird er sich bemühen, auch diese Voraussetzung eines jeden Rechtsrealismus, daß der Mensch in Gemeinschaft leben solle, als ein Ergebnis der Anstrengungen empirischer Wissenschaften auszugeben. Ohne Erfolg allerdings. Noch die neuesten, mit großem empirischen Raffinement angestellten Forschungen zur Aggressivität des Menschen haben zur nicht-empirischen Voraussetzung: der Mensch *soll* in geordneter Gemeinschaft leben – er tut es aber oft nicht – die Abweichung muß erklärt werden, damit man sie verhindern kann.

116 In der Entwicklung rechtsphilosophischer Entwürfe ist das auffällig Neue, Schulbildende an *Machiavelli*, daß er auf eine Metaphysik des Rechts dem Wortlaut nach verzichtet. Für die Interpretation der Folgezeit ist wichtig, warum der metaphysische Teil der Rechtslehre wegfällt. Es gibt drei Antworten auf diese Frage:

- Es kann – erste Antwort – sein, daß das geistige Klima einer Metaphysik des Rechts nicht mehr günstig ist.

- Es kann – zweite Antwort – sein, daß man eine Metaphysik des Rechts schon beibehalten möchte. Aber die wirklichen politischen Probleme sind so kompliziert geworden, daß eine traditionelle Ideenlehre oder Theologie zur Lösung dieser Probleme nichts mehr beiträgt.
- Es kann – dritte Antwort – sein, daß die Forderung nach prinzipieller Ordnung des Zusammenlebens so selbstverständlich geworden ist, daß Metaphysik – die ja der Sicherung dieser Forderung dienen soll – nicht mehr nötig ist.

Diese drei Erklärungen für den Wegfall der Metaphysik des Rechts bei *Machiavelli* zeigen *drei neue Typen von Rechtsphilosophien* an. 117

- Fällt die bisherige Metaphysik des Rechts weg, nur weil das Klima, das sie getragen hat, zusammengebrochen ist, so wird man damit rechnen können, daß ein anderes Klima sich aufbaut und andere Metaphysiken des Rechts entstehen. Die Vorstellung von einem Klima, das die Metaphysik des Rechts einmal zerstört, ein anderes Mal begünstigt, könnte viele Erscheinungen im Bereich der Rechtsphilosophie des 18., 19. und 20. Jahrhunderts erklären.
- Fällt die bisherige Metaphysik des Rechts weg, weil sie unfähig ist, die konkreten Schwierigkeiten des Menschen zu diskutieren, so wird man damit rechnen können, daß die traditionelle Metaphysik verfeinert, angepaßt, durchgearbeitet wird (damit sie ihre Aufgaben weiter erfüllen kann). In der Tat entstehen bewunderungswürdige Versuche, Rechtsidealismus und Rechtstheologie der modernen Zeit angemessen zu machen.
- Fällt die bisherige Metaphysik fort, weil sie ihr Ziel – Sicherung der Ordnung – erreicht hat, so wird man damit rechnen können, daß Anstrengungen, eine Metaphysik des Rechts zu entwickeln, unterbleiben. Das ist der Hauptzug der künftigen Entwicklung, die in ihrem Stolz, anti-metaphysisch = realistisch = wissenschaftlich zu sein, vergißt, daß sie eine metaphysische Voraussetzung immer mitschleppt: die Verpflichtung zur Ordnung unter den Menschen überhaupt. Jeder Abfall von dieser Voraussetzung löst folglich nicht metaphysische Neubegründung der rechtlich organisierten Ordnung, sondern nur selbstgewisse, machtvolle Unterdrückung aus.

2.4.4.3 Eine unüberholbare Zusammenfassung des Rechtsrealismus: Hobbes

Thomas Hobbes (1588–1679) verstärkt den Rechtsrealismus mit einer Darstellung, die bis heute immer neue begeisterte Anhänger und entschieden abwehrende Gegner gefunden hat. Der Titel seines Hauptwerks ist **»Leviathan«** (1651 erschienen); Leviathan, ein Ausdruck aus dem Alten Testament, bedeutet etwa: Ungeheuer, gefährlicher Drache. Der Buchtitel »Leviathan« ist zum inhaltsreichen Kürzel für Rechtsrealismus überhaupt 118 geworden. »Der »große Leviathan..., genannt *Gemeinwesen* oder *Staat*, ...[92]«, das ist das auch durch Recht mächtige, tatsächlich notwendige Gegengewicht gegen die wirklich vorhandene Gefährlichkeit des Menschen für den Mitmenschen. Die für den Rechtsrealismus so kennzeichnende Vermengung von Empirie und Metaphysik in der Rechtslehre – mit der Empirie als Vordergrund – gewinnt eine Form, die viel besser zu akzeptieren ist als die Form, die *Machiavelli* gefunden hatte. Die Stichworte aus *Hobbes*-Texten, die überall in rechtsphilosophischen Debatten, ob als Zitate kenntlich gemacht oder nicht, auftauchen, stellt der folgende Abschnitt zusammen. Diese Zusammenstellung ist in erster Linie der Versuch, zur Lektüre des »Leviathan« anzuregen.

119 Die empirische Seite der Rechtsphilosophie ist mit einer Eindringlichkeit durchgeformt, der man sich nur schwer entziehen kann. Aber nur die eindringliche literarische Form ist neu, nicht der Inhalt.

Ganz in der Tradition *Machiavellis*, der seinerseits an dieser Stelle nicht originell ist, wird die *Realität der Schlechtigkeit* des Menschen sprachlich kraftvoll und mit überwältigenden Beweisen aus der politischen Geschichte menschlicher Organisation entfaltet. Der Mensch als natürliches Wesen, also ungeformt von Recht und Staat, ist frei. Freiheit heißt:

> »Das natürliche Recht, in der Literatur gewöhnlich jus naturale genannt, ist die Freiheit eines jeden, seine eigene Macht nach seinem Willen zur Erhaltung seiner eigenen Natur, das heißt seines eigenen Lebens, einzusetzen und folglich alles zu tun, was er nach eigenem Urteil und eigener Vernunft als das zu diesem Zweck geeignetste Mittel ansieht[93].«

120 Die Nutzung dieser Freiheit muß zur Katastrophe führen. Die Nutzung dieser Freiheit ist der Zustand des »Krieges eines jeden gegen jeden[94]«, lateinisch: bellum omnium contra omnes; man benutzt zur Kurzbezeichnung für den Zustand, den die Menschen nach der Vorstellung *Hobbes*' durch Nutzung ihrer natürlichen Freiheit erreichen, auch den lateinischen Ausdruck: *homo homini lupus* (jeder Mensch ist für den Mitmenschen ein Wolf). In diesem »Krieg eines jeden gegen jeden (kann) nichts ungerecht sein[95]«. Die Natur hat »die Menschen ... entzwei(t) und zu gegenseitigem Angriff und gegenseitiger Vernichtung (getrieben) ...[96].«

---

92 *Hobbes*, Leviathan oder Stoff, Form und Gewalt eines kirchlichen und bürgerlichen Staates, hrsg. u. eingel. von I. Fetscher, Ffm. (Suhrkamp) 1989, S. 5.

93 *Hobbes*, Leviathan, a.a.O. (Anm. 92), S. 99.

94 *Hobbes*, Leviathan, a.a.O. (Anm. 92), S. 98, 99.

95 *Hobbes*, Leviathan, a.a.O. (Anm. 92), S. 98.

96 *Hobbes*, Leviathan, a.a.O. (Anm. 92), S. 96; vgl. auch: *Hobbes*, Vom Bürger (Ausgabe Felix Meiner-Verlag, Hamburg 1977), S. 59: »Nun sind sicher beide Sätze wahr: *Der Mensch ist ein Gott für den Menschen*, und: *Der Mensch ist ein Wolf für den Menschen; ...*«

> (Im Krieg eines jeden gegen jeden) »ist für Fleiß kein Raum, da man sich seiner Früchte nicht sicher sein kann; und folglich gibt es keinen Ackerbau, keine Schifffahrt, keine Waren, die auf dem Seeweg eingeführt werden können, keine bequemen Gebäude, keine Geräte, um Dinge, deren Fortbewegung viel Kraft erfordert, hin- und herzubewegen, keine Kenntnis von der Erdoberfläche, keine Zeitrechnung, keine Künste, keine Literatur, keine gesellschaftlichen Beziehungen, und es herrscht, was das Schlimmste von allem ist, beständige Furcht und Gefahr eines gewaltsamen Todes – das menschliche Leben ist einsam, armselig, ekelhaft, tierisch und kurz[97].«

Nicht einmal im natürlichen Paradies, wenn es einträte, hörte dieser Krieg auf:

> »Der Mensch (ist) dann am unleidlichsten, wenn er am meisten Muße hat. Denn dann liebt er es, seine Weisheit zu zeigen und die Handlung derer, die den Staat regieren, zu kritisieren[98].«

Es liegt für *Hobbes* auf der Hand, es ist für *Hobbes* ganz selbstverständlich, daß der Mensch in diesem natürlichen Zustand der zum ständigen Unfrieden führenden Freiheitsnutzung nicht bleiben kann. *Der Mensch hat ja auch eine Leidenschaft für Ordnung und Frieden.* Der Mensch ist vernünftig genug, eine zentrale Macht einzusetzen, die durch verbindliche Gesetze den Krieg aller gegen alle beendet. Gesetz und Staat sind eindeutig und ausschließlich Mittel, den Menschen in Ordnung zu zwingen.

> »Die Menschen, die von Natur aus Freiheit und Herrschaft über andere lieben, führten die Selbstbeschränkung, unter der sie, wie wir wissen, in Staaten leben, letztlich allein mit dem Ziel und der Absicht ein, dadurch für ihre Selbsterhaltung zu sorgen und ein zufriedeneres Leben zu führen – das heißt dem elenden Kriegszustand zu entkommen, ...[99]«

Es folgt der von *Machiavelli* her vertraute Hinweis, daß nur Gesetze und Waffen gemeinsam die Garantie für Sicherheit unter Menschen bieten:

> »... ohne Unterwerfung unter Gesetze und unter Zwangsgewalt (leben die Menschen) von Raub und Rache ...[100].«

Das staatliche Recht in der Form des positiven Gesetzes ist Mittel zum Zweck. **121**
Dieser Satz hat eine gewichtige Konsequenz. Der Zweck, dem das Gesetz dienen soll, ist bei *Hobbes* (wie bei *Machiavelli*) schwankend. Man weiß, daß der Krieg aller gegen alle durch das Gesetz beendet werden soll. Doch welcher Zustand tritt an die Stelle des Krieges? *Hobbes* nennt folgende Zustände: Frieden; geschütztes Leben; Sicherheit der Verteidigung; Ruhe; Sicherheit

97 *Hobbes*, Leviathan, a.a.O. (Anm. 92), S. 96.
98 *Hobbes*, Leviathan, a.a.O. (Anm. 92), S. 133/134.
99 *Hobbes*, Leviathan, a.a.O. (Anm. 92), S. 131.
100 *Hobbes*, Leviathan, a.a.O. (Anm. 92), S. 144, s. auch S. 131.

der Selbsterhaltung; Ordnung; bequemeres Leben; Sicherung der durch Fleiß erworbenen Güter[101].

Solche Ziele oder Zwecke in gesetzliche Formulierungen zu übersetzen, ist nicht einfach und eröffnet große Ermessensspielräume. Als feste Linie kann man bei *Hobbes* allenfalls sehen, daß er in einer langen Tradition steht und durch den Staat nur die notwendigen, nicht auch die üppigen Bedürfnisse des Menschen gesichert sehen will. Doch ist diese Tradition schwach geworden und läßt, auch wenn man ihr im großen und ganzen folgen will, große Ermessensspielräume entstehen. Aus der Nutzung solcher Ermessensspielräume kann neuer Unfrieden entstehen; der eine will dieses und der andere jenes, und beide nennen es Frieden; es gibt neuen Streit unter den Bürgern, neuen Krieg aller gegen alle, diesmal um den Inhalt des positiven Gesetzes, d. h. um die Beschreibung des Zustandes, der das Gegenteil des Krieges aller gegen alle sein soll. *Hobbes* legt daher fest: Was *als positives Gesetz verbindlich ist, bestimmt der Staat*; Widerstand mit der Begründung, es gehe doch auch anders, ist unerlaubt.

> Die bürgerlichen, d.h. rechtlich verbindlichen »Gesetze sind die Regeln, die der Staat jedem Untertanen durch Wort, Schrift oder andere ausreichende Willenszeichen befahl, um danach Recht und Unrecht, das heißt das Regelwidrige und das der Regel Entsprechende, zu unterscheiden. In dieser Definition ist nichts, was nicht auf den ersten Blick einleuchtet[102].«

Nicht der richtige Inhalt, sondern die Macht schafft das Gesetz und garantiert seine Verbindlichkeit; die lateinische Kurzfassung für diesen Gedanken ist: *auctoritas non veritas facit legem*[103]. Verbindliche Gesetzgebung ist also Gesetzgebung nach »Gutdünken« des Staates, d.i. nach Gutdünken des »Souveräns«; (der Staat ist) »nur durch ihn handlungsfähig, und deshalb ist der Souverän der alleinige Gesetzgeber[104]« mit dem Ziel, natürliche, aber gefährliche Freiheit einzuschränken.

> »; ... das bürgerliche Gesetz ... ist eine Verpflichtung und nimmt uns die Freiheit, die uns das natürliche Gesetz verlieh[105].«

Für moderne Aufnahmegewohnheiten klingt das unerträglich. Die Unerträglichkeit ist aber gemildert, bis zur Modernität gemildert, durch einen Gedanken, der nicht neu ist, auf dessen glanzvolle und nuancenreiche Formulierung

---

101 *Hobbes*, Leviathan, a.a.O. (Anm. 92), S. 96, 99 f., 131, 134 f., 139.

102 *Hobbes*, Leviathan, a.a.O. (Anm. 92), S. 203.

103 *Hobbes*, Leviathan, a. a. O. (Anm. 92), S. 203 ff. = Kap. 26 an vielen Stellen in vielfältigen Abwandlungen; »... Verträge ohne das Schwert sind bloße Worte und besitzen nicht die Kraft, einem Menschen auch nur die geringste Sicherheit zu bieten.« (*Hobbes*, Leviathan, a.a.O. (Anm. 92), S. 131).

104 *Hobbes*, Leviathan, a.a.O. (Anm. 92), S. 204.

105 *Hobbes*, Leviathan, a.a.O. (Anm. 92), S. 221.

Politiker und Juristen aber gewartet hatten. Es ist der Gedanke der Gründung des Staates durch Vertrag, durch Einigung unter den Bürgern zur Überwindung des Krieges aller gegen alle.

> Der Staat ist eine »Person ..., bei der sich jeder einzelne einer großen Menge durch gegenseitigen Vertrag eines jeden mit jedem zum Autor ihrer Handlungen gemacht hat, zu dem Zweck, daß sie die Stärke und Hilfsmittel aller so, wie sie es für zweckmäßig hält, für den Frieden und die gemeinsame Verteidigung einsetzt[106].«

Die Zustimmung zur Gründung und zur Organisation des Leviathan enthält 122
die Erklärung, sich freiwillig der Gesetzgebung des Staates zu unterwerfen[107]. Das bedeutet: Der Übergang vom gefährlichen Zustand des Krieges aller gegen alle zum friedvollen staatlichen Zustand geschieht nach den Lehren *Hobbes'* durch Gewalt und ist voller Risiken für die Freiheit; doch Gewalt und Risiken sind gewollt, beruhen auf einem Konsens, sind daher unwiderstehlich.

Dieser Rechtsrealismus, diese empirisch gegründete Rechtsphilosophie tritt – wie bei *Machiavelli* – nicht als Sammlung von Einfällen und Beobachtungen eines politisch erfahrenen Menschen auf, sondern, allerdings viel schärfer ausgeprägt als bei *Machiavelli*, als Erkenntnis von Gegenständen, die dem menschlichen Erkenntnisvermögen als Natur vorgegeben sind. Wenn diese Gegenstände (der Mensch ist schlecht; er überwindet seine Gefährlichkeit durch vertragliche Begründung einer unwiderstehlichen staatlichen Gewalt) einmal erkannt sind – *Hobbes'* »Leviathan« will Erkenntnis sein –, so ist ein Ausweichen auf eine andere Rechtsphilosophie nicht möglich. Die Vernunft, die diese Gegenstände erkennt, arbeitet so genau wie jene Vernunft, die rechnet[108]. Die *Verbindung des Rechtsrealismus mit einer durchdachten Erkenntnistheorie*, die Verbindung des Rechtsrealismus mit dem Wahrheitsanspruch macht die Unwiderstehlichkeit des Rechtsrealismus aus. Vernunft, auch politische, rechtliche Vernunft »ist nichts anderes als *Rechnen*[109].«

Die Metaphysik des Rechts erscheint bei *Hobbes* als Thema nicht mehr, vorsätzlich nicht mehr. Staat und Recht sind als Ergebnis eines Erkenntnisvorgangs notwendig. Aber ein solcher Satz ist bei *Hobbes* wie bei *Machiavelli* doch nur eine zwar komplizierte, aber entwirrbare Vermengung von Empirie und Metaphysik des Staates und des Rechts. Im Stile *Machiavellis* ist in die Natur (des Menschen, des Umgangs der Menschen miteinander, des Staates, des Rechts), in jene Natur, die der Mensch erkennt und der er der Erkenntnis entsprechend folgt, ein Sollen einorganisiert, das ohne Metaphysik nicht ver-

---

106 *Hobbes*, Leviathan, a.a.O. (Anm. 92) S. 134/135.
107 *Hobbes*, Leviathan, a.a.O. (Anm. 92), S. 134 f.
108 *Hobbes*, Leviathan, a.a.O. (Anm. 92), S. 5 ff. (Einleitung) und S. 32 ff. (5. Kap.: Von Vernunft und Wissenschaft).
109 *Hobbes*, Leviathan, a.a.O. (Anm. 92), S. 32.

bindlich zu machen ist: der Mensch *soll* in Ordnung und Frieden leben, und er *soll* nach der durch Verträge gegründeten Form für die Sicherung von Ordnung und Frieden suchen. Es ist dieses Sollen, das im Rechtsidealismus und in der Rechtstheologie so große nicht-empirische Begründungsanstrengungen hervorruft und notwendig macht, weil Rechtsidealismus und Rechtstheologie die Alternative – Zusammenleben in Unfrieden und Unordnung – als menschliche Möglichkeit noch denken können. *Hobbes* ist ein Machiavellist; er kann diese Möglichkeit »realistisch« nicht mehr denken. Man braucht sich nicht mehr anzustrengen, das Leben in Unfrieden und Unordnung als ungerecht zu bestimmen. Ordnung, Ruhe, Frieden sind als Anfangspunkte für Überlegungen zum staatlichen Recht selbstverständlich geworden. Die Metaphysik, die im Rechtsidealismus und in der Rechtstheologie nötig war, um Verbindlichkeiten des Rechts überhaupt erreichen zu können, ist der Selbstverständlichkeit eines auf Ordnung, Ruhe und Frieden zielenden Rechtszwanges gewichen. Das ist das Aufgehen der Metaphysik im unbezweifelbaren, selbstverständlichen Rechtsziel »Ordnung«.

123 Nur in der Figur des Vertrages, der nötig ist, um die machtvolle Gesetzgebung des Staates zu ermöglichen, lebt der Zweifel fort, ob denn der Übergang vom freien gefährlichen natürlichen Zustand zum beschränkten gesetzmäßigen bürgerlichen Zustand wirklich selbstverständlich ist. Bei *Hobbes* ist aber von vornherein sicher, daß der Vertragsgedanke jenen Zweifel auch wirklich beseitigt und weniger Widerstand gegen die immer stärker werdende Selbstverständlichkeit rechtlicher Ordnung leistet als es Ideenlehre und Theologie je konnten.

Der durch den Vertragsgedanken gesicherte Rechtsrealismus führt zu einer großen Stärkung der Macht des Rechts. Noch einmal: In der Metaphysik des Rechts steckt immer auch eine Bezweiflung des Rechts als Ordnungsmacht. Deswegen versuchen Mächtige häufig, den Spieß umzudrehen und die Metaphysik zur Stärkung der Rechtsmacht zu nutzen. Im Rechtsrealismus eines *Hobbes* gelingt das auf epochemachende Weise. Die Notwendigkeit einer Metaphysik des Rechts entfällt. Die Metaphysik des Rechts wird durch die Selbstverständlichkeit des Rechts und durch die Nützlichkeit der vertraglich gesicherten Gesetzgebungsmacht überflüssig. Dieser Rechtsrealismus befreit das Recht von Legitimationszweifeln. Das Recht kann sich nun im Staat, dem »sterblichen Gott«[110] als Ordnungsinstrument kraftvoll entwickeln. Man kann die weitere Geschichte der Rechtsphilosophie interpretieren als teils entschlossene Fortentwicklung der Möglichkeiten des Rechtsrealismus und teils als besorgten Versuch, diese Möglichkeiten wieder zu beschränken.

---

110 *Hobbes*, Leviathan, a.a.O. (Anm. 92), S. 134.

2.4.5 Wiederholungen

Drei rechtsphilosophische Modelle haben sich bis zu dieser Stelle ergeben: 124

- Rechtsidealismus – geschildert am Beispiel *Platos*.
  Hauptkennzeichen: Anerkennung des Rechts als Mittel, menschliche Gemeinschaften zu organisieren; Versuch, die Gerechtigkeit dieses Mittels auf die Erkenntnis einer ewigen Idee der Gerechtigkeit zurückzuführen.
- Rechtstheologie – geschildert am Beispiel des *Thomas v. Aquin*.
  Hauptkennzeichen: Wiederum Anerkennung des Rechts als Mittel, menschliche Gemeinschaften zu organisieren; Versuch, die Gerechtigkeit dieses Mittels auf die Erkenntnis der Gerechtigkeit des Willens Gottes zurückzuführen.
- Rechtsrealismus – geschildert am Beispiel *Machiavellis*.
  Hauptkennzeichen: Wiederum Anerkennung des Rechts als Mittel, menschliche Gemeinschaften zu organisieren; aber Übergehen aller Versuche, die Gerechtigkeit dieses Mittels weiter abzuleiten. Die Erklärung für diese Verkürzung der Rechtsphilosophie kann sein: Die Sozialanthropologie hat das Fürchten gelehrt, so sehr, daß Alternativen zur prinzipiell durch machtvolles Recht geordneten Gemeinschaft nicht zu denken sind.

2.4.6 Weiterführende Literatur

Die Anregung, die als Reclam- und Suhrkamp-Ausgaben leicht verfügbaren 125
Texte des »Fürsten« und des »Leviathan« zu lesen, ist zu wiederholen. *Machiavelli*- und *Hobbes*-Texte sind den Interpretationen dieser Texte nicht selten überlegen.

Eine übersichtliche zusammenfassende Auswahl von *Machiavelli*-Texten findet sich bei *Hoerster*, Klassische Texte der Staatsphilosophie, 8. Aufl., 1993, S. 98-108. Der Interessent für die Wirkungsgeschichte des »Fürsten« ist hinzuweisen auf: *Stolleis*, Arcana imperii und Ratio status, Bemerkungen zur politischen Theorie das frühen 17. Jahrhunderts, 1980. Eine Übersicht über *Machiavellis* Schriften und die verschiedenen *Machiavelli*-Interpretationen findet sich bei *Eberhard Schmitt*, Machiavelli, in: H. Maier/Rausch/Denzer (Hrsg.), Klassiker des politischen Denkens, 1. Bd., 6. Aufl., 1986, S. 165-180, 304-307 und 343-345.

Eine Sammlung von *Hobbes*-Texten, die als Wiederholung der knappen *Hobbes*-Darstellung im vorangegangenen Text gut dienen kann, findet sich bei: *Hoerster*, Klassische Texte der Staatsphilosophie, 8. Aufl., 1993, S. 109-133. Eine klassisch gewordene Interpretation ist: *Ferdinand Tönnies*, Thomas Hobbes, Leben und Lehre, 3. Aufl., 1925. Der aktuelle Stand der *Hobbes*-Diskussion ist zugänglich über: *Hans Maier*, Hobbes, in: H. Maier/Rausch/

Denzer (Hrsg.), Klassiker des politischen Denkens, 1. Bd., 6. Aufl., 1986, S. 266-282, 326-329 u. 359-361; *Wolfgang Kersting*, Thomas Hobbes zur Einführung, 1992.

2.5 Naturrecht: Rousseau

2.5.1 Lebensdaten; Hauptwerke

126 *Jean-Jacques Rousseau* lebte von 1712–1778. Er führte ein Leben, das man heute als abenteuerlich bezeichnen würde: keine geregelte Ausbildung, keine beständige Berufslaufbahn, ungeordnete persönliche Verhältnisse. Er war kein geschulter Philosoph; er war ein politischer Literat.

Hauptwerke: Der Gesellschaftsvertrag oder Die Grundsätze des Staatsrechtes; Bekenntnisse; Emile oder Über die Erziehung.

Die Schrift über den Gesellschaftsvertrag ist ohne Spezialkenntnisse lesbar, verlangt aber beträchtliche Konzentration; sie ist windungsreich und voller Widersprüche. Die Lektüre dieser Schrift gehört zum Pflichtprogramm der Beschäftigung mit Rechtsphilosophie. Seit ihrem Erscheinen – 1762 – trifft man sie überall: bei *Goethe* und *Kant*, bei *Schiller* und *Marx*. Viele Äußerungen moderner Politiker und Juristen sind ohne *Rousseau* nicht möglich. Der steile Aufstieg zweier Hauptbegriffe der modernen Rechtsphilosophie beginnt bei *Rousseau*: **Gesellschaftsvertrag** (»contrat social«) und **Allgemeinwille** (»volonté générale«) als Grundlagen des Rechts.

2.5.2 Inhalt einer naturrechtlichen Rechtsphilosophie

2.5.2.1 Zusammenfassende Kennzeichnung (Naturrecht)

127 Der berühmte Anfang das »Gesellschaftsvertrages« von *Rousseau* (1. Buch, 1. Kap.) lautet wörtlich:

> »Der Mensch ist frei geboren, und überall liegt er in Ketten ... Wie ist dieser Wandel zustande gekommen? Ich weiß es nicht. Was kann ihm Rechtmäßigkeit verleihen? Diese Frage glaube ich beantworten zu können[111].«

Diese Sätze enthalten das gesamte Programm einer naturrechtlichen Rechtsphilosophie:

---

111 *Rousseau*, Vom Gesellschaftsvertrag (Reclam-Ausgabe), S. 5.

- eine bestimmte Sozialanthropologie, die aus empirischen und nichtempirischen Teilen gemischt ist (»der Mensch ist frei«);
- eine Interpretation der politischen Menschheitsgeschichte (Entwicklung zur Unfreiheit, d.h. Entwicklung vom Guten zum Schlechten);
- aus beiden Voraussetzungen abgeleitet die Forderung, zur wirklichen »Natur« das Menschen zurückzukehren (Wiederherstellung der natürlichen Freiheit).

2.5.2.2 Einzelheiten

Im einzelnen heißt das: 128

Die empirische Seite der Rechtsphilosophie – die als wissenschaftlich gesichert aufgefaßte Sozialanthropologie – ist scharfkantig formuliert. Es geht um die wahre »Natur des Menschen«[112] im Verhältnis zu anderen Menschen. Diese Natur ist – für *Rousseau* selbstverständlich – als richtig erkennbar.

Erstes Kennzeichen dieser Natur ist die *Freiheit als Ungebundenheit*, als ungezwungene Subjektivität:

> Des Menschen »oberstes Gesetz ist es, über seine Selbsterhaltung zu wachen, seine erste Sorge ist diejenige, die er sich selber schuldet, und sobald der Mensch erwachsen ist, wird er so sein eigener Herr, da er der einzige Richter über die geeigneten Mittel zu seiner Erhaltung ist[113].«

In dieser Freiheit sind alle Menschen von Natur gleich[114].

Jedoch sind die in der Freiheit gleichen Menschen physisch unterschiedlich stark. Von Natur neigt der Stärkere dazu, seine Stärke zu nutzen und über andere Menschen zu herrschen. Aber Stärke ist keine Rechtfertigung von Herrschaft:

> »Stärke ist ein natürliches Vermögen; ich sehe überhaupt nicht, welche sittliche Verpflichtung sich aus ihren Wirkungen ergeben kann[115].«

So ergibt sich ein **Naturzustand**. Alle Menschen sind in ihm frei und gleich. 129
Der Stärkere versucht, sich durchzusetzen. Das gelingt oft, ist aber nur ein Faktum, nur tatsächliche Macht. Immerhin:

> Es ist anzunehmen, »daß die Menschen jenen Punkt erreicht haben, an dem die Hindernisse, die ihrem Fortbestehen im Naturzustand schaden, in ihrem Widerstand den Sieg davontragen über die Kräfte, die jedes Individuum einsetzen kann,

112 *Rousseau*, a.a.O. (Anm. 111), S. 6.
113 *Rousseau*, a.a.O. (Anm. 111), S. 6.
114 *Rousseau*, a.a.O. (Anm. 111), S. 7f.
115 *Rousseau*, a.a.O. (Anm. 111), S. 9.

um sich in diesem Zustand zu halten ... das Menschengeschlecht würde zugrunde gehen, wenn es die Art seines Daseins nicht änderte[116].«

Das bedeutet: Im Naturzustand ist die Menschheit gefährdet. Sie muß die Art des Zusammenlebens ändern, um überleben zu können. *Rousseau* verlangt aber, daß die neue Art des Zusammenlebens die ursprüngliche Freiheit und Gleichheit im Naturzustand nicht schmälere. Wörtlich:

Gesucht wird »eine Form das Zusammenschlusses, die mit ihrer ganzen gemeinsamen Kraft die Person und das Vermögen jedes einzelnen Mitglieds verteidigt und schützt und durch die doch jeder, indem er sich mit allen vereinigt, nur sich selbst gehorcht und genauso frei bleibt wie zuvor[117].«

130 Diese neue Gesellschaftsform, der rechtlich organisierte Staat, wird durch den **Gesellschaftsvertrag** (»contrat social«) herbeigeführt. Die Bestimmungen dieses Vertrages, mag er auch nie ausdrücklich geschlossen worden sein, lägen als »durch die Natur« bestimmt auf der Hand[118]:

»Diese Bestimmungen lassen sich bei richtigem Verständnis sämtlich auf eine einzige zurückführen, nämlich die völlige Entäußerung jedes Mitglieds mit allen seinen Rechten an das Gemeinwesen als Ganzes. Denn erstens ist die Ausgangslage, da jeder sich voll und ganz gibt, für alle die gleiche, und da sie für alle gleich ist, hat keiner ein Interesse daran, sie für die anderen beschwerlich zu machen... Schließlich gibt sich jeder, da er sich allen gibt, niemandem, und da kein Mitglied existiert, über das man nicht das gleiche Recht erwirbt, das man ihm über sich einräumt, gewinnt man den Gegenwert für alles, was man aufgibt, und mehr Kraft, um zu bewahren, was man hat... Gemeinsam stellen wir alle, jeder von uns seine Person und seine ganze Kraft unter die oberste Richtschnur des Gemeinwillens (franz.: volonté générale); und wir nehmen, als Körper, jedes Glied als untrennbaren Teil des Ganzen auf[119].«

Das *Fazit einer naturrechtlichen Lehre vom richtigen Recht* bis heute lautet also so:

Von Natur ist der Mensch ein freier Einzelner, allen anderen Einzelnen gleich. Für die vielen Einzelnen ist es schwer, sich im Naturzustand zu erhalten. Sie gründen durch Gesellschaftsvertrag eine Gemeinschaft, einen Staat. Sie bringen sich restlos in diese neue Gesellschaftsform ein, bleiben in ihr aber frei und gleich in eben dem Umfange, in dem sie es im Naturzustand waren, nur gesicherter[120]. Freiheit, Gleichheit und Sicherheit werden durch Recht garantiert.

---

116 *Rousseau*, a.a.O. (Anm. 111), S. 16.
117 *Rousseau*, a.a.O. (Anm. 111), S. 17.
118 *Rousseau*, a.a.O. (Anm. 111), S. 17.
119 *Rousseau*, a.a.O. (Anm. 111), S. 17/18.
120 *Rousseau*, a.a.O. (Anm. 111), S. 26, 35/36.

Bis hierher zeigt sich ein Naturrecht in der Fassung *Rousseaus* nur als eine etwas verworrene, aber anziehende rechtliche Idylle. Im Hintergrund werden aber der theoretische Ernst und die politischen Sorgen, die dieses Modell tragen, sichtbar.

Anlaß für die neue Gesellschaftsordnung ist die Gefährdung des Einzelnen im Naturzustand. Der ganze Aufwand, der im Gesellschaftsvertrag steckt, ist veranlaßt durch den Wunsch, diese Gefährdung zu mindern. Aber der physisch Starke wird durch den Gesellschaftsvertrag nicht schwach. Die Gefährdung des Einzelnen, d.h. die Abweichung von der neuen Gesellschaftsordnung, wird als natürlich bleiben. Die ganze neue Organisation ist unnütz, wenn man Abweichung nicht unterbindet. Darf man Abweichung unterdrücken?

Rousseau antwortet: selbstverständlich. Die Unterdrückung von Abweichung ist ein vornehmes Ziel des Rechts im Staat, der auf dem Gesellschaftsvertrag beruht.

Rousseau argumentiert so:

> »In der Tat kann jedes Individuum als Mensch einen Sonderwillen haben, der dem Gemeinwillen, den er als Bürger hat, zuwiderläuft oder sich von diesem unterscheidet[121].«

Aber:

> »Damit nun … der Gesellschaftsvertrag keine Leerformel sei, schließt er stillschweigend jene Übereinkunft ein, die allein die anderen ermächtigt, daß, wer immer sich weigert, dem Gemeinwillen zu folgen, von der gesamten Körperschaft dazu gezwungen wird[122].«

Und da der allgemeine Wille nichts anderes als Sicherung von natürlicher Freiheit ist, folgt:

> Das Erzwingen von Gehorsam bei Abweichung heißt »nichts anderes …, als daß man ihn (den Abweichenden) zwingt, frei zu sein[123].«

Dieser **»allgemeine Wille«** ist der interessanteste Begriff in *Rousseaus* Rechts- **131**
philosophie.

Man fragt sich, warum *Rousseau* so viele Bemerkungen auf ihn verwendet. Die Sache müßte doch ganz einfach sein. Der allgemeine Wille ist die Organisation natürlicher individueller Freiheit und Gleichheit zur besseren Sicherung dieser Natürlichkeit. Die Mittel der Sicherung sind: Schutz des Lebens, der Gesundheit und des Eigentums. Diese Züge des allgemeinen Willens fin-

---

121 *Rousseau*, a.a.O. (Anm. 111), S. 21.
122 *Rousseau*, a.a.O. (Anm. 111), S. 21.
123 *Rousseau*, a.a.O. (Anm. 111), S. 21.

den sich auch bei *Rousseau*[124]. Daraus würde folgen, daß in der auf dem Gesellschaftsvertrag ruhenden staatlichen und rechtlichen Ordnung alles unterdrückt wird, was sich gegen Leben, Gesundheit und Eigentum richtet, aber auch nicht mehr. Das wäre der vertraute Bereich des »echten« Rechts. *Rousseau* geht jedoch viel weiter. Der allgemeine Wille, der Staat und Recht formt, ist nicht nur Instrument der Sicherung natürlicher notwendiger Bedürfnisse, sondern er macht erst

> »aus einem stumpfsinnigen und beschränkten Lebewesen ein intelligentes Wesen und einen Menschen...[125].«

Erst der allgemeine Wille ermöglicht »sittliche Freiheit« und »sittliche und rechtliche Gleichheit«[126]. Dann fällt der Satz:

> »... daß der Gemeinwille immer auf dem rechten Weg ist und auf das öffentliche Wohl abzielt[127].«

Der allgemeine Wille ist also bei *Rousseau* zugleich empirischer und nicht-empirischer Teil der Rechts- und Staatslehre. Der allgemeine Wille gehört in den empirischen Teil einer Rechtsphilosophie, weil er anzeigt, was die Menschen wirklich durch den Gesellschaftsvertrag wollen, nämlich Sicherung von Leben, Gesundheit und Eigentum als Bedingungen für die natürliche Freiheit und Gleichheit[128]. – Der allgemeine Wille gehört zugleich in den nicht-empirischen Teil der Rechtsphilosophie, weil er anzeigt, was der Mensch wollen soll, nämlich Vollendung in sittlicher Freiheit und sittlicher Gleichheit.

Entsprechend zwiespältig ist formuliert, wie der allgemeine Wille ermittelt wird. Ginge es nur um den empirischen Inhalt, so müßte der Inhalt des allgemeinen Willens auf empirischem Wege ermittelt werden. Es geht aber offenbar um mehr, um etwas Objektives, Über-Empirisches, Metaphysisches:

> »Der Bürger stimmt allen Gesetzen zu, selbst jenen, die man gegen seinen Willen verabschiedet. ... Der beständige Wille aller Glieder des Staates ist der Gemeinwille... Wenn man ... ein Gesetz einbringt, fragt man genaugenommen nicht danach, ob die Bürger die Vorlage annehmen oder ablehnen, sondern ob diese ihrem Gemeinwillen entspricht oder nicht; jeder gibt mit seiner Stimme seine Meinung darüber ab, und aus der Auszählung der Stimmen geht die Kundgebung des Gemeinwillens hervor[129].«

---

124 *Rousseau*, a.a.O. (Anm. 111), S. 22f.
125 *Rousseau*, a.a.O. (Anm. 111), S. 22.
126 *Rousseau*, a.a.O. (Anm. 111), S. 23, 26.
127 *Rousseau*, a.a.O. (Anm. 111), S. 30.
128 *Rousseau*, a.a.O. (Anm. 111), S. 56.
129 *Rousseau*, a.a.O. (Anm. 111), S. 116/117.

Und – erstaunlich –:

»... der Gemeinwille (ist) unzerstörbar[130].«

2.5.3 Die Bestandteile einer naturrechtlichen Rechtsphilosophie

2.5.3.1 Rousseau als Modell

Zieht man noch einmal den Unterschied: empirische/nicht-empirische Bestandteile einer Rechtsphilosophie zur Beurteilung *Rousseau* heran, so zeigt sich, daß bei *Rousseau* der Formulierung, dem Anspruch nach die empirischen Bestandteile überwiegen. Rechtsfragen sind Fragen der Natur, der Empirie, der Anthropologie. Naturrecht ist wirklich erkanntes Recht. Man braucht nur Natur (Physik), keine Metaphysik des Rechts. 132

2.5.3.2 Empirie und Metaphysik des Rechts im Naturrecht

Aber *Rousseaus* genialische Schreibweise macht deutlich, wieviel Metaphysik des Rechts sich in das Naturrecht eingeschlichen hat und als Physik des Rechts weiterlebt. Die Linie, die sich bei *Machiavelli* und bei *Hobbes* exemplarisch zeigt, hat sich endgültig durchgesetzt. Man trennt Physik und Metaphysik des Rechts nicht mehr. Beide Bereiche bilden ein undurchdringliches Ganzes. Das zeigt sich am deutlichsten an der Rolle des Freiheitsbegriffes in der Staats- und Rechtslehre. 133

In der empirischen Tradition der Rechtsphilosophie erscheint diese Freiheit als Willkür, als Störung des Wunsches nach friedlichem Zusammenleben. In der metaphysischen Tradition der Rechtsphilosophie ist diese Freiheit der Anlaß zu fragen, ob es legitim sein kann, sie zu begrenzen. Im Prinzip lautet die Antwort: ja. Die Frage, ob die Anwort richtig ist, verschwindet aber nicht, führt vielmehr zu immer neuen metaphysischen Anstrengungen.

Rousseau kann auf diese Anstrengungen bereits verzichten. Der Wunsch, friedlich zusammenzuleben – in der Tradition nur ein Faktum, das umständlicher metaphysischer Überhöhung bedurfte, um Grundlage des Rechts zu werden –, dieser Wunsch wird jetzt als Ausfluß natürlicher Freiheit und damit als selbstverständlich gut, schützenswert, sicherungswürdig stilisiert, ohne daß man Metaphysik zu Hilfe zu nehmen braucht. Was bei *Plato* und *Thomas v. Aquin* mühsam begründet werden muß – die höhere »Legitimität« der Ordnung gegenüber der Abweichung –, ergibt sich nun als Natur von

130 *Rousseau*, a.a.O. (Anm. 111), S. 112 (Überschrift zum 1. Kap. des 4. Buches).

selbst. *Das ist Metaphysik des Rechts als Empirie.* Ohne Widerspruch kann *Rousseau* den Gesellschaftsvertrag »natürlich«, aber auch »heilig« nennen[131].

Überhaupt wird es zum Kennzeichen dieses Naturrechts, Physik und Metaphysik des Rechts nicht mehr deutlich zu unterscheiden. Die Natur, d. h. die Erkenntnis der Natur, ist von Erkenntnis des Heiligen nicht mehr zu trennen[132]. Die Argumentation aus dem Faktischen kann die Argumentation aus dem Richtigen vertreten, wissenschaftliche Erkenntnis tritt vereint mit der Kenntnis des Willens Gottes auf[133].

Das bedeutet: Wer über die Kenntnis des Seins verfügt, verfügt über die Kenntnis des Sollens. Wer mitteilen kann, etwas (ein gesellschaftlicher Zustand, eine Beziehung unter Menschen) sei Natur (richtige, vernünftige, gute Natur), kann auch gleich – ohne neue Begründung – mitteilen, was die Menschen, notfalls unter hartem Zwang, tun sollen. Die Metaphysik des Rechts, die Frage nach der Verbindlichkeit des Rechts gegen Abweichung ist aufgelöst; übriggeblieben ist eine Faktenfrage mit vielfältigen normativen Verschlüsselungen.

2.5.3.3 Die Folgen

134 Dieses Durcheinander von Empirie und Metaphysik teilt sich allen den Gegenständen mit, die in einer Rechtsphilosophie abgehandelt werden müssen.

Die Umwandlung der Subjektivität, Eigensüchtigkeit, Willkür, Freiheit des Menschen von einer den menschlichen Verband störenden in eine im menschlichen Verband hochzuschätzende Eigenschaft ist teils nur Faktum (im Naturzustand betrachtet), teils hoher rechtlicher Wert (unbedingt zu erhaltende menschliche Eigenschaft).

Dieses Nebeneinander von Erfahrung und Bewertung in der Freiheitsfrage führt zu einer ängstlichen Besorgtheit gegenüber möglichen Entwicklungen der Freiheit. Es kann ja sein, daß der Mensch einer hochbewerteten Freiheit, sich nach eigenen Vorstellungen zu entfalten, zu viel abverlangt. Diese Besorgtheit führt dazu, die Freiheit des Stärkeren scharf zu beschränken und die Freiheit Gleichstarker durch Hochschätzung der Gleichheit zu kontrollieren[134].

Diese Anhäufung von Empirie und Nicht-Empirie, von Hochschätzung bestimmter Eigenschaften des Menschen und Sorge vor diesen Eigenschaften,

---

131 *Rousseau*, a.a.O. (Anm. 111), S. 6, 20; s. auch S. 39.
132 *Rousseau*, a.a.O. (Anm. 111), S. 6.
133 *Rousseau*, a.a.O. (Anm. 111), S. 6, 7, 9, 11, 16-19, 20, 22, 33, 39.
134 *Rousseau*, a.a.O. (Anm. 111), S. 9, S. 56.

diese spannungsreiche Sozialanthropologie muß alle Ableitungen für rechtliche Einzelheiten schwer belasten. Eigentlich müßten die natürlicherweise freien Einzelnen willkürlich entscheiden können, was sie wollen; aber das wäre offenbar unvernünftig:

> »Wie soll eine verblendete Menge, die oft nicht weiß, was sie will, weil sie nur selten weiß, was ihr zum Guten gereicht, durch sich selbst ein derart großes, derart schwieriges Unternehmen ausführen, wie ein System der Gesetzgebung es ist?[135]«

Mietrecht, Sozialrecht, Strafrecht, alle rechtlichen Einzelheiten müssen aus einer Auseinandersetzung zwischen dem legitimen, weil von freien Individuen kommenden Wollen einerseits, und einer harten, aber schwer legitimierbaren Begrenzung dieses Wollens andererseits entstehen. Zu tragen hat diese Auseinandersetzung der allgemeine Wille, jene merkwürdige Mischung aus Tatsachen und Normen, aus politischer Erfahrung und theologischer Spekulation. Der allgemeine Wille muß das Wollen freier und gleicher Individuen darstellen, und muß zugleich das Ergebnis dieses Wollens nach Kriterien, die von diesem Wollen unabhängig sind, kontrollieren. Auf diesem Wege soll ein gerechtes Mietrecht zustandekommen?

2.5.3.4 Naturrecht und positives Recht

Wie schwer es eine naturrechtliche Rechtsphilosophie haben muß, zeigt sich **135**
an ihrem Verhältnis zum positiven Recht.

Eigentlich müßte das Naturrecht der eingespielten Tradition folgen. Wenn das Recht erkannt werden kann (hier: aus der Natur), braucht es nicht positiviert zu werden. Bei *Rousseau* ist das auch gesagt:

> »Was gut ist und der Ordnung entspricht, ist es durch die Natur der Dinge und unabhängig von menschlichen Satzungen.... Sicher gibt es eine allumfassende Gerechtigkeit, die nur aus der Vernunft fließt ...[136].«

Aber (und auch das ist traditionell):

> »Um die Dinge menschlich zu betrachten: die Gesetze der Gerechtigkeit sind mangels naturgegebener Folgen nichts unter den Menschen... Wir benötigen deshalb Abmachungen und Gesetze, um Pflichten und Rechte miteinander zu verbinden und die Gerechtigkeit ihrem Gegenstand zuzuführen ... im gesellschaftlichen Zustand ... (sind) alle Rechte durch das Gesetz festgelegt ...[137].«

Das Naturrecht (wie offenbar noch jede Lehre vom richtigen Recht) tritt nicht in einen Gegensatz zum positiven Recht, sondern verbindet sich mit dem positiven Recht.

---

135 *Rousseau*, a.a.O. (Anm. 111), S. 42.
136 *Rousseau*, a.a.O. (Anm. 111), S. 39.
137 *Rousseau*, a.a.O. (Anm. 111), S. 39f.

2.5.3.5 Das Problem des Relativismus

136 Wie eng dieses Bündnis zwischen Naturrecht und positivem Recht ist, zeigt sich an einem weiteren Dauerproblem der Rechtsphilosophie, dem Problem des Relativismus. Geht in die Gesetze nur ein, was ohnehin als richtig erkannt ist (Gesetz als Deklaration des Richtigen); oder schafft das Gesetz allenfalls das in der historischen Situation, also das relativ auf diese Situation bezogene Richtige?

Der Stand der Sache – gemessen an den Modellen: Rechtsidealismus, Rechtstheologie, Rechtsrealismus – ist dieser: in einem engen Bereich echten, wirklichen Rechts gibt es keinen relativistischen Spielraum. Relativismus gibt es nur beim unechten Recht, bei der Befriedigung nicht notwendiger Bedürfnisse.

Das Naturrecht nach dem Modell *Rousseaus* ändert daran im Prinzip nichts, in wichtigen fortwirkenden Einzelheiten aber viel.

Der Gedanke von einem Kern rechtlicher Regelungen, über den niemand Verfügungsgewalt hat, der Gedanke von einem unausweichlichen Inhalt positiven Rechts, taucht wieder auf:

> »Wenn man untersucht, worin das höchste Wohl aller genau besteht, das den Endzweck jeder Art von Gesetzgebung bilden soll, so wird man finden, daß es sich auf jene zwei Hauptgegenstände Freiheit und Gleichheit zurückführen läßt[138].«

Darüber hinaus ist für den Inhalt des positiven Rechts viel Spielraum, also Relativität:

> »Aber diese allgemeinen Zielvorstellungen für die Errichtung eines guten Staates muß man in jedem Land abändern je nach den Zusammenhängen, die sich aus der örtlichen Situation und dem Charakter der Bewohner ergeben ...[139].«

Das Gebiet nur relativ richtiger Gesetzgebung wird im Naturrecht nach dem Modell *Rousseaus* deutlich vergrößert durch einige Abwandlungen gegenüber dem bisherigen Stand.

Der »allgemeine Wille« *Rousseaus* erinnert deutlich an den Begriff des Gemeinwohls, abgegrenzt vom Einzelwohl und vom Wohl der Mehrheit. Unterscheidungen, die man bei *Thomas v. Aquin* finden kann, findet man auch bei *Rousseau*: bonum singulare, bonum totius, bonum commune[140]. Aber der Inhalt des allgemeinen Wohls ändert sich gegenüber dem bonum commune in dramatischer Weise. Das bonum commune der Tradition enthält »nur« die notwendigen Lebensbedingungen der Menschen. Der allgemeine Wille des

---

138 *Rousseau*, a.a.O. (Anm. 111), S. 56.
139 *Rousseau*, a.a.O. (Anm. 111), S. 57.
140 *Rousseau*, a.a.O. (Anm. 111), S. 21, 23 ff., 27 f., 30f., 112.

Rousseau'schen Naturrechts enthält das Prinzip der Sicherung von Freiheit und Gleichheit um jeden Preis. Dieses Prinzip öffnet auch den Bereich des echten Rechts für den Relativismus.

Dies liegt daran, daß Freiheit und Gleichheit niemals als völlig erreicht gelten können. Das Recht, das Freiheit und Gleichheit sichern soll, kann also immer nur relativ – bezogen auf einen möglichen, noch besseren Zustand – richtig sein. Der Kernbereich des Rechts muß sich – typisch für nur relativ richtiges Recht – ständig bewegen.

Doch selbst wenn man für einen bestimmten Zeitabschnitt sagen kann, Freiheit und Gleichheit seien erreicht, dann bleibt die Hoffnung, die Menschheit lasse sich so entfalten (erziehen), daß noch höhere Mengen an Freiheit und Gleichheit erreichbar werden. Das Recht muß also nicht nur Freiheit und Gleichheit ohne Ende anstreben, sondern zugleich den Menschen erziehen, immer mehr Freiheit und Gleichheit denkbar zu machen. Auch der Erziehungsgedanke hält das Recht – als dauernd relativ – ständig in Bewegung.

> »Wer sich daran wagt, ein Volk zu errichten, muß sich imstande fühlen sozusagen die menschliche Natur zu ändern; jedes Individuum ... zu verwandeln ...[141].«

Die Positivität des Rechts ist das Mittel, diese Probleme der ständigen Relativität des Rechts zu bewältigen. Und es ist keine Frage, daß dem Gesetzgeber große, ja despotische Befugnisse eingeräumt werden müssen, damit dieses schwierige Problem – ständige Anpassung der Gesetze an ständig ausweitbare Ziele der Gerechtigkeit – zu lösen ist.

> »Der Gesetzgeber ist ein in jeder Hinsicht außergewöhnlicher Mann im Staat[142].«

2.5.3.6 Das Verhältnis von Theorie und Praxis

Von diesem Satz fällt auch einiges Licht auf das Verhältnis von Theorie und Praxis in der Gesetzgebung. Eigentlich – nach dem Inhalt das Gesellschaftsvertrages – müßte der Praxis, dem Volk, den Wünschen der einzelnen Freien und Gleichen der deutliche Vorrang einzuräumen sein. 137

> »Das den Gesetzen unterworfene Volk muß deren Urheber sein[143].«

Aber das Volk verfehlt den allgemeinen Willen, jenen objektiven despotischen Anspruch, zu leicht[144]. So ist es doch besser, »Führer«, »Gelehrte« mit der Interpretation des allgemeinen Willens zu beauftragen[145]. Der Sachver-

141 *Rousseau*, a.a.O. (Anm. 111), S. 43.
142 *Rousseau*, a.a.O. (Anm. 111), S. 44.
143 *Rousseau*, a.a.O. (Anm. 111), S. 41f.; s. auch: S. 47 ff., 114 ff.
144 *Rousseau*, a.a.O. (Anm. 111), S. 42.
145 *Rousseau*, a.a.O. (Anm. 111), S. 42, 43 ff. (45).

ständige des allgemeinen Willens, der die Ziele des Rechts und die Mittel, diese Ziele zu erreichen, festlegen kann, ist damit beschrieben.

2.5.4 Die verschiedenen Typen des Naturrechts

138 An *Rousseaus* Staats- und Rechtslehre als Modell lassen sich die charakteristischen Kennzeichen jedes Naturrechts und die möglichen Differenzierungen innerhalb des naturrechtlichen Lagers ablesen.

Gemeinsam ist allem Naturrecht der Versuch, auf der Grundlage einer wissenschaftlich ausgebauten (wahren) Sozialanthropologie eine Lehre vom richtigen Recht zu entwickeln.

Diese Sozialanthropologie – die Beschreibung der Natur des Menschen, gesehen im Verhältnis zum Mitmenschen – fällt aber höchst verschieden aus.

2.5.4.1 Kritisches Naturrecht

139 Man hat – wissenschaftlich abgesichert – eine optimistische Sozialanthropologie. Man sieht den Menschen als frei und gleich, ohne daß es durch diese Natur zu Konflikten mit anderen Menschen zu kommen braucht.

Diese Sozialanthropologie wird dazu neigen, die Zustände, die man vorfindet (das sind Zustände dauernden Konflikts), für umkehrbare Fehlentwicklungen zu halten. Diese Sozialanthropologie wird dazu neigen, von Staat und Recht die Wiederherstellung des »natürlichen« Zustandes der menschlichen Verhältnisse zu verlangen. Das führt zu einem revolutionären, zumindest kritischen Naturrecht, zu einer kompromißlosen Lehre vom richtigen Recht.

Die Ziele dieses revolutionären, zumindest kritischen Naturrechts können verschieden sein. Im Interesse von Freiheit und Gleichheit kann das Ziel sein »zurück zur Natur« oder »weiter zu bedingungslosem Fortschritt«. Rein ausgebildet findet sich dieses revolutionäre oder kritische Naturrecht kaum. Seine Profile zeigen sich bei *Rousseau*.

2.5.4.2 Konservatives Naturrecht

140 Man hat – wissenschaftlich abgesichert – eine pessimistische Sozialanthropologie. Man sieht den Menschen als stets gefährlich für den anderen Menschen, als unfrei wegen seiner wechselnden Wünsche und als ungleich wegen seiner unterschiedlichen Anlagen.

Diese Sozialanthropologie wird dazu neigen, einen Fortschritt zu prinzipiell guten Sozialzuständen für unmöglich zu halten. Sie wird folgern, daß durch die Staats- und Rechtsordnung allenfalls das Schlimmste verhütet werden kann, durch Suche nach einigermaßen stabilen rechtlichen Organisationen.

Dann zeichnet sich ein konservatives Naturrecht ab, das den ständigen Wandel zu vermeiden oder unvermeidlichen Wandel zu kontrollieren sucht. *Hobbes* (vgl. Rn. 118 ff.), überhaupt die Rechtsrealisten und *Montesquieu* (1689-1755; Hauptwerk: Vom Geist der Gesetze) gehören hierher.

2.5.4.3 Mischung aus kritischem und konservativem Naturrecht

Man hat – wissenschaftlich abgesichert – eine aus pessimistischen und optimistischen Teilen gemischte Sozialanthropologie mit der Möglichkeit, bald diesen, bald jenen Teil Schwerpunkt sein zu lassen. **141**

Das führt zu einer undurchdringlichen Mischung aus kritischem und konservativem Naturrecht, einer Mischung, der argumentativ schwer beizukommen ist. Man findet diese Mischung in *Rousseaus* Gesellschaftsvertrag angelegt, hier allerdings mit einem klaren Vorrang des revolutionären Naturrechts auf der Grundlage einer optimistischen Sozialanthropologie. Diese Mischung durchzieht das gesamte moderne Rechtsdenken.

2.5.5 Wiederholungen

Es sind folgende Modelle zur Bewältigung des Problems des richtigen (gerechten) Rechts nebeneinandergestellt worden: **142**

- Rechtsidealismus
- Rechtstheologie
- Rechtsrealismus
- Naturrecht.

Alle Modelle haben folgendes gemeinsam:

Sie gehen aus von der Erfahrung, die der Mensch im Umgang mit anderen Menschen gemacht hat (empirischer, sozialanthropologischer Teil einer Rechtsphilosophie).

Ein Grundzug dieser Erfahrung scheint zu sein, daß die Menschen überwiegend friedlich-geordnet miteinander leben wollen; zu dieser Erfahrung gehört auch, daß es ständig Abweichung von dieser Ordnung gibt.

Staat und Recht sind erfahrungsgemäß Mittel, die Ordnung zu schaffen und zu erhalten.

Alle Modelle sind sich auch darüber einig, daß die Verbindlichkeit des Rechts in der Gemeinschaft sich nicht von selbst versteht, vielmehr einer Begründung bedarf.

In der Begründung dieser Verbindlichkeit unterscheiden sich die Modelle:

Rechtsidealismus und Rechtstheologie bilden eine metaphysische Begründung aus: Die Idee der Gerechtigkeit oder Gottes Wille stützen die Verbindlichkeit des Rechts.

Rechtsrealismus und Naturrecht – weitaus moderner – weisen metaphysische Begründungen der Verbindlichkeit des Rechts ab und bleiben ganz im empirischen Bereich, im Bereich der Sozialanthropologie. Die Wege, die Verbindlichkeit des Rechts im Staat zu begründen, werden damit erheblich komplizierter. *Die Verbindlichkeit des Rechts und die Macht, Recht durchzusetzen, rücken nahe aneinander.* Das Zusammenfallen von Recht und Macht wird nur dadurch vermieden, daß bestimmte Ziele, denen das Recht und der Staat dienen müssen, als empirisch verbindlich feststehend (und damit dem Zugriff der Macht entzogen) geschildert werden: Ordnung überhaupt im Rechtsrealismus im Stil *Machiavellis*, die freie und gleiche Natur des Menschen in einem Naturrecht nach dem Vorbild *Rousseaus*.

2.5.6 Weiterführende Literatur

143 Für das Einarbeiten in naturrechtliche Denkarten sollte der leicht zugängliche Reclam-Text des »Gesellschaftsvertrages« von *Rousseau* sorgfältig gelesen werden. Dieses Buch mit seinem Schwanken zwischen Empirie und Metaphysik, zwischen freiheitlicher und diktatorischer rechtlicher Verfassung ist ungewöhnlich lehrreich.

Eine übersichtliche Zusammenfassung des Denkens *Rousseaus* und der Hauptlinien der *Rousseau*-Interpretation findet sich bei: *H. Maier*, Rousseau, in: H. Maier/Rausch/Denzer (Hrsg.), Klassiker das politischen Denkens, 2. Bd., 5. Aufl., 1987, S. 80-100, 328-332 u. 366-368..

2.6 Wissenschaftlich gesicherte Rechtsphilosophie: Kant

2.6.1 Lebensdaten; Hauptwerke

144 *Kant* lebte von 1724–1804 in Königsberg. Er war zunächst Hauslehrer, ab 1755 Privatdozent, ab 1770 Professor für Logik und Metaphysik an der Universität Königsberg. *Kants* Biographie ist plastisch beschrieben in: *Felix Groß* (Hrsg.), Immanuel Kant, sein Leben in Darstellungen von Zeitgenossen, die Biographien von Borowski, Jachmann und Wasianski, 1912, Nachdruck 1980. *Goethe* und *Schiller* sind *Kants* Zeitgenossen. Königsberg ist zu *Kants* Zeiten preußische Universität. In Preußen regiert 1740–1786 Friedrich II. (Friedrich der Große). Das europäische politische Ereignis zu Lebzeiten *Kants* ist der Beginn der französischen Revolution 1789.

Hauptwerke: die sog. drei Kritiken, Kritik der reinen Vernunft (1781), Kritik der praktischen Vernunft (1788), Kritik der Urteilskraft (1790). Von diesen Buchtiteln wird die Bezeichnung »kritisches« oder »kritizistisches« Zeitalter in der Philosophie, auch in der Rechtsphilosophie abgeleitet.

Die Gegenstände der Rechtsphilosophie sind in folgenden Schriften behandelt: Grundlegung zur Metaphysik der Sitten (1785) und Metaphysik der Sitten (1797). Die Metaphysik der Sitten enthält auch die Rechtslehre als Metaphysik des Rechts.

Zum Einlesen am besten geeignet ist die Grundlegung zur Metaphysik der Sitten, die in verschiedenen Ausgaben leicht zugänglich ist. Man muß aber den vielfältigen Verweisungen, die *Kant* in der »Grundlegung« auf andere Schriften anbringt, nachgehen.

Es gibt unzählige Kant-Ausgaben. Zitiert wird hier die verbreitete, verläßliche Akademie-Ausgabe nach Band (römische Ziffer) und Seite (arabische Ziffer). Mit dem Hinweis auf die Erst- und Zweitauflage des Werkes (Klammerzusatz: Erstauflage = A, Zweitauflage = B) wird die »Werkausgabe« (Suhrkamp-Verlag), hrsg. von Wilhelm Weischedel, benutzbar.

Der folgende Text versucht in erster Linie zu erklären, was *Kant* am Ende des 18. Jahrhunderts mit einer **»Metaphysik« des Rechts** meint und will. *Kant* selbst hat Metaphysik des Rechts oder der Moral für einen »abschreckenden Titel« gehalten, aber geglaubt, daß diese Lehre »eines großen Grades der Popularität und der Angemessenheit zum gemeinen Verstande fähig ist[146]«.

2.6.2 Inhalt einer wissenschaftlich gesicherten Rechtsphilosophie (Rechtsphilosophie aus reiner Vernunft)

2.6.2.1 Zusammenfassende Kennzeichnung (Rechtsphilosophie aus reiner Vernunft)

Die Änderung der rechtsphilosophischen Fragestellungen, die mit *Kant* be- **145**
ginnt, ist weitreichend.

Das Problem bleibt zwar das alte: Welchen Beitrag leistet das Recht zur Organisation des Zusammenlebens der Menschen? Aber *Kant* stellt das Problem schärfer und macht daher Lösungen fast unmöglich.

Auch für *Kant* bleibt es dabei: Würde man die Entwicklung der Beziehungen unter Menschen sich selbst überlassen, käme es zu großen Schwierigkeiten. Aber für *Kant* ist die Verbindlichkeit, diese Schwierigkeiten zu vermeiden,

146 *Kant*, Grundlegung zur Metaphysik der Sitten, IV, 391/392 (BA XIV).

kaum begründbar. Rechtsidealismus und Rechtstheologie verwirft er wie die Zeit vor ihm. Doch auch mit der naturrechtlichen Begründung kann er nichts anfangen. *Was bleibt, ist der Versuch, Recht wissenschaftlich zu begründen.* Darunter darf man sich nicht vorstellen, daß alles, was die vorangegangene Zeit gesagt hat, nur sorgfältiger überprüft, dargelegt wird. *Kant* meint mit »wissenschaftlich« etwas prinzipiell anderes.

Kant verwirft die naturrechtliche Rechtsbegründung als nur empirisch. Die Empirie nämlich verpflichte zu nichts. Gesucht wird folglich eine nicht-empirische Rechtsbegründung. Für nicht-empirische Rechtsbegründung steht bei *Kant* auch: reine oder metaphysische (das ist wissenschaftlich gesicherte, weil wahre) Rechtsbegründung. In dieser dunklen Formel steckt die Mitteilung, daß die rechtsphilosophischen Probleme sich gefährlich zugespitzt haben. Der folgende Text soll gerade dies zeigen.

2.6.2.2 Einzelheiten

146 Der empirische Teil jeder Rechtsphilosophie – die Antwort auf die Frage: wie verhält sich der Mensch zu anderen Menschen (Sozialanthropologie) – findet sich auch bei *Kant*, und durchaus in den Bahnen der Tradition.

Den »empirischen Teil« einer Moral- oder Rechtslehre, einer Lehre vom richtigen Handeln überhaupt nennt *Kant* »praktische Anthropologie[147]«. Hier finden sich alle Kennzeichnungen des moralisch, rechtlich, politisch handelnden Menschen, die aus der bisherigen Diskussion vertraut sind.

Der Anlaß zur rechtlich gesicherten Staatsgründung liege »in der menschlichen Natur[148]«.

Genauer:

> »Der Mensch hat eine Neigung, sich zu vergesellschaften: weil er in einem solchen Zustande sich mehr als Mensch, d. i. die Entwickelung seiner Naturanlagen fühlt. Er hat aber auch einen großen Hang, sich zu vereinzelnen (isolieren): weil er in sich zugleich die ungesellige Eigenschaft antrifft, alles bloß nach seinem Sinne richten zu wollen, und daher allerwärts Widerstand erwartet, so wie er von sich selbst weiß, daß er seinerseits zum Widerstand gegen andere geneigt ist. Dieser Widerstand ist es nun, welcher alle Kräfte des Menschen erweckt, ihn dahinbringt, seinen Hang zur Faulheit zu überwinden und, getrieben durch Ehrsucht, Herrschsucht oder Habsucht, sich einen Rang unter seinen Mitgenossen zu verschaffen, die er nicht wohl leiden, von denen er aber auch nicht lassen kann. Da geschehen nun die

---

147 *Kant*, Grundlegung zur Metaphysik der Sitten, IV, 388 (BA V).

148 *Kant*, Idee zu einer allgemeinen Geschichte in weltbürgerlicher Absicht, VIII, 20/21 (A 392).

ersten wahren Schritte aus der Rohigkeit zur Kultur, die eigentlich in dem gesellschaftlichen Wert des Menschen besteht ...[149].«

Weiter:

»Das größte Problem für die Menschengattung, zu dessen Auflösung die Natur ihn zwingt, ist die Erreichung einer allgemein das Recht verwaltenden bürgerlichen Gesellschaft[150].«

Schließlich:

»Dieses Problem ist ... das schwerste und das, welches von der Menschengattung am spätesten aufgelöst wird. Die Schwierigkeit, welche auch die bloße Idee dieser Aufgabe schon vor Augen legt, ist diese: der Mensch ist ein Tier, das, wenn es unter anderen seiner Gattung lebt, einen Herrn nötig hat. Denn er mißbraucht gewiß seine Freiheit in Ansehung anderer seinesgleichen; und ob er gleich als vernünftiges Geschöpf ein Gesetz wünscht, welches der Freiheit aller Schranken setze, so verleitet ihn doch seine selbstsüchtige tierische Neigung, wo er darf, sich selbst auszunehmen. Er bedarf also eines Herrn, der ihm den eigenen Willen breche und ihn nötige, einen allgemein-gültigen Willen, dabei jeder frei sein kann, zu gehorchen[151].«

Mit ausdrücklicher Berufung auf *Hobbes* formuliert *Kant*:

»... der Zustand einer gesetzlosen äußeren – brutalen – Freiheit und Unabhängigkeit von Zwangsgesetzen (ist) ein Zustand der Ungerechtigkeit und des Krieges von jedermann gegen jedermann ..., aus welchem der Mensch herausgehen soll, um in einen politisch-bürgerlichen zu treten[152].«

In dieser Sozialanthropologie kann man eine Mischung der Überzeugungen **147**
Machiavellis, *Hobbes* und *Rousseaus* finden. Das ist aber nichts Aufsehenerregendes. Das Aufsehenerregende an diesem Gedankengang ist, daß *Kant* – völlig abweichend von der Tradition – der Sozialanthropologie, dem empirischen Teil der Rechtsphilosophie keinen Verpflichtungsgrund für das Schaffen und Einhalten von Recht entnehmen kann. Der traditionelle Gedankengang hat große Anziehungskraft. Es ist für die meisten Menschen eingeübt und einleuchtend zu denken: Der Mensch ist gut – also müssen Recht und Staat die Güte unterstreichen; oder: Der Mensch ist böse – also müssen Recht und Staat die Bösartigkeit in Grenzen halten.

Kants Wendung gegen den Schluß von der Sozialanthropologie auf den Inhalt des Rechts und die Folgen dieser Wendung sind nicht leicht zu verstehen. Es

---

149 *Kant*, Idee zu einer allgemeinen Geschichte in weltbürgerlicher Absicht, VIII, 20/21 (A 392/393).
150 *Kant*, Idee zu einer allgemeinen Geschichte in weltbürgerlicher Absicht, VIII, 21/22 (A 394).
151 *Kant*, Idee zu einer allgemeinen Geschichte in weltbürgerlicher Absicht, VIII, 22/23 (A 396).
152 *Kant*, Die Religion innerhalb der Grenzen der bloßen Vernunft, VI, 97 (B 134/135).

ist die Wendung gegen die »bloß empirische Rechtslehre«[153]. *Kant* erkennt an, daß die Vorstellung, der Mensch habe sich von einem Naturwesen zu einem gesellschaftlichen Wesen entwickelt, sei also von einem Naturzustand allmählich in einen rechtlich organisierten Zustand übergegangen, wichtig sei. Aber *Kant* erkennt diese Vorstellung nur als Leitfaden, Geschichte zu schreiben, an, also nicht als Grund der Verpflichtung, Recht zu schaffen und rechtlich zu handeln[154]. Die praktische Anthropologie ermögliche auch politisches Handeln; doch Sozialanthropologie könne nicht die Verpflichtung schaffen, eine bestimmte, rechtlich gesicherte Politik zu machen und ihr zu gehorchen[155].

Diese kantische Auffassung ist abgeleitet einmal aus einer bestimmten fachphilosophischen Auffassung des Verhältnisses von Sein und Sollen. *Kant* hält den Standpunkt, daß aus dem Sein (aus bestimmten Ausstattungen vieler Menschen) ein Sollen (in bestimmter Weise rechtlich zu handeln) nicht herausgelesen werden könne, mit einiger Radikalität durch:

> »... in Ansehung der« (moralischen und rechtlichen) »Gesetze ... ist Erfahrung (leider!) die Mutter des Scheins, und es ist höchst verwerflich, die Gesetze über das, was ich tun soll, von demjenigen herzunehmen, oder dadurch einschränken zu wollen, was getan wird[156].«

Das bedeutet eine uneingeschränkte Absage an alle Bemühungen, die Wünsche von großen und kleinen Gruppen von Menschen zur Grundlage legitimen (gerechten) Rechts zu machen. Diese Wünsche, wenn sie sich durchsetzen können, sind immer nur Machtäußerung, auch dann, wenn sie Rechtsform erhalten. Schärfer kann der Abbruch der Tradition nicht formuliert werden.

Als Beispiel ist einzufügen *Kants* Stellungnahme zu einem »Wert«, der wahrscheinlich vielen als unbestreitbarer Ausgangspunkt für rechtliche Regeln gilt:

> »Mäßigung in Affekten und Leidenschaben, Selbstbeherrschung und nüchterne Überlegung sind nicht allein in vielerlei Absicht gut, sondern scheinen sogar einen Teil vom inneren Werte der Person auszumachen; allein es fehlt viel daran, um sie ohne Einschränkung für gut zu erklären (so unbedingt sie auch von den Alten gepriesen worden)[157].«

Die kantische Auffassung, daß eine Sozialanthropologie nicht zur Rechtsbegründung taugt, ist wahrscheinlich stärker noch veranlaßt durch die Einsicht

---

153 *Kant*, Metaphysik der Sitten, VI, 229/230 (AB 32).

154 *Kant*, Idee zu einer allgemeinen Geschichte in weltbürgerlicher Absicht, VIII, 5/6 (A 386/387).

155 *Kant*, Grundlegung zur Metaphysik der Sitten, IV, 387-390 (BA IV, VIII, IX).

156 *Kant*, Kritik der reinen Vernunft, III, 248/249 (B 375, A 318/319).

157 *Kant*, Grundlegung zur Metaphysik der Sitten, IV, 393/394 (BA 2).

in die Relativität der Sozialanthropologie, durch die Einsicht in die Abhängigkeit der Sozialanthropologie von Zeit und Ort ihrer Publikation. *Kant* nennt das den Empirismus der praktischen Anthropologie:

> »Die Zwecke, die sich ein vernünftiges Wesen als Wirkungen seiner Handlungen nach Belieben vorsetzt ..., sind insgesamt nur relativ; denn nur bloß ihr Verhältnis auf ein besonders geartetes Begehrungsvermögen des Subjekts gibt ihnen den Wert.... Alle Gegenstände der Neigungen haben nur einen bedingten Wert; ...[158].«

In *Kants* Texten ist dieses Problem am häufigsten im Zusammenhang mit der Lehre von der sogenannten Glückseligkeit erörtert. Für »Glückseligkeit« würde man heute sagen: Zufriedenheit mit den gesellschaftlichen Zuständen, also Übereinstimmung von aktueller Sozialanthropologie und rechtlicher Verfassung: Wohlfahrt.

Wörtlich:

> »Allein es ist ein Unglück, daß der Begriff der Glückseligkeit ein so unbestimmter Begriff ist, daß, obgleich jeder Mensch zu dieser zu gelangen wünscht, er doch niemals bestimmt und mit sich selbst einstimmig sagen kann, was er eigentlich wünsche und wolle. Die Ursache davon ist: daß alle Elemente, die zum Begriff der Glückseligkeit gehören, insgesamt empirisch sind, d. i. aus der Erfahrung müssen entlehnt werden ...[159].«

Und:

> »Man darf nur die Versuche« (über die Begründung der Verbindlichkeit, in bestimmter Weise zu handeln) »ansehen, so wird man bald die besondere Bestimmung der menschlichen Natur ..., bald Vollkommenheit, bald Glückseligkeit, hier moralisches Gefühl, dort Gottesfurcht, von diesem etwas, von jenem auch etwas, in wunderbarem Gemische antreffen,« (was niemals zu Verbindlichkeit führen könne)[160].

Weiter:

> Es ist »unmöglich, daß das einsehendste und zugleich allervermögendste, aber doch endliche Wesen sich einen bestimmten Begriff von dem mache, was er eigentlich wolle. Will er Reichtum, wieviel Sorge, Neid und Nachstellung könnte er sich dadurch nicht auf den Hals ziehen! Will er viel Erkenntnis und Einsicht, vielleicht könnte das ein nur um desto schärferes Auge werden, um die Übel, die sich für ihn jetzt noch verbergen und doch nicht vermieden werden können, ihm nur um desto schrecklicher zu zeigen oder seinen Begierden, die ihm schon genug zu schaffen machen, noch mehr Bedürfnisse aufzubürden. Will er ein langes Leben, wer steht ihm dafür, daß es nicht ein langes Elend sein würde? Will er wenigstens Gesundheit, wie oft hat noch Ungemächlichkeit des Körpers von Ausschweifung abgehalten, darein unbeschränkte Gesundheit würde haben fallen lassen usw. Kurz, er ist

158 *Kant*, Grundlegung zur Metaphysik der Sitten, IV 427/428 (BA 64).
159 *Kant*, Grundlegung zur Metaphysik der Sitten, IV 417/418 (BA 46).
160 *Kant*, Grundlegung zur Metaphysik der Sitten, IV, 410/411 (BA 32/33).

nicht vermögend, nach irgend einem Grundsatze mit völliger Gewißheit zu bestimmen, was ihn wahrhaftig glücklich machen werde[161].«

Empirische Erkenntnis über die soziale Natur des Menschen, Erkenntnis, die sich auf die bisherige Erfahrung im Umgang mit Menschen stützt, ist »bloß zufällig[162]«:

»Der Grund der Verbindlichkeit« (in bestimmter Weise zu handeln, darf) »nicht in der Natur des Menschen oder den Umständen der Welt, darin er gesetzt ist, gesucht werden[163] ...«

»Empirische Prinzipien taugen überall nicht dazu, um ... Gesetze darauf zu gründen[164].«

148 *Kants* Rechtsphilosophie zeigt viel deutlicher als die Rechtsphilosophie vor ihm, bis zu welchem Punkt der empirische Teil der Rechtsphilosophie gelangen kann, eben nur bis zur Feststellung von Wünschen, nicht bis zur Legitimation von Zwang gegen das Abweichen von den Wünschen anderer. Dies ist die Stelle, an der – was die bisherige Darstellung zeigen sollte – üblicherweise der Übergang zur Metaphysik des Rechts erfolgt. Für das Verständnis kantischer rechtsphilosophischer Texte ist wichtig zu registrieren, daß *Kant* tatsächlich an dieser Stelle zur Metaphysik des Rechts übergeht. Er schreibt eine »Metaphysik der Sitten«, die eine »Metaphysik des Rechts« enthält.

Diese Metaphysik des Rechts ist der Versuch, das sich abzeichnende Ineinanderfallen von Recht und (gerade herrschender) politischer Macht, die Ausformung des Rechts als einer Erscheinungsform dieser Macht zu vermeiden. Aber die Berufung auf Gott oder ewig existierende Ideen zur Begründung einer Metaphysik des Rechts ist nicht mehr möglich.

149 *Kant* öffnet einen neuen Weg, den *Weg wahrer wissenschaftlicher Erkenntnis des Rechts*. Das bedeutet:

Kant bemüht sich, die Feststellung richtigen Rechts und die Verpflichtung, dem Recht gemäß zu handeln, als wissenschaftliche Erkenntnis, als unverrückbare (durch einen Willensentschluß nicht änderbare) Wahrheit zu sichern, wobei vorausgesetzt ist, daß die erkannte Wahrheit Befolgung erzwingen darf. Dieses Bemühen muß begrifflich unendlich schwierig sein. Dieses Bemühen hat auch dramatische Züge. Die Bedingungen dafür, daß sich Ergebnisse zeigen, sind außerordentlich kompliziert. Die Suche nach wissenschaftlicher Wahrheit im Recht darf sich nicht stützen auf das, was Menschen üblicherweise mit Hilfe des Rechts verwirklichen wollen. Man bekommt

161 *Kant*, Grundlegung zur Metaphysik der Sitten, IV, 417/418 (BA 46).
162 *Kant*, Grundlegung zur Metaphysik der Sitten, IV, 411 (BA 34).
163 *Kant*, Grundlegung zur Metaphysik der Sitten, IV, 389 (BA VIII).
164 *Kant*, Grundlegung zur Metaphysik der Sitten, IV, 441/442 (BA 90).

selbstverständlich heraus, was Menschen üblicherweise durch Recht verwirklichen wollen. Diese Fakten aber ergeben keine Verpflichtungen. Es geht darum herauszufinden, was der Mensch rechtlich wollen soll (auch wenn er es subjektiv nicht will). Und die Wahrheiten, die sich einstellen, müssen von allen physischen (psychologischen oder soziologischen) Bedingungen unabhängig sein. Sie müssen gereinigt sein von allen solchen Bedingungen.

Gesucht wird eine **»reine Rechtslehre«**. »Reines« Recht ist ein Recht, das vom interessierten (trüben) Willen bestimmter Personen oder Institutionen gereinigt ist. In der reinen Rechtslehre lebt die Sehnsucht nach einem von Wollen, Machen, Stärke, Macht und Parteilichkeit unerreichbaren Recht.

Eine reine Rechtslehre ist eine Metaphysik des Rechts. Damit entsteht die Gleichung: reines Recht = notwendig verpflichtendes Recht = wahres Recht = von empirischen Bedingungen unabhängiges Recht = von zufälliger Machtorganisation unabhängiges Recht = metaphysisch (wissenschaftlich, erkenntnistheoretisch) begründetes Recht. *Kant* verspricht, alle Hoffnungen, die sich an die Rechtsphilosophie wenden, zu erfüllen, aber hierfür nicht den Glauben an Gott oder ewige Ideen, sondern »nur« den Glauben an die Möglichkeit einer reinen, willensunabhängigen Erkenntnis zu verlangen, vielleicht die letzte, außerordentlich komplizierte Möglichkeit, die absolute Verbindlichkeit von Recht wenigstens erörterbar zu machen.

2.6.2.3 Wiederholungen

Der Gedankengang, der zu einer wissenschaftlichen Metaphysik des Rechts **150**
bei *Kant* führt, ist mit Hilfe von Zitaten noch einmal durchzugehen.

Ausgangspunkt ist die Unterscheidung von empirischer und nichtempirischer Erkenntnis, von Erkenntnis a posteriori (aus Erfahrung) und a priori (unabhängig von aller Erfahrung):

> »... so frage ich hier ..., ob nicht die Natur der Wissenschaft es erfordere, den empirischen von dem rationalen Teil jederzeit sorgfältig abzusondern, und ... vor der praktischen Anthropologie ... eine Metaphysik der Sitten voranzuschicken, die von allem Empirischen sorgfältig gesäubert sein müßte[165].«

Weiter:

> »Aus dem Angeführten erhellt: daß alle« (moralischen und rechtlichen) »Begriffe völlig a priori in der Vernunft ihren Sitz und Ursprung haben, und dieses zwar in der gemeinsten Menschenvernunft ebensowohl als der im höchsten Maße spekulativen; daß sie von keiner empirischen und darum bloß zufälligen Erkenntnis abstra-

165 *Kant*, Grundlegung zur Metaphysik der Sitten, IV, 388/389 (BA VII).

hiert werden können; daß in dieser Reinigkeit ihres Ursprungs eben ihre Würde liege ...[166].«

151 Wie entdeckt die Vernunft reine, vom zufälligen Wollen des Menschen unabhängige rechtliche Sätze? Als Antwort ist der Versuch *Kants* zu skizzieren, die Würde des Menschen als absolutes Ziel allen ethischen und rechtlichen Handelns zu sichern.

Man kann sich die Wahrung der Würde des Menschen als gewünschtes Ziel der Rechtspolitik vorstellen. Aber welches Argument verpflichtet auf dieses Ziel? Den wirklichen Wünschen auch großer Gruppen von Menschen nach Sicherung der Menschenwürde kann man sich entziehen, indem man jenes Ziel als für sich selbst unverbindlich erklärt. Dies geschieht auch allenthalben. Nur einem notwendigen, absoluten Ziel kann man sich nicht entziehen, ohne ungerecht zu handeln. Ein absoluter Zweck wäre ein Zweck an sich, ein Zweck, der unabhängig ist von empirischen Bedingungen (unabhängig vom Wollen bestimmter Menschen), ein reiner Zweck. Ist die Würde des Menschen ein Zweck an sich?

Wörtlich:

»... die vernünftige Natur existiert als Zweck an sich selbst. So stellt sich notwendig der Mensch sein eigenes Dasein vor; ... so stellt sich aber auch jedes andere vernünftige Wesen sein Dasein zufolge eben desselben Vernunftgrundes, der auch für mich gilt, vor; also ist es ... ein objektives Prinzip, woraus als einem obersten praktischen Grunde alle Gesetze des Willens müssen abgeleitet werden können. Der praktische Imperativ wird also folgender sein: Handle so, daß du die Menschheit sowohl in deiner Person als in der Person eines jeden anderen, jederzeit zugleich als Zweck, niemals bloß als Mittel brauchst[167].«

152 Das Zitat läßt die vielen Zwischenstücke, die man braucht, um den Gedankengang überblicken zu können, nur unvollständig sehen. Zu spüren ist, welche Anstrengungen nötig sind, um den Gedankengang überhaupt zu finden. Zu spüren ist auch, wie ungeschützt die Würde des Menschen ist, wenn sie sich auf die Sicherung durch wissenschaftlich wahre Argumente im Stile *Kants* verlassen muß.

Die Übertragung wissenschaftlich rationaler Metaphysik auf die Rechtslehre im einzelnen wird in den folgenden Zitaten jedenfalls als Andeutung erkennbar:

»Es ist nicht etwa die Erfahrung, durch die wir von der Maxime der Gewalttätigkeit der Menschen belehrt werden, und ihrer Bösartigkeit, sich, ehe eine äußere machthabende Gesetzgebung erscheint, einander zu befehden, also nicht etwa ein Faktum, welches den öffentlich gesetzlichen Zwang notwendig macht, sondern, sie

---

166 *Kant*, Grundlegung zur Metaphysik der Sitten, IV, 411 (BA 34).
167 *Kant*, Grundlegung zur Metaphysik der Sitten, IV, 429 (BA 66/67).

mögen auch so gutartig und rechtliebend gedacht werden, wie man will, so liegt es doch a priori in der Vernunftidee eines solchen (nichtrechtlichen) Zustandes, daß, bevor ein öffentlich gesetzlicher Zustand errichtet worden, vereinzelte Menschen, Völker und Staaten niemals vor Gewalttätigkeit gegeneinander sicher sein können, und zwar aus jedes seinem eigenen Rechte, zu tun, was ihm recht und gut dünkt, und hierin von der Meinung des anderen nicht abzuhängen; ...[168].«

»Alle Rechtssätze sind Sätze a priori, denn sie sind Vernunftgesetze[169].«

»Ein Staat ... ist die Vereinigung einer Menge von Menschen unter Rechtsgesetzen[170].«

Das allgemeine reine, a priori erkannte, für jedermann (Bürger und Gesetzgeber) verbindliche Rechtsgesetz lautet dann:

»Eine jede Handlung ist recht, die oder nach deren Maxime die Freiheit der Willkür eines jeden mit jedermanns Freiheit nach einem allgemeinen Gesetze zusammen bestehen kann[171].«

Anders formuliert:

»Freiheit (Unabhängigkeit von eines anderen nötigender Willkür), sofern sie mit jedes anderen Freiheit nach einem allgemeinen Gesetze zusammen bestehen kann, ist dieses einzige, ursprüngliche, jedem Menschen, kraft seiner Menschheit zustehende Recht[172].«

Jede Abweichung von diesem notwendigen, wahren Rechtsgesetz ist ungerecht, gleichgültig aus welchen Gründen die Abweichung geschieht. Zwang zur Einhaltung des Rechtsgesetzes ist rein vernünftig:

»Recht und Befugnis zu zwingen bedeuten also einerlei[173].«

2.6.3 Die Bestandteile einer wissenschaftlich gesicherten Rechtsphilosophie

2.6.3.1 Kant als Modell

Das Wichtigste am Beispiel *Kant* ist, daß die *großräumige Ableitung rechtlicher Regeln* in die Rechtsphilosophie zurückkehrt und modernisiert wird. 153
Recht in der Nachfolge *Kants* läßt sich nicht einfach auf Macht, Willensentschluß oder Faktum gründen. Es bedarf vielmehr komplizierter fachgebundener Kenntnisse, um solche Begründungen zu erreichen.

168 *Kant*, Metaphysik der Sitten, VI, 312 (A 162/B 193).
169 *Kant*, Metaphysik der Sitten, VI, 249 (AB 63).
170 *Kant*, Metaphysik der Sitten, VI, 313/314 (A 165/B 195).
171 *Kant*, Metaphysik der Sitten, VI, 230 (AB 33).
172 *Kant*, Metaphysik der Sitten, VI, 237 (AB 45).
173 *Kant*, Metaphysik der Sitten, VI, 232 (AB 37).

Der Hauptpunkt ist: Ehe nicht hat geklärt werden können, wie weit die menschliche Vernunft bei ihren Erkenntnisbemühungen reicht, läßt sich über »Recht« Verbindliches nicht sagen. Die erkenntnistheoretische Absicherung der Rechtsphilosophie (d.i. die Wissenschaftlichkeit der Rechtsphilosophie) wird zum unverwechselbaren Kennzeichen der meisten rechtsphilosophischen Unternehmen seit *Kant*.

2.6.3.2 Empirie und Metaphysik des Rechts

154 Die Trennung des empirischen vom nicht-empirischen Teil einer Rechtsphilosophie ist zum ausdrücklichen Konstruktionselement der Rechtsphilosophie geworden. Das ist die Abkehr von den Modellen, die man im Rechtsrealismus (Beispiel: *Machiavelli*) und im Naturrecht (Beispiel: *Rousseau*) findet. Das ist die Rückkehr zu dem Verfahren, das man im Rechtsidealismus (Beispiel: *Plato*) und in der Rechtstheologie (Beispiel: *Thomas von Aquin*) findet.

Die Metaphysik des Rechts ist so ausdrücklich formuliert, wie man das am Ausgang des 18. Jahrhunderts kaum mehr erwartet hätte. Doch ist mit *Kant* das Ende der alten Metaphysik des Rechts (der Ideenlehre und der Theologie im Recht) erreicht. Die Metaphysik *Kants* ist die Metaphysik, die das wissenschaftliche Zeitalter akzeptieren kann: eine diesseitige, rationale, wissenschaftliche, auf die menschlichen Möglichkeiten bezogene Metaphysik.

Das aufgeklärte 18. Jahrhundert entdeckt die willkürliche Machbarkeit des Rechts. Die empirische, auf den wirklichen Menschen und sein Wollen gestützte Rechtslehre wird ausgeformt. *Kants* Metaphysik des Rechts ist der Versuch, ein bloß physisch gestütztes Recht zu kontrollieren.

2.6.4 Die Wendung, die die Rechtsphilosophie mit Kant nimmt

2.6.4.1 Das Problem des Relativismus

155 *Kant* treibt die Frage, ob Zwang durch Recht gerecht ist, auf die Spitze. Der Ausgangspunkt ist: Alle wirklichen menschlichen, politischen Zielsetzungen sind relativ, nur empirisch. Die ausnahmslose Relativität aller rechtlichen Regelungen wird theoretisch begründet.

Es zeigt sich aber zugleich, daß *Kant* den Relativismus vermeiden will. Es gibt nur noch einen Weg, der um den Relativismus, um die politische Abhängigkeit aller rechtlichen Regelungen herumführt, nämlich die Wissenschaftlichkeit, die erkenntnistheoretisch gesicherte Wahrheit.

2.6.4.2 Die Wissenschaftlichkeit der Rechtsphilosophie

Diese Wissenschaftlichkeit der Rechtsphilosophie hat erhebliche Nachteile. 156

Diese Wissenschaftlichkeit ist blaß. Sie verlangt eine nicht leicht zu erwerbende Professionalität. *Kants* Hoffnung, eine wissenschaftlich gesicherte Lehre vom richtigen moralischen und rechtlichen Handeln könne volkstümlich sein, trügt. Die reine Vernunft hat kaum Aussichten, den Herrn zu spielen, den nach *Kants* Meinung der Mensch nötig hat; die reine Vernunft hat nicht einmal Aussicht, den Gesetzgeber zu leiten. Es kann nur wenige Experten der reinen Vernunft geben. Die völlige Trennung von wissenschaftlich betriebener Rechtsphilosophie und politischer Praxis der Rechtssetzung und Rechtsanwendung zeichnet sich ab. Es zeichnet sich ein Hauptzug der Entwicklung im 19. und 20. Jahrhundert ab.

Die Oberfläche dieser Wissenschaftlichkeit – der kantische Stil, der Anspruch, Gerechtigkeit zu liefern – hat große Anziehungskraft. Die Versuchung, sich in der rechtlichen Diskussion mit der reinen Vernunft *Kants* zu schmücken, ist groß. Ohne die Tiefen und Untiefen der kantischen Rechtsphilosophie zu treffen, kommt es zu einem merkwürdigen Kantianismus in der rechtlichen Erörterung: Reden und Schreiben auf einem anspruchsvollen Niveau; ständiges Behaupten von »Reinheit« in der rechtlichen Erörterung. Dieser mittelmäßige Kantianismus wird aus zwei Quellen gespeist, einmal aus dem Wunsch, es möge so etwas wie reines Recht geben, und zum anderen aus der Absicht, die politische Abhängigkeit (die Relativität) der gewollten rechtlichen Regelung zu vertuschen. Diese beiden Quellen vermengen sich zu einem untrennbaren Gemisch aus echtem *Kant*, rechtsphilosophischer Verlegenheit und politischem Opportunismus.

2.6.4.3 Die Grenzen einer wissenschaftlichen Metaphysik des Rechts

Kants rechtsphilosophische Bemühungen sind geleitet von der Auffassung, 157
das subjektive Meinen im Recht (die Empirie) ergebe zwar keine Gerechtigkeit, sei aber auch nicht zu unterdrücken. Zu dieser Auffassung gehört auch die Überzeugung, die reine Vernunft könne diesem subjektiven Meinen einen Rahmen setzen. Dieser Rahmen bestehe in der wissenschaftlich gesicherten Notwendigkeit, die Freiheit in gesetzmäßigen Grenzen zu halten und die Menschenwürde zu achten.

Zwei Züge fallen an diesem Gedankengang auf:

Man sieht, daß *Kant* die traditionelle rechtsphilosophische Frage, was geschehen würde, wenn man den Menschen ohne rechtlich organisierten Staat ließe, traditionell beantwortet: der Mensch würde scheitern. Aus dieser Überlegung läßt sich leicht das Argument herleiten, *Kants* Rechtsphilosophie sei nicht originell, aktualisiere nur, was die Rechtsphilosophie immer schon ge dacht habe. Aber *Kants* Rechtsphilosophie ist originell. *Kant* ist der erste Philosoph in einer langen Reihe, der sieht: Wenn auch die wissenschaftliche Metaphysik des Rechts verworfen wird, so ist Gerechtigkeit argumentativ nicht zu erreichen. Wer *Kants* Metaphysik des Rechts als mißlungen verwirft, muß bereit sein, eine weitere, *Kant* übertreffende Metaphysik des Rechts zu entwerfen oder das Ineinanderfallen von Recht und subjektivem Meinen (von Recht und Politik) zu akzeptieren.

Ein zweiter Zug in *Kants* Versuch, sich mit dem Verhältnis von wirklichem Meinen und Recht auseinanderzusetzen, ist dieser: Die Sätze, die *Kants* Rahmen für richtiges Recht wiedergeben (gesetzliche Gewähr und Einbindung der Freiheit; Achtung der Menschenwürde), sind außerordentlich weit. Es wird deutlich, daß selbst die angestrengtesten metaphysischen Bemühungen nur entfernte Grenzen für weite Regelungsspielräume bestimmen. Auch an dieser Stelle nimmt die Rechtsphilosophie eine bedeutsame Wendung. Anders als in der Tradition der idealistischen oder theologischen Rechtsphilosophie sind die vielen Einzelheiten einer aktuellen Rechtsordnung außerhalb der Reichweite des wissenschaftlich gesicherten, gerechten Rechts zu finden. Echtes gerechtes Recht gibt es nur in ganz wenigen Bereichen. Alles andere Recht – und das ist das meiste Recht – ist nicht eigentlich Recht, sondern nur vorübergehendes, verfestigtes Meinen.

Hieraus lassen sich auch die Folgerungen für die Frage ziehen, ob nach *Kants* Meinung das Recht positiv durch Satzung gegeben werden muß oder ob es auch gefunden werden kann, wenn es nicht ausdrücklich niedergeschrieben ist. Für den wichtigen, aber kleinen und entfernten Bereich reinen Rechts ist Positivität nicht erforderlich, wohl aber für den großen Bereich vorübergehenden, verfestigten Meinens.

2.6.5 Wiederholungen

158 Die Modelle zur Bewältigung des Problems des richtigen (gerechten) Rechts bis zu *Kant* waren:

- Rechtsidealismus
- Rechtstheologie
- Rechtsrealismus
- Naturrecht.

Kant fügt das Modell der wissenschaftlich gesicherten Rechtsphilosophie hinzu. Der moderne Stand der Diskussion ist damit erreicht.

Kant unterstreicht, daß jede Rechtsphilosophie von einer Sozialanthropologie ausgehen muß. Kompromißlos formuliert er aber, daß die Sozialanthropologie nur beschreiben kann, wie der Mensch lebt, nicht vorschreiben kann, wie er leben soll. Die Zeit nach *Kant* wird versuchen, diese Haltung – wieder – zurückzunehmen.

Für *Kant* kann sich die Verbindlichkeit bestimmter Rechtsregeln nur aus einer metaphysischen, rein vernünftigen, willensunabhängigen Begründung ergeben. Die Trennung von Empirie und Metaphysik ist scharf formuliert. Die Chance einer Wirkung der Metaphysik auf die Empirie ist freilich gering.

2.6.6 Weiterführende Literatur

Ohne solide *Kant*-Kenntnisse ist Rechtsphilosophie heute kaum zu betrei- **159**
ben. Die »Grundlegung zur Metaphysik der Sitten« ist zum Einlesen noch einmal zu empfehlen.

In der umfangreichen *Kant*-Literatur findet man sich nur mit großer Mühe zurecht.

Zur *Kant*-Lektüre anregende Übersichten finden sich bei: *Baruzzi*, Kant, in: H. Maier/Rausch/Denzer (Hrsg.), Klassiker das politischen Denkens, 2. Bd., 5. Aufl., 1987, S. 136-158, 337-339 u. 373-375; *Christian Ritter*, Immanuel Kant, in: Stolleis (Hrsg.), Staatsdenker im 17. und 18. Jahrhundert, 2. Aufl., 1987, S. 332-353; *Höffe*, Immanuel Kant, 3. Aufl., 1992.

2.7 Rechtsphilosophie als Geschichtsphilosophie: Hegel

2.7.1 Lebensdaten; Hauptwerke

Hegel lebte von 1770–1831. Er studierte in Tübingen, war zunächst Hausleh- **160**
rer in Frankfurt und in der Schweiz, dann Privatdozent in Jena. Nach Zwischenspielen als Journalist in Bamberg und als Gymnasiallehrer in Nürnberg wurde *Hegel* Professor für Philosophie in Heidelberg und in Berlin (ab 1818).

Die Titel seiner wichtigsten Bücher: Phänomenologie des Geistes; Wissenschaft der Logik; Enzyklopädie der philosophischen Wissenschaften; Grundlinien der Philosophie des Rechts (Naturrecht und Staatswissenschaft). Diese »Grundlinien« sind die wichtigste Quelle für *Hegels* Rechts- und Staatslehre. Zur rechtsphilosophischen Pflichtlektüre gehört die Vorrede zu den Grundlinien der Philosophie des Rechts. Hier findet sich der berühmte, für *Hegel* typische Satz:

»Was vernünftig ist, das ist wirklich; und was wirklich ist, das ist vernünftig[174].«

Zum Hineinfinden in eine geduldige *Hegel*-Lektüre gut geeignet ist die Schrift: Über die wissenschaftlichen Behandlungsarten das Naturrechts, 1802[175].

2.7.2 Inhalt einer geschichtsphilosophisch gesicherten Rechtsphilosophie

2.7.2.1 Zusammenfassende Kennzeichnung (Rechtsphilosophie als Geschichtsphilosophie)

161 Das Bauprinzip einer Rechtsphilosophie, das durch alle Modelle verfolgt worden ist, zeigt sich auch bei *Hegel.* Die Rechtsphilosophie beginnt bei einer Sozialanthropologie, bei einer Lehre vom Menschen im Verhältnis zum Mitmenschen. Die Festlegung der Sozialanthropologie bedient sich des vertrauten Musters »Übergang vom Naturzustand in den Zustand des rechtlich organisierten Staates«.

Übereinstimmend mit einer breiten Tradition in der Rechtsphilosophie hat *Hegel* ein höchst pessimistisches Bild von den sozialen Eigenschaften des Menschen. Der Naturzustand, in dem der Mensch zeigt, was er ist, wird abschreckend geschildert:

»Der Naturzustand ist der Stand der Rohheit, Gewalt und Ungerechtigkeit[176].«

Der Naturzustand ist »der Zustand des Unrechts, der Gewalt, des ungebändigten Naturtriebs, unmenschlicher Taten und Empfindungen[177].«

2.7.2.2 Einzelheiten

162 Die Sozialanthropologie ist bei *Hegel* so angelegt, daß aus ihr folgen muß: Beim Naturzustand kann es nicht bleiben, der rechtliche organisierte Staat ist nötig:

»Die Menschen müssen aus einem solchen (Naturzustand) in die Staatsgesellschaft treten, weil nur in ihr das rechtliche Verhältnis Wirklichkeit hat[178].«

---

174 *Hegel*, Grundlinien der Philosophie des Rechts (Theorie Werkausgabe des Suhrkamp-Verlages, Bd. 7), S. 24.

175 Leicht zugänglich in der Theorie Werkausgabe der Werke *Hegels* des Suhrkamp-Verlages, Bd. 2, S. 434 ff.

176 *Hegel*, Philosophische Propädeutik (Glockner-Ausgabe der sämtlichen Werke, Bd. 3) S. 70.

177 *Hegel*, Vorlesungen über die Philosophie der Geschichte (Theorie Werkausgabe des Suhrkamp-Verlages, Bd. 12), S. 59.

178 *Hegel*, Philosophische Propädeutik, a.a.O. (Anm. 176), S. 247.

Aber – die entscheidende rechtsphilosophische Frage –: wie läßt sich dieses »Müssen« gegen Abweichung begründen?

Man bräuchte *Hegel* nicht zu behandeln, wenn diese Frage in einer schon bekannten Weise beantwortet würde. Die bekannten Antworten (Recht wird gefordert von: einer Idee der Gerechtigkeit, Gottes Willen, der reinen Vernunft oder der Natur) vermeidet *Hegel.* Allenfalls die von *Kant* gewiesene Linie – die wissenschaftliche Metaphysik – wird ausgezogen. *Hegel will eine neue Antwort formulieren.* Blickt man noch einmal auf die großen Anstrengungen, die in den bisherigen Antworten stecken, so ist einleuchtend, daß eine Alternative nicht einfach zu finden sein wird. Man muß folglich darauf gefaßt sein, daß vieles Andeutung bleibt, daß man nie weiß, ob Altes nur neu formuliert oder Neues schwierig ausgedrückt wird.

Hegels Ergebnisse sind nicht neu. Es muß den rechtlich verfaßten Staat geben. Wer abweicht wird gezwungen (und darf gezwungen werden), sich dem staatlichen Recht zu unterwerfen.

Die Begründung aber – und die Folgen der Begründung – sind neu.

Hegel geht davon aus, daß es keine Alternative zum rechtlich verfaßten Staat gibt. Der Gedanke, der die Rechtsphilosophie *Platos*, des *Thomas v. Aquin* und *Kants* antreibt, die Überlegung, das Leben im rechtlich verfaßten Staat sei nur eine (und eine zu legitimierende) Möglichkeit des Menschen, verschwindet. Die Notwendigkeit der rechtlich gesicherten Ordnung im Staat ist selbstverständlich, ähnlich wie bei *Machiavelli.* Die Zurüstungen, dieses Selbstverständliche einsehbar zu machen, sind das eigentlich Neue an *Hegel.*

Hegel merkt an, daß über Recht und Staat immer schon das Richtige bekannt gewesen sei.

> »… über Recht, Sittlichkeit, Staat ist die Wahrheit ebensosehr alt, als in den öffentlichen Gesetzen, der öffentlichen Moral und Religion offen dargelegt und bekannt. Was bedarf diese Wahrheit weiter, insofern der denkende Geist sie in dieser nächsten Weise zu besitzen nicht zufrieden ist, als sie auch zu begreifen …[179].«

Genauer:

> »So soll denn diese Abhandlung, insofern sie die Staatswissenschaft enthält, nichts anderes sein als der Versuch, den Staat als ein in sich Vernünftiges zu begreifen und darzustellen. Als philosophische Schrift muß sie am entferntesten davon sein, einen Staat, wie er sein soll, konstruieren zu sollen; …[180].«

Wenn man diesen Satz mehrmals liest, entdeckt man, was *das Neue an Hegel* **163**
sein wird: Es geht darum, Recht und Staat zu begreifen als Verwirklichungen, Ausprägungen objektiver Ideen (und nicht als Ergebnisse menschlicher Will-

---

179 *Hegel*, Grundlinien der Philosophie des Rechts, a.a.O. (Anm. 174), S. 13 f.
180 *Hegel*, Grundlinien der Philosophie des Rechts, a.a.O. (Anm. 174), S. 26.

kür = als Ergebnisse der Politik). Es geht zugleich darum, nicht zur Ideenlehre *Platos* oder zur Rechtstheologie zurückkehren zu müssen; und darum, nicht alles, was als staatliches Recht vorgefunden wird, hinnehmen zu müssen.

Die folgenden Zitate sollen die Hauptschritte dieses schwierigen *Hegel*schen Unternehmens überblickbar machen.

Es muß eine absolute Vernünftigkeit, eine objektive Welt geben, die menschliches Recht im Staat ausprägt. Der Geist (die Idee, das Absolute) bestimmt die Wirklichkeit:

»Das anundfürsichseiende Wesen aber ... ist der Geist[181].«

»Die lebendige sittliche Welt ist der Geist in seiner Wahrheit[182].«

»Nichts lebt, was nicht auf irgendeine Weise Idee ist[183].«

164 Der Geist, das Absolute, die Idee – alles das ist dem Menschen zugänglich. Wissenschaft besteht darin, diesen Zugang zu öffnen. Die zuständige wissenschaftliche Disziplin ist die Logik. Man muß die üblichen Assoziationen, die mit dem Wort Logik verbunden sind, aufgeben, um in *Hegels* Texten Fuß fassen zu können:

»Die Logik ist die Wissenschaft der reinen Idee, das ist, der Idee im abstrakten Elemente des Denkens. ... Dem Inhalte nach werden in der Logik die Bestimmungen des Denkens an- und für sich selbst betrachtet. – Sie sind auf diese Weise die konkreten reinen Gedanken, d.i. Begriffe, mit dem Wert und der Bedeutung des an- und für sich seienden Grundes von Allem. Die Logik ist daher wesentlich spekulative Philosophie[184].«

Die Logik als spekulative Philosophie ist moderne Wissenschaftstheorie und rationale Metaphysik:

»Die Logik fällt ... mit der Metaphysik zusammen, der Wissenschaft der Dinge in Gedanken gefaßt, welche dafür galten, die Wesenheiten der Dinge auszudrükken[185].«

»Die Logik bestimmt sich ... als die Wissenschaft des reinen Denkens, die zu ihrem Prinzip das reine Wissen habe ...[186].«

---

181 *Hegel*, Phänomenologie des Geistes (Theorie Werkausgabe des Suhrkamp-Verlages, Bd. 3), S. 325.

182 *Hegel*, Phänomenologie des Geistes, a.a.O. (Anm. 181), S. 326.

183 *Hegel*, Grundlinien der Philosophie des Rechts, a.a.O. (Anm. 174), S. 30 (= § 1 Zusatz).

184 *Hegel*, Enzyklopädie der philosophischen Wissenschaften im Grundrisse (Glockner-Ausgabe der sämtlichen Werke, Bd. 6), S. 33, 36f.

185 *Hegel*, System der Philosophie (Glockner-Ausgabe der sämtlichen Werke, Bd. 8), S. 83.

186 *Hegel*, Wissenschaft der Logik (Theorie Werkausgabe des Suhrkamp-Verlages, Bd. 5) S. 57.

Die Ähnlichkeit dieses Vorgehens mit *Kants* Suche nach der reinen Vernunft ist nicht zu übersehen – bis hin zur Wendung gegen den Empirismus, die sich bei *Hegel* wie bei *Kant* findet.

Das Hauptthema aller Rechtsphilosophie ist trotz der Verschwommenheit des sprachlichen Ausdrucks deutlich durchzuhören: die Suche nach argumentativen Möglichkeiten, die Verbindlichkeit von Handlungsanweisungen absolut (ohne Rücksicht auf gerade anzutreffendes menschliches Wünschen und Wollen) zu begründen.

Recht und Staat – vorgefundene Realitäten – sind, wie alle Realität, Ausprä- **165**
gungen des absoluten Geistes:

> »Der Staat ist die Wirklichkeit der sittlichen Idee – der sittliche Geist ...[187].«

> »Der Boden des Rechts ist überhaupt das Geistige[188].«

> »Das Recht ist ... die reale Seite und Weise des Geistes. Der Staat ist objektive Wirklichkeit des Rechts. Das Recht ist das geistige Insich- und Beisichsein, das Dasein haben will, tätig ist, ...[189].«

> »Darauf kommt es (in der Rechtsphilosophie) ... an, in dem Scheine des Zeitlichen und Vorübergehenden die Substanz, die immanent, und das Ewige, das gegenwärtig ist, zu erkennen[190].«

Das Entscheidende an dieser Auffassung ist, daß das Sein und das Sollen nicht mehr getrennt zu werden brauchen. Wenn »die Wirklichkeit der Idee des Rechts und des Staates« erkannt ist, steht fest, was getan werden muß. **»Was wirklich ist, das ist vernünftig[191].«**

Oder:

> »... die Belehrung, die in (einer rechtsphilosophischen Schrift) liegen kann, kann nicht darauf gehen, den Staat zu belehren, wie er sein soll, sondern vielmehr, wie er, das sittliche Universum, erkannt werden soll[192].«

Dieser Gedanke erscheint zunächst als außerordentlich starr. Soll denn nach **166**
Hegel jede rechtliche Regel so hingenommen werden, wie sie auftaucht? Die naheliegende, oft im Anschluß an *Hegel* versuchte Antwort »Ja« wird vermieden durch die Einbeziehung der Vorstellung vom Verhältnis zwischen gerade erreichtem rechtlichem Zustand und objektivem Geist.

---

187 *Hegel*, Grundlinien der Philosophie des Rechts, a.a.O. (Anm. 174), S. 398 (= § 257).
188 *Hegel*, Grundlinien der Philosophie des Rechts, a.a.O. (Anm. 174), S. 46 (= § 4).
189 *Hegel*, Vorlesungen über die Geschichte der Philosophie (Theorie Werkausgabe des Suhrkamp-Verlages, Bd. 19), S. 107.
190 *Hegel*, Grundlinien der Philosophie des Rechts, a.a.O. (Anm. 174), S. 25 (Vorrede).
191 *Hegel*, Grundlinien der Philosophie des Rechts, a.a.O. (Anm. 174), S. 24 (Vorrede).
192 *Hegel*, Grundlinien der Philosophie des Rechts, a.a.O. (Anm. 174), S. 26 (Vorrede).

Vereinfacht hat die Vorstellung diesen Inhalt: Der objektive Geist ist absolut und unwandelbar; die Annäherung der Erscheinungsformen des Rechts an den absoluten Geist ist (noch) nicht vollständig. Das wirkliche Recht bewegt sich dauernd auf den absoluten Geist, die vollständige Gerechtigkeit zu. Diese Annäherung ihrerseits ist kein schwankender, zufälliger Prozeß, sondern geschieht nach einer genau strukturierten, in abgegrenzten Schritten verlaufenden Regel, der »Dialektik«. Übersetzt man Dialektik zunächst mit: schrittweise Entwicklung auf ein vorgegebenes Ziel hin, so ergibt sich für die (notwendige erkennbare) Rechtsentwicklung folgendes:

Die Rede von der dialektischen Entwicklung des Rechts, d.i.: die notwendige Entwicklung des Rechts zur absoluten Gerechtigkeit enthält zwei Mitteilungen. Es wird – erstens – gesagt, daß diese dialektische Entwicklung ein bestimmtes inhaltliches *Ziel* hat. Und es wird – zweitens gesagt, daß dieses Ziel nicht in einem zufälligen, taumelnden Ablauf, sondern in einem streng geregelten *Verfahren*, nach einem geschichtlich wirksamen, erkennbaren Gesetz erreicht wird.

Zum Ziel der dialektischen Entwicklung des Rechts: Idee und Wirklichkeit des Rechts laufen notwendig aufeinander zu. Der Richtpunkt ist die erkennbare Idee des Rechts. Der Inhalt des zu erwartenden Gleichsinns von objektivem Geist des Rechts und menschlicher Organisation des Rechts hängt vom Inhalt der absoluten Idee des Rechts ab. Dieser Inhalt ist bei *Hegel* nur in vielfachen Verschlüsselungen formuliert.

Beispiele:

> »Das Recht ist zuerst das unmittelbare Dasein, welches sich die Freiheit auf unmittelbare Weise gibt ...[193].«

Oder:

> »Diese Realität überhaupt, das Dasein des freien Willens, ist das Recht, welches nicht nur als das beschränkte juristische Recht, sondern als das Dasein aller Bestimmungen der Freiheit umfassend zu nehmen ist[194].«

Oder:

> »Das Recht ist Dasein der Freiheit, Wirklichkeit des Selbstbewußten, die reale Seite und Weise des Geistes. Der Staat ist objektive Wirklichkeit des Rechts[195].«

167 Diese Formulierungen sollen den Punkt beschreiben, auf den die wirkliche rechtliche Entwicklung zulaufen wird, weil sie auf diesen Punkt zulaufen

193 *Hegel*, Grundlinien der Philosophie des Rechts, a.a.O. (Anm. 174), S. 98 (= § 40)

194 *Hegel*, System der Philosophie (Glockner-Ausgabe der sämtlichen Werke, Bd. 10), S. 383.

195 *Hegel*, Vorlesungen über die Geschichte der Philosophie (Theorie Werkausgabe des Suhrkamp-Verlages, Bd. 19), S. 107.

muß. In der Sache entdeckt man ohne große Mühe, daß die absolute Idee des Rechts nur die gelungene Organisation ständig kollidierender menschlicher Handlungsmöglichkeiten beschreibt.

Die Tradition in der Rechtsphilosophie hat immer geschwankt (und wird wahrscheinlich immer schwanken), ob sie in diesen menschlichen Handlungsmöglichkeiten gefährliche, zu bindende Willkür oder willkommene, zu pflegende Freiheit sehen soll. Für *Hegel* sind die menschlichen Handlungsmöglichkeiten Freiheit. Der äußeren Formulierung nach ist folglich die Idee des Rechts, ist der Punkt, auf den die Rechtsentwicklung zulaufen muß, die äußerste Entfaltung und Sicherung der Freiheit:

»Im Recht ... ist der Inhalt die persönliche Freiheit[196].«

Und:

»Dem Rechte liegt die Freiheit des Einzelnen zu Grunde und das Recht besteht darin, daß ich den Andern als ein freies Wesen behandele[197].«

Aber man muß viel Aufmerksamkeit auf den *Hegel*schen Freiheitsbegriff **168** verwenden. Er ist enger, weniger individualistisch als der erste Blick verrät. Am Ende dieses Abschnitts wird das – durch einen kurzen Vergleich mit *Kant* – noch einmal zu belegen sein.

Zunächst ist der Ablauf der dialektischen Entwicklung des Rechts zu skizzieren: Die Annäherung der Wirklichkeit des Rechts an die absolute Idee des Rechts geschieht nach *Hegels* Überzeugung nicht in einer gradlinigen, zeitlich meßbaren Entwicklung. Nach den Regeln der Dialektik befindet sich das wirkliche Recht in historischer Zeit zwar immer in einem derartigen Annäherungsverfahren. Doch hat dieses Verfahren bestimmte Stationen zu durchlaufen, die unter den Bezeichnungen: *These – Antithese – Synthese* bekanntgeworden sind.

Das soll, vereinfacht, heißen: Die Entwicklung des wirklichen, unvollkommenen Rechts bis zur vollkommenen, die absolute Idee des Rechts treffenden Gerechtigkeit nimmt von einem bestimmten historischen Zustand (These) ihren Ausgang, entwickelt notwendig den in der These schon mitenthaltenen Gegenzustand (Antithese) und läuft, wiederum notwendig, fort zur Ausgleichung von These und Antithese, zur Aufbewahrung von These und Antithese in der Synthese, womit eine neue Annäherung an den unvermeidlichen Endpunkt der Entwicklung erreicht und zugleich ein weiteres Entwicklungskapitel in der Annäherung begonnen ist. Es kann freilich auch sein, daß gerade das Ende der dialektischen Entwicklung, die End-Synthese erreicht ist.

---

196 *Hegel*, Philosophische Propädeutik (Glockner-Ausgabe der sämtlichen Werke, Bd. 3), S. 38.

197 *Hegel*, Philosophische Propädeutik, a.a.O. (vorige Anmerkung), S. 55.

169 Diese Zusammenfassung einer Vorstellung von der notwendigen dialektischen Entwicklung des Rechts auf einen bestimmten Inhalt hin liest sich bei *Hegel* dem Wortlaut nach anders, viel komplizierter als es hier wiedergegeben ist (nicht einmal die heute stets mit *Hegel* verbundene Dreiheit: These – Antithese – Synthese steht im Mittelpunkt der *Hegel*-Texte zur Dialektik). Einen Eindruck von den Formulierungen, mit denen *Hegel* selbst seine Vorstellung von der Dialektik, dem dialektischen Verfahren, der dialektischen Erkenntnis, der dialektischen Entwicklung beschreibt, geben einige Zitate. Vorausgesetzt ist bei *Hegel*, daß die Dialektik ein Teil der Logik ist. Logik aber faßt *Hegel* nicht auf als Lehre vom richtigen Schließen oder als Lehre vom richtigen Urteilen, sondern als umfassende Lehre vom richtigen Erkennen, als Erkenntnistheorie, die die metaphysischen Bedingungen der Erkenntnis einschließt. Vorausgesetzt ist bei *Hegel* weiter, daß die Dialektik nicht nur ein logisches Prinzip, sondern daß Dialektik auch das Prinzip der Entwicklung der Welt selbst ist. Hier also die Zitate:

> »Das Einzige, um den wissenschaftlichen Fortgang zu gewinnen, und um dessen ganz einfache Einsicht sich wesentlich zu bemühen ist, – ist die Erkenntnis des logischen Satzes, daß das Negative ebenso sehr positiv ist, oder daß das sich Widersprechende sich nicht in Null, in das abstrakte Nichts auflöst, sondern wesentlich nur in die Negation seines besonderen Inhalts, oder daß eine solche Negation nicht alle Negation, sondern die Negation der bestimmten Sache, die sich auflöst, somit bestimmte Negation ist; daß also im Resultate wesentlich das enthalten ist, woraus es resultiert; ... Indem das Resultierende, die Negation, bestimmte Negation ist, hat sie einen Inhalt. Sie ist ein neuer Begriff, aber der höhere, reichere Begriff als der vorhergehende; denn sie ist um dessen Negation oder Entgegengesetztes reicher geworden; enthält ihn also, aber auch mehr als ihn, und ist die Einheit seiner und seines Entgegengesetzten. – In diesem Wege hat sich das System der Begriffe überhaupt zu bilden, – und in unaufhaltsamem, reinem, von Außen nichts hereinnehmendem Gange, sich zu vollenden[198].«

> Die Logik ist »von ihrem Gegenstande und Inhalte nichts Unterschiedenes ...; denn es ist der Inhalt in sich, die Dialektik, die er an ihm selbst hat, welche ihn fortbewegt. Es ist klar, daß keine Darstellungen für wissenschaftlich gelten können, welche nicht den Gang dieser Methode gehen und ihrem einfachen Rhythmus gemäß sind, denn es ist der Gang der Sache selbst[199].«

> Zur Dialektik ist ... »zu bemerken ..., daß dieselbe nicht als von außen an die Denkbestimmungen gebracht, sondern vielmehr als denselben selbst innewohnend zu betrachten ist[200].«

---

198 *Hegel*, Wissenschaft der Logik (Glockner-Ausgabe der sämtlichen Werke, Bd. 4), S. 1.

199 *Hegel*, Wissenschaft der Logik, a.a.O. (vorige Anmerkung), S. 52.

200 *Hegel*, System der Philosophie (Glockner-Ausgabe der sämtlichen Werke, Bd. 8), S. 125.

Endlich:

»... die Dialektik, welche ewig das mit sich Identische von dem Differenten, das Subjektive von dem Objektiven, das Endliche von dem Unendlichen, die Seele von dem Leibe ab- und unterscheidet, und nur insofern ewige Schöpfung, ewige Lebendigkeit und ewiger Geist ist[201].«

Zusammengefaßt: Nach den Regeln der Dialektik, nach Regeln, die die Realität und zugleich die Erkenntnis der Realität leiten, befindet sich das wirkliche Recht in historischer Zeit immer in der Entwicklung auf die absolute Gerechtigkeit gesicherter Freiheit hin; es kann dieser Zustand aber auch schon erreicht sein. 170

Die wichtigste Folge dieser wissenschaftlichen Geschichtsphilosophie des Rechts ist, daß der historischen Relativität des Rechts – nach *Kant*: dem zufälligen Empirismus des Rechts, modern: der gerade herrschenden Richtung in der Rechtspolitik – die Zufälligkeit genommen wird. *Die zufällige rechtliche Regelung hat (nach Hegel) immer eine Nähe zum Absoluten.* Die Philosophie der Rechtsgeschichte gerät unversehens zur Rechtfertigung des jeweiligen positiven Rechts als historisch unvermeidlich auf dem Wege zum richtigen Recht.

Die Gefahr, die *Kant* gezeigt hatte, daß nämlich das aktuelle Recht eines Staates nur noch als Ausdruck zufälliger Macht aufgefaßt werden kann, erscheint bei *Hegel* gebannt: freilich nicht dadurch, daß die zufällige Macht in Grenzen gehalten wird, sondern dadurch, daß diese zufällige Macht als notwendig in der Entwicklung zum absolut gerechten Recht beschrieben ist.

2.7.3 Die Bestandteile einer geschichtsphilosophisch gesicherten Rechtsphilosophie

2.7.3.1 Hegel als Modell

Hegels Rechtsphilosophie bietet – wie fast alle rechtsphilosophischen Modelle – *großräumige Ableitungen rechtlicher Prinzipien* und rechtlicher Einzelheiten an. *Hegels* großräumige Ableitungen sind dem schnellen Verständnis noch schwerer zugänglich als die *Kants*. Großräumig sind nicht nur die Ableitungen, sondern auch die sprachlichen Mittel, die diese Ableitungen tragen. Man muß die Philosophie-Geschichte überblicken können, um von *Hegel* etwas zu haben. Das Verständnis ist dauernd gefährdet durch die Sorge, unnötig anspruchsvollen Sprachmengen zu verfallen, Sprachmengen, die nur 171

201 *Hegel*, System der Philosophie, a.a.O. (vorige Anmerkung), S. 427.

deswegen für die Mitteilung von Erkenntnis genommen werden, weil sie einem modernen Lebensgefühl, jedenfalls teilweise, entgegenkommen.

2.7.3.2 Empirie und Metaphysik des Rechts

172 Alle Bestandteile der bisher dargestellten Rechtsphilosophie-Entwicklungen sind auch bei *Hegel* erkennbar.

Der empirische Teil der Rechtsphilosophie *Hegels* ist klar ausformuliert. Die Wahl einer pessimistischen Sozialanthropologie läßt sich nicht übersehen. Der Druck, der von einer pessimistischen Sozialanthropologie auf das Gelingen der Legitimation rechtlichen Zwanges im Staat ausgeht, ist spürbar.

Hegels Rechtsphilosophie ist in allen ihren Formulierungen darauf angelegt, sich nicht mit einem empirischen Teil zu begnügen. Der Übergang von der Empirie zur Metaphysik des Rechts ist notwendig. Gerade an dieser Stelle aber entsteht das »Modell *Hegel*«.

Empirie und Metaphysik des Rechts sind nicht mehr zwei unterscheidbare Teile rechtsphilosophischer Argumentation, sondern treten ununterscheidbar zusammen. Die rechtliche Tatsache ist immer schon Metaphysik des Rechts; die Metaphysik des Rechts zeigt sich in der rechtlichen Tatsache.

Anders als bei *Kant*, *Thomas v. Aquin* und *Plato* treten die Vorbehalte gegen die Empirie als Grundlage rechtsphilosophischer Argumentationsreihen zurück. Nahe am Rechtsrealismus und am Naturrecht tritt die Empirie, das Wirkliche in den Vordergrund.

Aber die Banalität des Tatsächlichen (wie man es bei *Machiavelli* findet) und die theoretische Naivität gegenüber dem Tatsächlichen (wie man es bei *Rousseau* entdecken kann) sind verschwunden.

Die Wirklichkeit, auch die des Rechts und des Staates, ist jetzt eng eingebunden in den Weltgeist. Man braucht nur Wirklichkeit und absoluten Geist zu kennen, und man kennt die Gerechtigkeit des Rechts. So dunkel das ist: Juristen hat es zu allen Zeiten seit *Hegel* angezogen.

Die Juristen finden bei *Hegel* viele ihrer großen Themen in einer Weise formuliert, die präzise ist und doch viel Spielraum läßt. »Was vernünftig ist, das ist wirklich; und was wirklich ist, das ist vernünftig.« Die Wirklichkeitsnähe des Rechts, die die Juristen des 20. Jahrhunderts so gerne für sich in Anspruch nehmen, ist in diesem Satz hervorgekehrt. Aber diese Wirklichkeit ist nicht nur Wirklichkeit, sie ist immer zugleich würdige vernunftnahe Wirklichkeit. Doch ist es auch nicht nötig, alle Wirklichkeit (= jedes positive Recht) für vernunftnah zu halten. Man kann (und darf) jenen Satz auch so verstehen, daß nicht jede Wirklichkeit vernünftig ist, daß es vernunftwidrige Wirklichkeit, also umzugestaltende Rechtswirklichkeit gibt. Da tritt das Problem aller

Rechtsphilosophie – die Frage nach dem richtigen Recht – in großer Deutlichkeit (nur in bemerkenswerter sprachlicher und begrifflicher Verwandlung) wieder hervor.

Außerdem haben die Folgen aus dem möglichen Ineinanderfallen von Wirklichkeit (Physik) und Metaphysik für einige wichtige rechtsphilosophische Probleme ihre Wirkung auf die Juristen nicht verfehlt.

2.7.3.3 Das Problem des Relativismus

Die historische Relativität des Rechts verliert ihre quälende Eindringlichkeit. **173**
Diese Relativität ist keine mehr. Das gerade geltende Recht ist absolut richtig, oder es ist ein notwendiges Durchgangsstadium zum absolut Richtigen.

Die Rechtsphilosophie kann Licht auf tausend rechtliche Einzelheiten werfen. In den Grundlinien der Philosophie des Rechts kann *Hegel* in der Tat die Hauptfragen der Rechts- und Staatslehre seiner Zeit (z.B. Verfassung, Eigentum, Vertrag, Strafe) durchgehen und diese Begriffe in die Theorie der Verwirklichung des objektiven Geistes in der Geschichte sprachlich einformen.

2.7.3.4 Geschichtsphilosophisch gesicherte Rechtsphilosophie und positives Recht

Das Problem der Positivität des Rechts wird lösbar. Positives Recht ist nötig, **174**
sonst weiß man nicht, auf welcher Stufe seiner Entwicklung das Recht angelangt ist. Das positive Recht ist mehr als nur zufällige Organisation; es ist Ausdruck objektiver Vernünftigkeit (wenn auch auf dem Weg zu einer immer höheren Stufe):

> »Die objektive Wirklichkeit des Rechts ist, teils für das Bewußtsein zu sein, überhaupt gewußt zu werden, teils die Macht der Wirklichkeit zu haben und zu gelten und damit auch als allgemein Gültiges gewußt zu werden. Was an sich Recht ist, ist in seinem objektiven Dasein gesetzt, d. i. durch den Gedanken für das Bewußtsein bestimmt, und als das, was Recht ist und gilt, bekannt, das Gesetz; und das Recht ist durch diese Bestimmung positives Recht überhaupt[202].«

Und:

> »Das Gesetz ist der abstracte Ausdruck des allgemeinen an und für sich seienden Willens[203].«

---

202 *Hegel*, Grundlinien der Philosophie des Rechts, a.a.O. (Anm. 174), S. 361 (= §§ 210, 211).

203 *Hegel*, Philosophische Propädeutik (Glockner-Ausgabe der sämtlichen Werke, Bd. 3), S. 71.

2.7.3.5 Rechtsphilosophie und Stellung der Juristen

175 Eine der wichtigsten Folgen aus der *Hegel*schen Rechtsphilosophie ist die hohe Einordnung der Juristen. Sie werden als Gesetzgeber und Rechtsanwender zu Verwaltern des objektiven Geistes in seiner geschichtlichen Entwicklung.

2.7.4 Hegel als einzige Alternative zu Kant

2.7.4.1 Das rechtsphilosophische Problem der Freiheit

176 Mit *Hegel* sind die rechtsphilosophischen Modelle beisammen, die bis heute fortwirken. Seit *Hegel* sind kaum neue Modelle, nur noch originelle Varianten der bekannten rechtsphilosophischen Denkarten entstanden. Die gesamte bisher geschilderte Tradition lebt in der juristischen Theorie und in der juristischen Praxis. Die schärfsten Gegensätze sind: Rechtsphilosophie in der Nachfolge *Kants* – Rechtsphilosophie in der Nachfolge *Hegels.*

Gemeinsam freilich ist ihnen die **Modernität des Zwecks allen Rechts: die Freiheit**. Die Freiheit taucht als Gegenstand allen rechtlichen Nachdenkens auf, in den rechtlichen Sätzen der reinen Vernunft bei *Kant* und in der absoluten Idee des Rechts bei *Hegel.* Doch taucht nicht die Freiheit überhaupt auf, sondern das *Problem der Organisation kollidierender Freiheiten.*

Die Modernität *Kants* und *Hegels* liegt hierin: bei *Plato* und noch bis zu *Rousseau* ist das Hauptproblem der Rechtsphilosophie, wie denn die Willkür des Menschen – die prinzipiell als bedrohlich aufgefaßt wird – gezähmt werden kann. Dieses Problem ist mit Argumenten einigermaßen leicht zu entscheiden. Je mehr diese negativ beurteilte Willkür sich zur positiv bewerteten Freiheit wendet, umso schwieriger wird es, die Notwendigkeit der Einschränkung der Freiheit des einen zugunsten der Freiheit des anderen zu begründen.

An *Rousseau* kann man lernen, daß diese Begründung scheitert, wenn man sie zu einfach – literarisch – versucht. *Kant* und *Hegel* zeigen den großen Aufwand – wohlgemerkt: an wissenschaftlicher Metaphysik –, der für diese Begründung der Beschränkung von Freiheit verlangt wird.

Bei der Lösung des Problems der kollidierenden Freiheiten treffen sich *Kant* und *Hegel* zunächst noch mit der Tradition. Die Freiheit des einen muß soweit gezähmt werden, daß die Freiheit des anderen möglich bleibt. Aber dann treten unüberbrückbare Unterschiede auf, nämlich in der Sache »Freiheit« und in der Metaphysik der Organisation von Freiheit.

Sieht man die vorher zitierten Rechtsprinzipien *Kants* und *Hegels* noch einmal an, so entdeckt man folgendes:

Kant versteht unter Freiheit die Freiheit des einzelnen Bürgers, des Individuums. Recht soll die Vereinbarkeit der individuellen Freiheiten sichern. Der Staat ist das Mittel, dieses Recht zu garantieren.

Hegel versteht unter Freiheit zwar wohl auch die Freiheit des einzelnen Bürgers, des Individuums; und Recht soll die Vereinbarkeiten der individuellen Freiheiten sichern. Doch der Staat ist nicht allein Mittel zur Sicherung des Rechts; sondern der Staat ist das Medium, in dem Freiheit erst Freiheit werden kann. Rechtlich geschützte Freiheit ist Teil des Staates. Die Hochschätzung der Freiheit wird auf das Maß zurückgenommen, das für die Allgemeinheit erträglich ist. Die Meinung, Freiheit sei doch nur Willkür, kommt wieder hervor.

Kant:

> »Also ist das allgemeine Rechtsgesetz: Handle äußerlich so, daß der freie Gebrauch deiner Willkür mit der Freiheit von jedermann nach einem allgemeinen Gesetze zusammen bestehen könne ... Ein Staat ... ist die Vereinigung einer Menge von Menschen unter Rechtsgesetzen[204].«

Hegel:

> »Der Rechtsbegriff als die Gewalt habende, von Triebfedern der Einzelheit unabhängige Macht hat nur in der Staatsgesellschaft Wirklichkeit ...«

> »Worauf es ankommt ist, daß sich das Gesetz der Vernunft und der besonderen Freiheit durchdringe und mein besonderer Zweck identisch mit dem Allgemeinen werde, sonst steht der Staat in der Luft[205].«

2.7.4.2 Die Unterschiede in der Metaphysik des Rechts

So groß wie bei den Freiheitsbegriffen sind die Unterschiede zwischen *Kant* 177
und *Hegel* bei der Metaphysik des Rechts.

Kant:

Die Metaphysik des Rechts beruht auf der Bestimmung der Reichweite des menschlichen Erkenntnisvermögens. So weit reine Erkenntnis reicht, so weit reicht die Metaphysik des Rechts. Mit einem Unterton von Resignation wird eingeräumt, daß die wahre wissenschaftliche Erkenntnis vom menschlichen Erkenntnisvermögen (und nicht von den Gegenständen der Erkenntnis und nicht vom Wünschen und Wollen) abhängt. Und diese Reichweite ist gering. Mehr als weite Rahmen schafft sie nicht. Der Bereich einer mit wissenschaft-

---

204 *Kant*, Metaphysik der Sitten, VI, 230/231 (AB 34), 312/313 (A 165/B 195).

205 *Hegel*, Philosophische Propädeutik, a.a.O. (Anm. 203), S. 245, und Grundlinien der Philosophie des Rechts, a.a.O. (Anm. 174), S. 412 (= § 265 Zusatz).

lichen, »reinen« Richtigkeitsregeln nicht zu erreichenden Rechtspolitik, der Bereich unechten willkürlichen Rechts bleibt groß.

Hegel dagegen:

Die Metaphysik des Rechts ist optimistischer, vielversprechender. Die Erkenntnistheorie trägt lediglich nach, was ohnehin feststeht, nämlich, daß das Erkenntnisvermögen nur durch den Gegenstand (die absoluten Ideen), nicht durch die Unvollkommenheit dieses Vermögens selbst begrenzt ist. Die Aussicht auf die immer größere Einheit von Erkenntnisgegenstand und erkennendem Menschen ist klar. Die Sehnsucht (auch) der Juristen, die Identität von Sein und Denken zu finden (die Richtigkeit einer rechtlichen Regel zu sichern durch Erkenntnis des für sich bestehenden Wesens dieser Regel), läßt sich erfüllen. Die Kluft zwischen Sein und Sollen ist überwunden. Der Anspruch der Metaphysik des Rechts, alle rechtlichen Detailprobleme zu lösen, ist umfassend.

2.7.5 Wiederholungen

178 Es sind hier nur die Stichworte, mit denen die rechtsphilosophischen Modelle bezeichnet worden sind, noch einmal hintereinanderzusetzen:

Rechtsidealismus (*Plato*)
Rechtstheologie (*Thomas von Aquin*)
Rechtsrealismus (*Machiavelli*)
Naturrecht (*Rousseau*)
Wissenschaftlich gesicherte Rechtsphilosophie (*Kant*)
Rechtsphilosophie als Geschichtsphilosophie (*Hegel*).

Der durchgehende Gedankengang aller dieser Modelle ist:

Das Nachdenken über richtiges Recht geht von einer Sozialanthropologie aus, von der Frage, wie der Mensch sich im Verhältnis zum anderen Menschen verhält. Aus diesem empirischen Teil der Rechtsphilosophie wird dann die Frage nach Inhalt und Verbindlichkeit des Rechts im Staat entwickelt.

Hegel nimmt in dieser Verbindlichkeits-Diskussion einen hervorgehobenen Platz ein. Er entwickelt eine wissenschaftliche Geschichtsphilosophie des Rechts, in der alle rechtlichen Einzelheiten im Lichte einer rationalen Metaphysik interpretiert werden können.

2.7.6 Weiterführende Literatur

179 *Hegels* Vorrede zu den Grundlinien der Philosophie des Rechts gehört zu den klassischen rechtsphilosophischen Texten. Die Empfehlung, diese Stelle immer wieder zu lesen, ist unumgänglich.

Aus der breiten Literatur über *Hegels* Rechts- und Staatslehre muß man wählen. Informierend und gut zu lesen ist: *Popper*, Die offene Gesellschaft und ihre Feinde, Bd. 2, Falsche Propheten, 1958, S. 5 ff. (Der Aufstieg der orakelnden Philosophen). Der Titel der Arbeit von *Popper* – gut zugänglich in einer UTB-Ausgabe – zeigt die Ergebnisse an. Eine ebenso informierende, aber positivere, rechtliche Fragen stark einbeziehende Darstellung und Erörterung ist: *Welzel*, Naturrecht und materiale Gerechtigkeit, 4. Aufl., 1962, S. 173 ff. (*Hegel*).

3 Kennzeichen der aktuellen rechtsphilosophischen Situation

3.1 Wiederholungen

3.1.1 Die Suche nach dem richtigen Recht

180 Die Übersicht über wichtige rechtsphilosophische Modelle zeigt, daß die moderne politische Geschichte begleitet ist von der Suche nach richtigem (gerechtem) Recht. Diese Suche ist angestrengt und aufwendig. Der Schluß von dieser Art der Suche auf ein breites, nicht zufälliges und nicht vorübergehendes Bedürfnis nach Gerechtigkeit durch Recht wird nicht zu gewagt sein. Auf die Rechtsphilosophie richtet sich die Erwartung, sie könne das Bedürfnis nach Gerechtigkeit befriedigen.

So nachdrücklich die rechtsphilosophischen Modelle das Bedürfnis nach Gerechtigkeit zeigen, so nachdrücklich zeigen sie die fast unlösbaren Schwierigkeiten, dieses Bedürfnis zu befriedigen. Diese Schwierigkeiten rechtfertigen jedenfalls die Forderung, die Behauptung, irgendeine Regel entspreche der Gerechtigkeit, zurückhaltend einzusetzen.

Ein Gefühl, das man für ein Rechtsgefühl hält,

ein Interesse, dessen man sich sicher zu sein glaubt,

oder ein politisches Verlangen, das Begeisterung erweckt,

können nur mit beträchtlichem Wissen und großer Denk-Disziplin in einen Gerechtigkeitszusammenhang gebracht werden (und werden dabei immer ihren Inhalt ändern).

Die rechtsphilosophischen Modelle belehren darüber, daß es *zwei Schwerpunkte rechtsphilosophischer Bemühungen gibt: die Sozialanthropologie und die Metaphysik des Rechts.*

3.1.2 Sozialanthropologie und Recht

181 Die Sozialanthropologie in der Rechtsphilosophie geht der Frage nach, wie der Mensch im Verhältnis zum anderen Menschen »wirklich« ist. Die Antwort, die auf diese Frage gefunden wird, nimmt den Inhalt philosophisch gesicherten Rechts meist schon vorweg. Wird der Mensch sozialanthropologisch für »gut« gehalten, ist das richtige Recht wohlwollende, überredende,

entfaltende Unterstützung der Güte. Wird der Mensch sozialanthropologisch für »schlecht« gehalten, ist das richtige Recht Begrenzung und Zwang.

Der pessimistische Zug in der Sozialanthropologie der rechtsphilosophischen Modelle ist allerdings auffällig. Richtiges Recht scheint eine größere Nähe zur Auffassung von der Schlechtigkeit als zur Auffassung von der Güte des Menschen zu haben. Vielleicht braucht der gute Mensch kein Recht. Jedenfalls nimmt selbst großer Optimismus nicht an, der Mensch werde sich »von Natur« stets friedlich und hilfreich gegenüber dem Mitmenschen verhalten. Auch noch die optimistischste Rechtsphilosophie ist von der Sorge geleitet, der Mensch werde, wenn er nicht ständig an klare Grenzen stoße, vor Verletzungen anderer Menschen nicht zurückschrecken, und Hilfe, die der andere Mensch braucht, zu oft verweigern.

Das begriffliche Mittel, die Sozialanthropologie im Rahmen einer Rechtsphilosophie erörterbar zu machen, ist die Vorstellung vom Naturzustand und seiner Aufhebung durch den rechtlichen Zustand. Man fragt, wie die Welt ohne Recht aussehen würde. Die Antwort ist in jedem Fall: Die Welt sähe nicht so aus, wie man sie sich erhofft. Dieses »Sich-Erhoffen« enthält den Mindestanspruch an das Recht.

Der Mindestanspruch, der aus der Sozialanthropologie an das Recht entwikkelt wird, ist dieser:

- Schutz gegen willkürliche Übergriffe des Stärkeren (Schutz von Freiheit und Würde gegen Macht),
- Sicherstellung von Grundbedürfnissen (Leben, Gesundheit, Ernährung, Wohnung, Kleidung).

Die Sozialanthropologie, verbunden mit der Vorstellung eines Mindestmaßes von Recht unter Menschen, führt die Rechtsphilosophie auf einen Bereich »echten« Rechts.

Bei den Überlegungen zum Verhältnis zwischen der Natur des Menschen und dem Mindestinhalt des Rechts zeigt sich aber früh (völlig ausgebildet schon im »Modell *Plato*«), daß sich höchst komplizierte Fragen einstellen. Die Vorstellung eines »Naturzustandes« mag für die Erörterung »echten« Rechts hilfreich sein. Aber in neuer Zeit findet die Sozialanthropologie den Menschen immer schon in einem gesellschaftlichen Zustand vor. Dieser Zustand ist gekennzeichnet dadurch, daß Mindestbedürfnisse und – nach *Platos* Sprachgebrauch – »üppige Bedürfnisse« (nicht-notwendige Bedürfnisse) zusammen auftreten. Das Recht muß diese üppigen Bedürfnisse aufnehmen, organisieren, aus ihnen auswählen, einige verwerfen, andere bevorzugen. Dies ist der Bereich unechten, relativen, stets beweglichen Rechts.

3.1.3 Metaphysik des Rechts

182 Der zweite Schwerpunkt der rechtsphilosophischen Modelle ist – meist ausgesprochen, manchmal unausgesprochen – die Metaphysik des Rechts. Die Metaphysik des Rechts unternimmt den Versuch, das leicht änderbare menschliche Wollen und Wünschen als Begründung für das Recht entbehrlich zu machen, das Recht auf einen vom menschlichen Wollen und Wünschen unabhängigen Grund zu stützen. In allen Rechtsphilosophien taucht die Suche nach einem reinen, vom menschlichen Wollen gereinigten Recht auf.

Der Motor für die Entwicklung einer solchen Metaphysik des Rechts ist das Problem der Abweichung:

183 Wie kann Recht verbindlich gemacht werden gegenüber denjenigen, die ihre Bedürfnisse im Recht nicht aufgehoben finden? In diesem Verbindlichkeitsproblem steckt die Suche nach einer Legitimation dafür, daß Recht mit Zwang (Macht, Gewalt) durchgesetzt wird. Dazu reicht es nicht, auf das Wollen und Wünschen eines Menschen, einer einflußreichen Gruppe oder der Mehrheit zu verweisen. Es ist einzusehen, daß diese Legitimation für das »echte« Recht (zur Sicherung von Grundbedürfnissen, zur Sicherung des rechtlichen Zustands überhaupt) leichter gelingen wird, als die Legitimation für das »unechte« Recht (zur Sicherung von nicht-notwendigen, zeitabhängigen, vorübergehenden Bedürfnissen). Die Metaphysik des Rechts hat sich daher immer in der Nähe des wenigen »echten« Rechts gehalten. Hier zeichnet sich ein durchgehender Zug jeder Rechtsphilosophie ab. Die Rechtsphilosophie gewinnt ziemlich leicht Überzeugungskraft, soweit es um die Begründung von Recht überhaupt geht. Kommt man aber auf Details, auf die sich die Rechtsphilosophie einläßt und einlassen muß, kommt man also auf Mietrecht, Eherecht, Straßenverkehrsrecht und Bildungsrecht, so verliert die Rechtsphilosophie oft an Einfluß; sie wird Meinung unter anderen Meinungen.

Die Sozialanthropologie des Rechts wird im Laufe der Entwicklung im Inhalt abgewandelt; sie wird genauer, wissenschaftlicher, behauptet aber in jeder Rechtsphilosophie ihren Rang. Die Metaphysik des Rechts dagegen gerät, je näher man der Neuzeit kommt, in um so größere Schwierigkeiten. Aus der Sicht des 19. und 20. Jahrhunderts wandelt sich diese Metaphysik von einer »irrationalen« unwissenschaftlichen zu einer »rationalen« wissenschaftlichen Metaphysik.

Dieser Vorgang ist insgesamt ein Rückzug der Metaphysik des Rechts. Das Gebiet, in dem sie wirkt, ist stetig kleiner geworden. Vielleicht noch in der Rechtsbegründung überhaupt, im »echten« Recht, ist man bereit, metaphysische Fragen zuzulassen, aber kaum im Gebiet »unechten« Rechts, im Gebiet der nicht-notwendigen Bedürfnisse. Jedoch auch in dem Restbereich, in dem man vielleicht metaphysische Rechtsbegründungen zuzulassen bereit ist, wird die Wirkung einer Metaphysik des Rechts schwach. »Metaphysik« steht merkwürdigerweise für Unaufgeklärtheit, dumpfe Religiosität und Rückständigkeit.

Der Hinweis darauf, daß zum Beispiel *Kant* und *Hegel* die Freiheit des Men- **184**
schen als Rechtsprinzip nur über eine umständliche, wissenschaftliche, rationale Metaphysik glaubten sichern zu können, löst im allgemeinen erstaunte Verwunderung aus. Die Nachfrage, auf welche Weise denn ein Rechtsprinzip wie »Schutz der Freiheit« gegen Abweichung argumentativ zu verteidigen sei, führt oft zu Zitaten aus Art. 1 ff. des Grundgesetzes. Hier wird eine große Hoffnung moderner Rechtsphilosophie sichtbar: das positive (gegebene) Recht. Aber wenn Art. 1 ff. GG – das positive Recht – durch politische Macht wirkungslos gemacht werden, sind sie dann keine Rechtsprinzipien mehr? Vielleicht erhält man an dieser Stelle die Antwort »wir *wollen* Freiheit«. Der Antwortende sollte dann aber darauf aufmerksam gemacht werden, daß der Satz »wir *wollen* Freiheit« in der Verbindlichkeit nicht kraftvoller ist als der Satz »wir *wollen keine* Freiheit«.

Der Rückzug der Metaphysik des Rechts führt zu vielen sprachlichen, begrifflichen und politischen Verlegenheiten. In rechtlichen Debatten von einiger Grundsätzlichkeit kommt man ohne Metaphysik nicht aus; doch darf man das nicht zugestehen, und die Metaphysik des Rechts muß sich verfremdende Benennungen gefallen lassen. Der Umgang mit diesen Verlegenheiten ist eines der Hauptkennzeichen der aktuellen rechtsphilosophischen Situation.

Eine dieser Verlegenheiten, vielleicht die Hauptverlegenheit, läßt sich leicht ableiten.

Die Sozialanthropologie, auch in ihren optimistischen Formen, lehrt seit vie- **185**
len Jahrhunderten, daß der Mensch wahrscheinlich nicht »von Natur« Verletzungen anderer vermeidet und anderen hilft, wo er kann. Wenn nun aber eine absolute (metaphysische) Begründung, Verletzungen zu vermeiden und anderen zu helfen, wegfällt, wenn überhaupt die Legitimation dafür, Abweichung auch mit Gewalt zu unterdrücken, wegfällt, wird dann das in der Sozialanthropologie immer wieder geschilderte Einzel- und Gruppeninteresse sich nicht viel ungebremster, selbstgefälliger, überzeugter durchzusetzen versuchen? So wird es sicher sein, gleichgültig, wie man den Vorgang beschreibt, ob man ihn als Entdeckung der Freiheit oder als Anerkennung der Subjektivität, d. h. der Möglichkeit, willkürlich nach der eigenen kleinen oder großen Vernunft zu handeln, beschreibt.

Aus der Diskussion im sozialanthropologischen Bestandteil rechtsphilosophischer Modelle kann man sich darüber belehren lassen, daß ausgelebte Freiheiten zu Problemen führen. Wie sollen diese Freiheiten mit Verbindlichkeit zusammengeführt werden ohne Recht, das auf einer irrationalen oder rationalen Metaphysik beruht? Die Alternativen zum metaphysisch begründeten Recht sind: Recht, das durch irgendeine Form physischer Macht, durch Wollen oder durch merkwürdigen sozialen Zufall funktioniert. Das ist die Konkretisierung der allgemeinen Verlegenheit in der aktuellen rechtsphilosophischen Diskussion.

186 Am klarsten sind diese Themen, die aus den rechtsphilosophischen Modellen in das 20. Jahrhundert gelangen, an der **modernen Art der reinen Rechtslehre** zu studieren.

3.2 Die moderne reine Rechtslehre als Beispiel für die Schwierigkeiten in der aktuellen rechtsphilosophischen Diskussion

3.2.1 Hans Kelsen: Lebensdaten; Hauptwerke

187 Begründer der reinen Rechtslehre in neuerer Zeit ist *Hans Kelsen* (1881–1973). Seine Untersuchung »Reine Rechtslehre« erschien zuerst 1934. Das Konzept zu dieser reinen Rechtslehre findet sich in *Kelsens* 1911 herausgekommenem Buch »Hauptprobleme der Staatsrechtslehre«.

3.2.2 Der Inhalt der modernen reinen Rechtslehre

188 Der Inhalt der reinen Rechtslehre ist übersichtlich abzuleiten, wenn man sich zunächst noch einmal an *Kant* erinnert.

Kant nimmt als unabänderbar an, daß die Menschen (jedenfalls die Menschen der Neuzeit) im Umgang miteinander höchst Unterschiedliches wollen, auch höchst unterschiedliches Recht wollen. *Kant* ist der Meinung, es sei unmöglich, zwischen diesen unterschiedlichen Willensrichtungen aus Erfahrung, aus der Sozialanthropologie »richtig« zu entscheiden. Aus dieser Meinung entsteht die Wendung gegen die Empirie, gegen die politische Erfahrung als Grundlage rechtlicher Entscheidungen.

Als Gegensatz entwickelt *Kant* die reine Rechtslehre, d. i. die von allem zufälligen politischen Wollen gereinigte Rechtslehre. Gleichwohl bleiben in dieser *Kant*ischen reinen Rechtslehre bestimmte politische Ziele erhalten: gesetzmäßige Freiheit und Menschenwürde. In *Kants* reiner Rechtslehre sieht man *das Bemühen, die rechtliche Verbindlichkeit ohne Rückgriff auf den Nutzen des Rechts zu begründen* (einen bestimmten Nutzen – die Freiheitssicherung – aber doch nicht aufzugeben). Eine reine Rechtslehre nach dem Beispiel *Kants* ist eine nicht-parteiliche, nicht interessengebundene Rechtslehre, eine Rechtslehre, die der Menschheit, nicht den politisch handelnden Gruppierungen dient. Eine reine Rechtslehre nach dem Beispiel *Kants* ist eine Lehre vom gerechten Recht. Das gerechte Recht begrenzt das Wollen der Menschen. Das reine (willensgereinigte) Recht verlangt von diesem Wollen, Freiheit und Würde um jeden Preis zu respektieren. Je interessenabhängiger, je parteilicher, je preisabhängiger, je willentlicher das Recht in der Moderne wird, umso intensiver scheint die Suche nach reinem Recht zu werden.

Die moderne reine Rechtslehre *Kelsens* radikalisiert den *Kant*ischen Gedankengang.

Die Auffassung, das Wollen des Menschen sei immer zufällig, situationsgebunden, relativ, »empirisch«, führt die reine Rechtslehre *Kelsens* konsequenter als *Kant* – aber politisch gegen *Kant* – zu Ende. Kein Zweck kann reiner Zweck sein, auch nicht Freiheit und auch nicht Menschenwürde. Eine reine Rechtslehre – sagt die moderne Variante dieser Lehre –, eine reine Rechtslehre, die bestimmte Inhalte als absolut richtig absichern will, die der Menschheit dient, kann es begrifflich nicht geben. Alle Diskussion über Ziele menschlichen Handelns ist politische, interessengeleitete, inhaltlich zufällige Diskussion. Soweit diese Diskussion Rechtsprobleme einbezieht, ist sie rechtspolitische Diskussion. Recht ist Interessenkampf, organisierte Macht, Willensauseinandersetzung. Wenn man reines Recht haben wolle, müsse man es von allen Inhalten, auch von dem Inhalt, dem einzelnen Menschen oder der Menschheit zu dienen, reinigen. Die Möglichkeit, reines Recht mit inhaltlich gerechtem Recht gleichzusetzen (das ist das »Beispiel *Kant*«), geht damit verloren. Auch Freiheit und Würde sind nur empirische, gewollte, also keine reinen Zwecke.

Die »Reinigung« der rechtlichen Erörterungen von allem inhaltlichen Wollen macht klare Unterscheidungen möglich:

- Auf der einen Seite Rechtspolitik, Wollen, Gefühl, Zweckmäßigkeit, ergebnisloses Streben nach Gerechtigkeit.
- Auf der anderen Seite die reine wissenschaftliche Rechtstheorie, Rechtserkenntnis, entfernt vom Getümmel inhaltlichen Streits um richtiges Recht:

> »Wenn sie (diese Theorie) sich als eine ›reine‹ Lehre vom Recht bezeichnet, so darum, weil sie nur eine auf das Recht gerichtete Erkenntnis sicherstellen und weil sie aus dieser Erkenntnis alles ausscheiden möchte, was nicht zu dem exakt als Recht bestimmten Gegenstand gehört. Das heißt: sie will die Rechtswissenschaft von allen ihr fremden Elementen befreien.... In völlig kritikloser Weise hat sich Jurisprudenz mit Psychologie und Soziologie, mit Ethik und politischer Theorie vermengt[206].«

---

206 *Kelsen*, Reine Rechtslehre, 2. Aufl., 1960, S. 1.

189 Es gibt nur noch **Rechtspolitik** einerseits und (reine) **Rechtstheorie** andererseits. **Rechtsphilosophie** im traditionellen Sinne als Suche nach inhaltlich richtigem Recht wird gegenstandslos. Was an der Rechtsphilosophie interessant sein kann, geht in die Rechtspolitik ein.

Dieser akademische Satz: Rechtsphilosophie wird willensabhängige Rechtspolitik, die reine Rechtslehre hat mit dem Inhalt des Rechts nichts mehr zu tun, sondern hat nur noch etwas zu tun mit den erkennbaren Formalelementen des Rechts, dieser Satz will gut verstanden sein; er trägt die Entwicklung aktuellen Rechts und aktuellen juristischen Handelns. Daher folgende *Wiederholung*:

Kant mißtraut dem menschlichen politischen Wollen. *Kant* geht davon aus, daß aus dem höchst unterschiedlichen wirklichen (»empirischen«) Wollen der Menschen Recht nicht entstehen kann. Er sucht nach einem reinen, vom Willen nicht getrübten Recht; er findet schließlich ein reines, willensunabhängiges gerechtes Recht, das dem gefährlichen menschlichen Wollen Grenzen setzt: Recht als Gestalt von Freiheit und Würde aller vernünftigen Wesen. Die neuere reine Rechtslehre – sichtbar an *Kelsen* – folgt *Kant* bis zur unsinnigen Konsequenz. *Kants* reine Rechtslehre und die neuere reine Rechtslehre haben, vom Gleichlaut der Benennung abgesehen, nichts miteinander zu tun. In der neueren reinen Rechtslehre werden *alle* Inhalte, auch Freiheit und Würde des Menschen, aus der reinen Rechtslehre entfernt; Freiheit und Würde werden wie Unfreiheit und Würdelosigkeit zu Produkten empirischen politischen Wollens. »Rein« ist jetzt nur noch eine Rechtslehre, die überhaupt nichts mehr will, nichts mehr mit Inhalten des Rechts zu tun hat. Daraus folgt: Die reine Rechtslehre ist nicht mehr – wie bei *Kant* – die unantastbare Grenze des im Grunde diskreditierten menschlichen Wollens. Das neuere reine Recht ist das Gefäß für jedes Wollen, im Grunde eine Aufwertung des richtungslosen Wollens, eine Verstärkung für jenes Wollen, das sich den Zugang zum Rechtserzeugungsprozeß verschafft. Freiheitsfördernde und freiheitsmindernde Regeln, wenn sie Rechtsform erlangen können, gelten der neueren reinen Rechtslehre gleichviel.

Für die neuere reine Rechtstheorie, so sollte man folgern, bleiben aber dann doch keine faszinierenden Themen übrig – anders als bei *Kant*. Was soll man denn auch noch erörtern, wenn davon auszugehen ist, daß die reine Rechtslehre nicht einmal mehr die äußersten Rahmen rechtlichen Handelns als absolut richtig begründen will? Eine reine Rechtslehre, die nicht Freiheit und Würde, nicht Demokratie oder Diktatur gegen das auf Änderung zielende politische Wollen sichern will, müßte eigentlich themenlos sein.

3.2.3 Einzelheiten

Die Themen der reinen Rechtslehre werden durch folgenden Satz geschaffen: 190

> »Die Reine Rechtslehre ist eine Theorie des positiven Rechts; des positiven Rechts schlechthin, nicht einer speziellen Rechtsordnung. Sie ist allgemeine Rechtslehre, nicht Interpretation besonderer nationaler oder internationaler Rechtsnormen. ... Als Theorie will sie ausschließlich und allein ihren Gegenstand erkennen. Sie versucht, die Frage zu beantworten, was und wie das Recht ist, nicht aber die Frage, wie es sein oder gemacht werden soll. Sie ist Rechtswissenschaft, nicht aber Rechtspolitik[207].«

Der Satz ist schwer zu verstehen. Man muß sich aber um ein Verständnis bemühen, weil er die aktuelle rechtsphilosophische Landschaft mitprägt.

Der Satz belegt noch einmal, daß der moderne Rechtstheoretiker die Fragen der Gerechtigkeit eines bestimmten Rechts nicht miterörtern will. Diese Erörterung hält er für unwissenschaftlich.

Der zitierte Satz macht eine etwas plötzlich kommende Annahme: Recht wird nur zur Kenntnis genommen, wenn es positiv (gegeben) ist, eine merkwürdige Auszeichnung positiven Rechts gegenüber anderem Recht. Und es kommt die Annahme dazu, daß sich über positives Recht etwas Wissenschaftliches aussagen lasse, ohne daß man auf den Inhalt dieses Rechts eingehen müsse.

Gerade darin muß der Reiz der modernen reinen Rechtslehre für die Wissenschaft gelegen haben: An der »unreinen rechtsphilosophischen Diskussion« braucht man sich nicht zu beteiligen; man hat sein Feld in der reinen, inhaltslosen, intellektuellen, unpolitischen Rechtslehre. Es ist eindrucksvoll zu sehen, wie viele reine Gegenstände die Untersuchung des positiven Rechts als solchem zeitigt. Man kann dann »Reines« (nicht vom politischen Wollen Abhängiges) über Unrecht und Unrechtsfolgen, Haftung, Rechtsquellen, Zurechnung und Interpretation sagen; man muß sich nur hüten, inhaltlich Stellung zu nehmen.

Berühmt geworden ist die Auffassung der reinen Rechtslehre vom Problem 191
der Verbindlichkeit des (positiven) Rechts. Dieses Problem ist ein Stück weit zu verfolgen.

Alle rechtsphilosophischen Bemühungen bis ins 19. Jahrhundert hinein waren darauf aus, bestimmte Formen von Abweichung als ungerecht, als einem »höheren Prinzip« widerstreitend, auszuweisen. Zuletzt hatten diese Bemühungen zu einer wissenschaftlichen, rationalen Metaphysik des Rechts ge-

---

207 *Kelsen*, a.a.O. (Anm. 206), S. 1.

führt (*Kant*). All das wird von der modernen reinen Rechtslehre als unwissenschaftliches Naturrecht abgetan.

An die Stelle dieses Gedankens tritt die reine, *wissenschaftliche Einsicht in den Erzeugungsprozeß positiven Rechts*:

Man findet einen bestimmten Satz des positiven Rechts vor (z.B. den Satz, man müsse Miete für die gemietete Sache bezahlen). Will man wissen, warum dieser Satz des positiven Rechts verbindlich ist, muß man fragen, ob die Erzeugung dieses Satzes in Ordnung war. Sie war in Ordnung, wenn man eine Norm ermitteln kann, die die Erzeugung jenes Satzes zuließ. Das kann die Verfassung sein. Will man wissen, warum die Verfassung die Erzeugung von Rechtsnormen über das Bezahlen von Miete zuließ, so muß man nach einem positiv-rechtlichen Satz suchen, der das Erzeugen einer Verfassung gestattete. So kann und darf man immer weiterfragen. Damit die Sache aber nicht zu umständlich wird, nimmt *Kelsen* **eine Grundnorm** an, die die Autorität, positives Recht zu schaffen, abgibt. Von dieser Grundnorm kann man dann zurückrechnen: Grundnorm – Gestattung des Erlasses einer Verfassung – Erlaß der Verfassung mit Gestattung, andere Gesetze zu machen – Erlaß eines anderen Gesetzes, z.B. über das Bezahlen von Miete – Verpflichtung, Miete zu bezahlen:

> »... die vorausgesetzte Grundnorm (beinhaltet) nichts anderes ... als die Einsetzung eines normerzeugenden Tatbestandes, die Ermächtigung einer normsetzenden Autorität oder – was dasselbe bedeutet – eine Regel, die bestimmt, wie die generellen und individuellen Normen der auf dieser Grundnorm beruhenden Ordnung erzeugt werden sollen[208].«

192 Die Verbindlichkeit des positiven Rechts hat nur mit der korrekten Erzeugung des positiven Rechts, nicht mit seinem Inhalt etwas zu tun:

> »Fragt man nach dem Geltungsgrund einer zu einer bestimmten Rechtsordnung gehörenden Rechtsnorm, kann die Antwort nur in der Zurückführung auf die Grundnorm dieser Rechtsordnung, das heißt: in der Aussage bestehen, daß diese Norm der Grundnorm gemäß erzeugt wurde[209].«

Auf Gerechtigkeit oder Ungerechtigkeit des positiven Rechts kommt es in der reinen Rechtstheorie nicht mehr an. Der Mieter, der wissen möchte, warum er Miete zahlen muß, erhält nicht die Antwort, es sei Recht, durch Zahlung eines Geldbetrages das Zur-Verfügung-Stellen von Wohnraum auszugleichen. Vielmehr erhält er die Antwort, er müsse Miete zahlen, weil die juristische Regel, die das vorschreibe, korrekt erzeugt worden sei.

Für das Beispiel der Verfassung ausgeführt:

---

208 *Kelsen*, a.a.O. (Anm. 206), S. 199.
209 *Kelsen*, a.a.O. (Anm. 206), S. 202.

»Welchen Inhalt diese Verfassung und die auf ihrer Grundlage errichtete staatliche Rechtsordnung hat, ob diese Ordnung gerecht oder ungerecht ist, kommt dabei nicht in Frage; auch nicht, ob diese Rechtsordnung tatsächlich einen relativen Friedenszustand innerhalb der durch sie konstituierten Gemeinschaft garantiert. In der Voraussetzung der Grundnorm wird kein dem positiven Recht transzendenter Wert bejaht[210].«

3.2.4 Die Folgen

Das letzte Zitat zeigt die Folgen aus der neueren reinen Rechtslehre für die 193
Hauptthemen der Rechtsphilosophie: *Die Rechtsphilosophie verschwindet.*

Die Rechtsphilosophie hat keinen Anspruch auf Wissenschaftlichkeit. Ihre Hauptthemen wandern in die Politik ab. Jener »Empirismus der Werte«, den *Kant* einzugrenzen gehofft hatte, ist nun gelassen ausformuliert. Die politische Verfügbarkeit aller Rechtsinhalte, jene Verfügbarkeit, die die Rechtsphilosophie vermeiden zu können hofft, ist wissenschaftlich begründet. Das Aufgehen der Rechtsphilosophie in unbegrenzbare Parteilichkeit zeichnet sich ab.

Zugleich entsteht die Möglichkeit, das Werden, Sich-Entwickeln und Vergehen positiven Rechts wissenschaftlich, »rein« zu erforschen. Wenn es bei den Rechtsinhalten nicht um Richtigkeit, sondern nur um interessenbedingte, von bestimmten Faktoren abhängige Politik geht, so muß die Wirkweise dieser Faktoren mit wissenschaftlichen Mitteln erforschbar sein. Eine unbeteiligte **wissenschaftliche Rechtssoziologie** (Lehre von den gesellschaftlichen Bedingungen der Rechtsentstehung und Rechtsentwicklung) kann als selbständige Disziplin entstehen. Ihr folgt eine **Rechtspsychologie** (Lehre von den individual- und kollektiv-psychologischen Bedingungen der Rechtsentstehung und Rechtsentwicklung), **Rechtsbiologie** (Lehre von den humanbiologischen Grundlagen des Rechts) usw. durch alle Wissenschaftsgebiete fort.

Die moderne reine Rechtslehre bildet sich als internationale juristische Bewegung aus und findet immer neue Anhänger[211]. Eine Erklärung hierfür kann sein, daß die reine Rechtslehre einen bestimmten, höchst gelehrten Schreib- und Debattierstil entwickelt. Dieser Stil ermöglicht es, sich vom aktuellen Recht fernzuhalten (das aktuelle Recht ist unreine Politik), sich auf das Geschäft der rechtlichen Wertung nicht einlassen zu müssen (das ist unwissenschaftlich), aber sich doch zugleich über folgenreiche, allgemeine Rechtsbegriffe rein-wissenschaftlich mitteilen zu können – unter dem Anspruch und

210 *Kelsen*, a.a.O. (Anm. 206), S. 204.

211 Vgl.: Der Einfluß der Reinen Rechtslehre auf die Rechtstheorie in verschiedenen Ländern, Schriftenreihe des Hans-Kelsen-Instituts, Bd. 2, 1978. Der Stand der internationalen Kelsen-Forschung ist präzise abgebildet bei *Horst Dreier*, Rechtslehre, Staatssoziologie und Demokratie bei Hans Kelsen, 2. Aufl., 1990.

dem Titel einer allgemeinen reinen Rechtslehre: ein merkwürdiges Schauspiel, das in vielen Teilen und Neuinszenierungen gegeben wird.

Beispiele aus *Kelsens* Untersuchung über die reine Rechtslehre, Beispiele, die Schule gemacht haben:

Diese reine Rechtslehre erörtert die Bedingungen der Zurechnung von Handlungen (ohne Rücksicht darauf, wem was zugerechnet wird); diese Lehre erörtert die Kausalität als reinen Rechtsbegriff (ohne Rücksicht darauf, in welchem sozialen Milieu diese Kausalität wirkt); das Verhältnis von Tatbestand und Rechtsfolge wird zum wichtigen Thema der allgemeinen Rechtslehre (ohne Rücksicht darauf, daß der Tatbestand das Abhören von Rundfunksendern, die Rechtsfolge die Todesstrafe sein kann).

Das Merkwürdigste an dieser allgemeinen, reinen, blassen akademischen Rechtslehre ist, daß ihr die Themen nicht ausgehen.

Wahrscheinlich hängt dies damit zusammen, daß die reine Rechtslehre einen Rahmen für freien, d. h. von der Verantwortung für Rechtsinhalte freien wissenschaftlichen Expertenreichtum öffnet. Derweil erzeugt die Politik nach der jeweiligen Grundnorm positives Recht mit z.T. schrecklichem Inhalt, gegen das man – folgt man der modernen reinen Rechtslehre – mit Gerechtigkeitsüberlegungen nicht auftreten kann, nicht einmal auftreten darf.

3.2.5 Moderne Formen der reinen Rechtslehre

3.2.5.1 Allgemeine Kennzeichen dieser Formen

194 Die modernen Formen einer reinen Rechtslehre sind respekterheischend vielfältig. Die durchgehenden Kennzeichen dieser modernen Formen der reinen Rechtslehre (zugleich ein durchgehendes Kennzeichen des modernen Nachdenkens über Recht) sind:

- eine gemeinsame Frage: vorausgesetzt, es gibt ein positives Recht, was läßt sich Allgemeines – das Problem der Gerechtigkeit immer ausgeklammert – über das positive Recht sagen?
- eine gemeinsame Arbeitsgrundlage: Recht hat mit inhaltlicher Richtigkeit nichts zu tun; Recht ist nur speziell benannte Regel,
- eine hochspezialisierte Sprache,
- ein ausdifferenziertes, begriffliches Instrumentarium, das von Schulrichtung zu Schulrichtung veränderbar ist,
- eine beträchtliche Praxisferne,
- eine betonte reine Wissenschaftlichkeit,
- der Anspruch, Theorie (d.h. Erkenntnis) zu sein.

Beispiele für moderne Formen der reinen Rechtslehre mit klarem Profil:

3.2.5.2 Die Rechtslogik

Das ist ein Wissenschaftsgebiet, das mit großer Energie und mit großem Fachwissen versucht, die Bedingungen folgerichtigen Umgangs mit vorausgesetzten Massen gegebenen (positiven) Rechts zu erforschen[212]. **195**

Dieses Gebiet ist in den vergangenen Jahrzehnten sehr ausgeweitet worden, hat einen hohen Grad der Spezialisierung erreicht und ist unübersichtlich. Es gibt zahlreiche, inhaltlich nicht übereinstimmende Begriffe der Rechtslogik. Je unsicherer geworden ist, was als inhaltlich gerechtes Recht verstanden werden kann, umso größer ist das Bedürfnis nach »logisch« korrektem Umgang mit dem Recht geworden. Offenbar besteht die Hoffnung, gesteigerte logische Genauigkeit könne den Verlust an inhaltlicher Richtigkeit zum Teil ausgleichen. Man findet hier ein Kennzeichen aller modernen reinen Rechtslehren angedeutet. Das an die Rechtspolitik abgegebene Gebiet, das Gebiet der rechtlichen Bewertung von Interessen und Bedürfnissen soll wiedergewonnen werden, und sei es vielfältig umgeformt, in kleinen, spezialistischen Abschnitten.

Man kann sich mit Hilfe folgender Unterscheidung im Gebiet der Rechtslogik zurechtfinden:

Ausgangspunkt ist die Frage nach der Wissenschaftlichkeit des Nachdenkens über Recht. Als eine Bedingung für Wissenschaftlichkeit wird die Einhaltung der Regeln der formalen Logik aufgefaßt. Als »formale Logik« (im Unterschied zu einer materiellen oder materialen Logik der wahren inhaltlichen Entwicklung und Erkenntnis der Dinge selbst, wie man sie z.B. bei *Hegel* findet) werden die Regeln richtigen (d.h. formallogisch korrekten) Urteilens und Schließens zusammengefaßt. »Rechtslogik« ist folglich die Sammlung der Regeln für richtiges, d. h. formallogisch korrektes Urteilen und Schließen, für fachlich gesicherte Folgerichtigkeit im Bereich des Rechts, für fachlich gesicherte Folgerichtigkeit des Argumentierens überhaupt im rechtlichen Bereich. Es geht also nicht um das Schaffen von gerechtem Recht durch Gesetzgebung und Rechtsanwendung, sondern um den korrekten Umgang mit vorgefundenem rechtlichem Material.

Die Rechtslogik muß den Satz »Der Mörder wird mit lebenslanger Freiheitsstrafe bestraft« (§ 211 Abs. 1 StGB) hinnehmen, kann sich mit seiner Vernunft oder Unvernunft nicht auseinandersetzen. Die Rechtslogik fragt, ob der Satz ohne logische Fehler gefaßt ist, fragt, was dieser Satz logisch bedeutet

---

212 Übersichten: *Herberger/Simon*, Wissenschaftstheorie für Juristen, 1980, S. 17 ff.; *Klug*, Juristische Logik, 4. Aufl., 1982; *Koch/Rüssmann*, Juristische Begründungslehre, 1982, S. 3I ff.; *U. Neumann*, Juristische Logik, in: Arthur Kaufmann/Hassemer (Hrsg.), Einführung in Rechtsphilosophie und Rechtstheorie der Gegenwart, 6. Aufl., 1994, S. 292 ff.

und wie man logisch korrekt mit ihm verfährt. In einem speziellen Fall kann sich ergeben: Es ist logisch korrekt, damit durch einen Teilbereich der Wissenschaft gesichert, daß A, der B umgebracht hat, eine lebenslange Freiheitsstrafe verbüßt, oder: Es ist logisch nicht korrekt, damit durch einen Teilbereich der Wissenschaft nicht gesichert, daß A, der B umgebracht hat, eine lebenslange Freiheitsstrafe verbüßt.

196 Die nähere Bestimmung der Rechtslogik, der fachlich gesicherten formalen Folgerichtigkeit im rechtlichen Arbeiten (als Teilersatz für inhaltliche Richtigkeit juristischer Voraussetzungen und juristischer Ergebnisse), geschieht dann durch die **Unterscheidung von traditioneller (klassischer) und moderner (kakülisierter) Logik**. Eine wirklich klare Unterscheidung ist allerdings schwierig. Zeitlich reicht die klassische, frühere Logik als aktuell in die Logik des 20. Jahrhunderts hinein; die moderne Logik läßt man – selbstverständlich mit Vorläufern – im 19. Jahrhundert beginnen. Intensiv diskutiert wird die moderne Logik nach dem 2. Weltkrieg.

Sachlich ist die Unterscheidung zwischen klassischer und moderner Logik viel schwieriger festzulegen. Die klassische/traditionelle Logik hat eine Reihe von Regeln richtigen Schließens und Urteilens zu entwickeln unternommen, sog. Syllogismen. Vereinfachtes Beispiel: Alle Diebe werden bestraft – A ist ein Dieb – Also wird A bestraft. Die traditionelle Logik untersuchte (und untersucht), warum und unter welchen Bedingungen ein solches Schlußverfahren richtig war (ist); und sie kam (und kommt) zu beachtlichen Mitteilungen und Unterscheidungen.

Die moderne Logik ist mit dem Stand der Genauigkeit, den die traditionelle Logik erreichen kann, nicht zufrieden, bemüht sich, die Probleme des Urteilens und Schließens schärfer zu erfassen, die vielen Voraussetzungen, die ein Syllogismus enthält, aufzuspüren und in die Logik – nach wie vor die Lehre vom richtigen Schließen und Urteilen – aufzunehmen. In dem genannten Beispiel muß etwa geklärt werden, unter welchen logischen Bedingungen die Sätze »Alle Diebe werden bestraft« und »A ist ein Dieb« richtig sind, und es muß geklärt werden, welche Struktur die Schlußverfahren im einzelnen haben. Die natürliche Sprache erscheint zu dieser Klärung unfähig, da sie zu vieldeutig ist. Es bedarf also einer Subtilisierung, einer fachlichen »Modernisierung« des logischen Instrumentariums. Diese Modernisierung besteht darin, daß die logischen Verfahren sich von der variationsreichen natürlichen Sprache unabhängig machen. Die moderne Logik bedient sich einer Symbolik, die ihr ein mathematisches Aussehen verleiht (sog. Logik-Kalkül). Diese Mathematisierung oder Kalkülisierung der Logik präzisiert die Gegenstände und Verfahren, die untersucht werden, und befreit die Forschungsverfahren von der Nutzung der natürlichen Sprache.

Mit Hilfe erst dieser Kalkülisierung wird das Ziel, das die moderne Logik sich gesetzt hat, nämlich fachlich-logische, moderne Folgerichtigkeit als Bedingung von Wissenschaftlichkeit und damit von Richtigkeit zu beschreiben, erreichbar. Die Übertragung dieser modernen Logik in den Rechtsbereich führt zum Gebiet der eigentlichen Rechtslogik als Teil aktueller reiner Rechtslehre[213].

Die wichtigste *Unterscheidung*, die sich dabei ergeben hat und die in dieser 197
Ausformung in der traditionellen Logik nicht vorhanden war, ist die **Unterscheidung zwischen indikativer (ontischer) und deontischer moderner Rechtslogik** (Wirklichkeitslogik und Sollenslogik).

In der indikativen, ontischen Logik geht es um das Finden und Darstellen in Kalkülen der formalen Struktur von und des formal korrekten Umgangs mit sprachlichen Sätzen, die eine Mitteilung über Wirkliches enthalten (Beispiel für eine Mitteilung über Wirkliches als Gegenstand der ontischen Logik: der Kläger hat den Prozeß verloren). Wirkliches kann man mitteilen, indem man z.B. einem Gegenstand ein Prädikat verleiht (diese Sache ist gestohlen): die formale Struktur des Prädikat-Verleihens untersucht die moderne *Prädikatenlogik* (= Prädikatenkalkül). Wirkliches kann man z.B. auch mitteilen, indem man sprachliche Sätze zu Aussagen verknüpft (dieser Mensch hat eine Sache gestohlen; er ist zu bestrafen; die Strafe ist Geldstrafe): die formale Struktur solcher Satzverknüpfungen untersucht die moderne *Aussagenlogik* (= Aussagenkalkül).

In der Sollenslogik (deontischen Logik) geht es um das Finden und Darstellen in Kalkülen der formalen Struktur von und des formal korrekten Umgangs mit sprachlichen Sätzen und Satzverknüpfungen, die etwas über ein Sollen mitteilen (Beispiel für einen Sollenssatz als Gegenstand der deontischen Logik: Du sollst nicht stehlen)[214].

Freilich, auch die differenzierte rechtslogische Klärung und Sicherung der Sätze »Alle Diebe sollen bestraft werden«, »A ist ein Dieb« und »Also soll A bestraft werden« (und des Zusammenhangs unter diesen Sätzen) sagt nichts über die Gerechtigkeit der Bestrafung des A. Ein unter Beachtung modernster Erkenntnisse der ontischen und deontischen Logik gewonnenes Ergebnis kann tief ungerecht sein; umgekehrt, ein unter eklatanter Verletzung der modernen Rechtslogik gewonnenes juristisches Ergebnis kann höchst vernünftig sein. Die Frage liegt nahe, ob eine ausgebreitete moderne Rechtslogik

---

213 Übersichten über das Verhältnis klassische-moderne Logik im Bereich der Rechtslogik: *Bund*, Juristische Logik und Argumentation, 1983, S. 63 ff.; *Klug*, Juristische Logik, 4. Aufl., 1982, §§ 1-3; *U. Neumann*, Juristische Logik, in: Arthur Kaufmann/Hassemer (Hrsg.), Einführung in Rechtsphilosophie und Rechtstheorie der Gegenwart, 6. Aufl., 1994, S. 292 ff.

214 Informative Diskussion der im Text genannten Unterscheidungen bei: *Herberger/Simon*, Wissenschaftstheorie für Juristen, 1980, S. 34 ff., 89 ff., 179 ff.; *Koch/Rüssmann*, Juristische Begründungslehre, 1982, S. 31 ff.

nicht in erster Linie ein Beleg dafür ist, daß Rechtsphilosophie komplizierte fachwissenschaftliche Umwege zu gehen bereit ist, um an einigen wenigen Stellen wirken zu können.

3.2.5.3 Das Problem »Recht und Sprache«

198 Das ist ein Wissenschaftsgebiet, das – wie die Rechtslogik – der Bedeutung der sprachlichen Abhängigkeit des Rechts nachzugehen versucht. Was folgt für das Entstehen, Gelten und Anwenden positiven Rechts aus der Tatsache, daß es mit sprachlichen Zeichen diskutiert, festgelegt, in Geltung gehalten, weitergegeben und entwickelt wird? Aus dieser Frage sind verschiedene reinwissenschaftliche, d.h. auf Rechtsinhalte nicht achtende Teildisziplinen entstanden, die sich untereinander und mit der Rechtslogik überschneiden:

- die (juristische) **Hermeneutik** (Lehre von den Bedingungen, unter denen ein gesprochener oder geschriebener juristischer Text verstanden werden kann)[215],
- die (juristische) **Semiotik** (Semiotik = Lehre von den Verständigungszeichen, zu denen auch die Sprache gezählt wird)[216],
- die **Rechtsinformatik** (Erforschung der Frage, ob die Sprache eines positiven Rechts »formalisiert«, d. h. von Bedeutungsschwankungen so weit befreit werden kann, daß die Hilfe automatischer Datenverarbeitung bei der Erörterung von Problemen des positiven Rechts zu organisieren ist)[217].

Die rechtswissenschaftliche Hermeneutik als Lehre von den Bedingungen, unter denen ein Rechtstext verstanden werden kann, wird z.B. herangezogen, um die unendliche Streitigkeit über die Auslegung unklarer Gesetzesstellen (Mord kann vorliegen, wenn jemand »aus niedrigen Beweggründen«, § 211 Abs. 2 StGB, gehandelt hat) überprüfbar zu machen; diese Streitigkeit entsteht ja, weil Texte verschieden verstanden werden. Die rechtswissenschaftliche Semiotik als Lehre von der Möglichkeit, sich mit Hilfe von sprachlichen Zeichen zu verständigen, kann helfen, das Zustandekommen und die Wirkung mehrdeutiger juristischer sprachlicher Zeichen (Nötigung ist nur rechtswidrig, wenn die Nötigungshandlung »verwerflich« ist, § 240 Abs. 2 StGB) zu erklären und die Mehrdeutigkeit zu kanalisieren; die Mehrdeutigkeit muß ja ein Defizit der sprachlichen Zeichen sein. Die Rechtsinformatik

---

215 *Schroth*, Philosophische und juristische Hermeneutik, in: Arthur Kaufmann/ Hassemer (Hrsg.), Einführung in Rechtsphilosophie und Rechtstheorie der Gegenwart, 6. Aufl., 1994, S. 344 ff.; *Hassemer* (Hrsg.), Dimensionen der Hermeneutik, Arthur Kaufmann zum 60. Geburtstag, 1984.

216 Übersicht: *Herberger/Simon*, Wissenschaftstheorie für Juristen, 1980, S. 205 ff.

217 *Jochen Schneider*, EDV und Recht – Rechtsinformatik, in: Arthur Kaufmann/Hassemer (Hrsg.) Einführung in Rechtsphilosophie und Rechtstheorie der Gegenwart, 6. Aufl., 1994, S. 504 ff.

kann darauf aufmerksam machen, welche Möglichkeiten bestehen, juristische Situationen sprachlich genauer zu fassen als bisher.

Alle diese Gebiete verstehen sich, wie die Rechtslogik, als Teile einer reinen Wissenschaftstheorie des Rechts, als unpolitische, Gerechtigkeit nicht beabsichtigende (freilich auch nicht verschmähende) Techniken, mit vorhandenen, sprachlich gefaßten, also positiven Rechtsmassen wissenschaftlich korrekt umzugehen. Man sieht immer wieder: Die rein wissenschaftliche Korrektheit des Umgangs mit positivem Rechtsmaterial wird zum Kennzeichen für richtigen Umgang mit diesem Rechtsmaterial. Diese wissenschaftliche juristische Korrektheit schafft aber kein vernünftiges Recht, stilisiert nur das vorhandene (vernünftige oder unvernünftige) Recht.

3.2.5.4 Die analytische Rechtstheorie

Diese analytische Rechtstheorie ist die allgemeinste Ausprägung der aktuel- **199**
len Form der reinen Rechtslehre. Rechtslogik, juristische Hermeneutik, juristische Semiotik und Rechtsinformatik lassen sich als Anwendungsfälle, als Ableitungen der analytischen Rechtstheorie auffassen[218].

Die analytische Rechtstheorie, die einer metaphysisch interessierten Rechtsphilosophie ausdrücklich entgegengesetzt wird[219], setzt ein positives Recht voraus und kümmert sich um dessen Vernunft nicht, d. h. sie hält sich gegenüber dieser Vernunft (oder Unvernunft) neutral, eben rein wissenschaftlich. Die analytische Rechtstheorie »analysiert« Rechtsbegriffe, sprachliche Rechtsfestlegungen und rechtliche Formen, die von anderen gegeben worden sind, mit Hilfe von Instrumenten, deren rein wissenschaftlicher, also nichtmetaphysischer Charakter als unbestritten gesetzt wird (Logik vor allem und Sprachtheorie).

Die analytische Rechtstheorie

> »befaßt sich damit, den allgemeinen Rahmen des Rechtsdenkens zu klären, statt Recht und Rechtspolitik zu kritisieren[220].«

Das Wichtige an dieser Rechtstheorie ist das Beharren auf rein wissenschaftlicher, von unreiner Politik und Richtigkeitsbewertung weit entfernter Analyse. Die Devise dieser Theorie ist: Gib' mir einen juristischen Satz oder eine

---

218 Übersicht: *Mazurek*, Analytische Rechtstheorie, in: Arthur Kaufmann/ Hassemer (Hrsg.), Einführung in Rechtsphilosophie und Rechtstheorie der Gegenwart, 6. Aufl., 1994, S. 331 ff.

219 *Hoerster*, Grundthesen analytischer Rechtstheorie, in: Maihofer/Schelsky (Hrsg.), Jahrbuch für Rechtssoziologie und Rechtstheorie, Bd. II, 1972, S. 120.

220 *Hart*, Der Begriff des Rechts, 1973, S. 7; vgl. weiter: *Hoerster*, a.a.O. (Anm. 219), S. 115 ff.

juristische Argumentationsreihe oder eine juristische Problemlösung, und ich sage Dir – ohne neue Entscheidung – wie der Satz, die Argumentationsreihe oder die Problemlösung genauer zu fassen sind. Allerdings, mehr als ein Genauer-Denken des Vorgedachten kann bei diesem Verfahren nicht entstehen[221], rechtlicher Unsinn kann sogar wissenschaftlichen Genauigkeitsschmuck erhalten. Die analytische Rechtstheorie muß darüber die Schultern zucken und auf die Grenze ihres Gebiets verweisen.

Für die Rechtsphilosophie sollte das eine unannehmbare Beschränkung sein. Beruhigend ist allein, daß die politisch so unbeteiligt auftretende Analytik des Rechts ganz deutlich, offenbar ohne es zu registrieren, in der Tradition bestimmter metaphysischer Rechtssysteme steht.

> »Für die analytische Rechtstheorie ist das Recht ein Regelsystem der empirisch-sozialen Wirklichkeit ...[222].«

Das »Recht als Regelsystem der empirisch-sozialen Wirklichkeit« ist nur mit einer metaphysischen Begründung zu haben. Verzichten kann man auf diese Begründung nur, wenn man Recht als Ordnungsmacht für selbstverständlich hält. Das ist die rechtsrealistische, machiavellistische Tradition, auf Rechtsmetaphysik zu verzichten, weil diese Metaphysik und damit das Recht selbst scheitern könnten. Merkwürdig bleibt, daß soviel spezialistischer analytischer Scharfsinn nicht darauf kommt, daß das Recht und die Metaphysik nur um den Preis des Verzichts auf Recht zu trennen sind.

3.2.5.5 Die Ideologiekritik des Rechts

200 Der Begriff der Ideologie schillert. Im Zusammenhang mit dem Verfahren der Ideologiekritik bedeutet Ideologie etwas Negatives, nämlich vorgefaßte, gefühlsabhängige, unwissenschaftliche Meinung, eine Meinung, die politischen Zielen dienstbar gemacht werden kann. »Ideologie« ist der Gegensatz zu reiner Theorie.

Die Ideologiekritik versucht, die ideologische Abhängigkeit von wertenden Auffassungen zu analysieren. Die Folge ist regelmäßig, daß diese Auffassungen diskreditiert und geschwächt werden. Ideologisch bedingte Auffassungen sind unechte, unreine Auffassungen. Wenn eine bestimmte Staatsform auf die »Ideologie« bestimmter Bevölkerungsschichten zurückgeführt ist, dann ist diese Staatsform geschwächt.

---

221 Beispiele in: *H. J. Koch* (Hrsg.), Juristische Methodenlehre und analytische Philosophie, 1976.

222 *Hoerster*, Grundthesen analytischer Rechtstheorie, in: Maihofer/Schelsky (Hrsg.); Jahrbuch für Rechtssoziologie und Rechtstheorie, Bd. II, 1972, S. 122.

Die Ideologiekritik des Rechts bemüht sich darum, die ideologische Bedingtheit des Rechts zu ermitteln. Ergebnisse dieser Ermittlung sind etwa: Das Recht dient den Interessen der Eigentümer oder der Nicht-Eigentümer, der Unternehmer oder der Arbeitnehmer, der Starken oder der Schwachen. Wenn Ideologiekritik herausbekommt, daß das Recht den Starken dient, dann ist dieses Recht diskreditiert.

Die Ideologiekritik des Rechts ist eines der eindrucksvollsten Beispiele für eine moderne Form reiner Rechtslehre. Diese Form der Kritik ist die Voraussetzung für eine reine Rechtslehre, zumindest ist die Ideologiekritik eine Komplementärerscheinung, eine Ergänzung zu jeder reinen Rechtslehre. Nach der reinen Rechtslehre *muß* jeder Rechtsinhalt von unwissenschaftlichen, standpunktabhängigen, gefühlsgeleiteten Meinungen (Ideologien) abhängen, unreine Vernünftelei sein. Nichts ist also erfolgversprechender und in der Tat erfolgreicher als in allen rechtlichen Erörterungen nach Rechtsgefühlen = Resten von unwissenschaftlichem Naturrecht = nicht-reiner Gerechtigkeitsargumentation zu suchen. Finden wird man diese Ideologien immer. Die Frage ist freilich, ob diese Ideologien »richtig« sind. Zur Wiederholung: Diese Frage hält jede moderne reine Rechtslehre für unentscheidbar[223]. Das eben ist radikalisierter *Kant*: Für die moderne reine Rechtslehre ist das Verlangen nach rechtlich geformter Freiheit und Würde nur Ideologie.

3.2.5.6 Zusammenfassungen

An Versuchen, diese Entwicklung vielfältiger Formen reiner Rechtslehre zusammenzufassen, fehlt es nicht. Sie werden betrieben unter den Titeln: **201**

- »Wissenschaftstheorie des Rechts«,
- »Allgemeine Rechtstheorie« oder
- »Allgemeine Methodologie der Rechtswissenschaft«[224].

Das Ziel dieser Zusammenfassungen ist die Bearbeitung folgender Frage: Vorausgesetzt, es gibt ein positives Recht, was läßt sich über dieses positive Recht, seine Erzeugung und seine Handhabung (das Problem der Gerechtigkeit ausgeklammert) rein wissenschaftlich, unter Auswertung aller wissenschaftlichen Spezialdisziplinen erkennen?

---

223 Übersicht: *Maihofer* (Hrsg.), Recht und Ideologie, 1969.

224 Beispiele: *Arthur Kaufmann* (Hrsg.), Rechtstheorie, 1971; *Jahr/Maihofer* (Hrsg.), Rechtstheorie, 1971; *Dreier*, Was ist und wozu Allgemeine Rechtstheorie? 1975; *Adomeit*, Rechtstheorie für Studenten, 3. Aufl., 1990; *Herberger/Simon*, Wissenschaftstheorie für Juristen, 1980; *Koch/Rüssmann*, Juristische Begründungslehre, 1982; materialreiche Zusammenfassung: *Klaus F. Röhl*, Allgemeine Rechtslehre, 1994.

Alle Überlegungen zur aktuellen Situation der Rechtsphilosophie führen auf den Gedanken zurück, ob dies eine gute Frage ist. Dazu einige vorläufige Erwägungen.

3.2.6 Moderne reine Rechtslehre und Metaphysik des Rechts

202 Man kann die reine Rechtslehre und ihre modernen Verlängerungen nicht verstehen, ohne einige Hauptdaten der Rechtsphilosophie-Geschichte immer wieder mitzudenken.

Das Modell ist einleuchtend. Das rechtsphilosophische Denken bis zu *Kant* wird mit außerordentlicher Konsequenz zu Ende geführt. Das Ergebnis dieser wissenschaftlichen Folgerichtigkeit kann nicht oft genug wiederholt werden: Es kommt zur Trennung zwischen wertabhängiger, parteilicher Rechtspolitik und reiner, an Rechtsinhalten uninteressierter Rechtslehre (= Rechtswissenschaft). Die rechtsphilosophischen Probleme, vor allem das Verhältnis von Sozialanthropologie und Metaphysik des Rechts werden unkenntlich gemacht und als unwissenschaftlich der Rechtspolitik einverleibt.

> »Will man das Wesentliche dieser Richtung (der reinen analytischen Rechtstheorie) mit einem Wort charakterisieren, so wird man sie am ehesten als unmetaphysisch bezeichnen können[225].«

203 Das so mühsam entwickelte, bei *Kant* und *Hegel* modernisierte, d. h. säkularisierte und verwissenschaftlichte Ableitungsgebäude für die Begründung richtiger Rechtsinhalte und für die Begründung rechtlicher Verbindlichkeit verschwindet; und damit verschwindet das Ableitungsgebäude für die Zulässigkeit von Zwang durch Recht. Dieses Verschwinden wird gelassen begrüßt. Man denkt, man könne außerhalb dieses Gebäudes gut, aufgeklärt und beruhigt durch die »Reinheit« der eigenen Theorien leben. Möglicherweise ist das ein politischer Irrtum, der zu den deutlichsten Kennzeichen der aktuellen rechtsphilosophischen Diskussion gehört.

Denn: Die Hauptdaten der Rechtsphilosophie-Geschichte geben viele Hinweise darauf, daß das geschilderte Ableitungsgebäude nicht die zufällige Erfindung praxisferner Gelehrter ist, vielmehr gelten kann als Ergebnis politischen Nachdenkens über die *Mindestbedingungen, unter denen Menschen miteinander auskommen können.* Die Versuche, rechtliche Inhalte und Verbindlichkeit über eine idealistische, theologische, wissenschaftliche Metaphysik einzugrenzen, sind immer Versuche, Macht einzugrenzen (was einen Mißbrauch dieser Versuche zur Machterweiterung nicht ausschließt). Der Verzicht auf metaphysische Rechtsbegründungen entläßt rechtlich verfaßte

---

225 *Hoerster*, Grundthesen analytischer Rechtstheorie, in: Maihofer/Schelsky (Hrsg.), Jahrbuch für Rechtssoziologie und Rechtstheorie, Bd. II, 1972, S. 115.

Macht aus dem Zwang, sich zu rechtfertigen; oder begnügt sich mit der Rechtfertigung, man *wolle* dieses oder jenes.

Die reine Rechtslehre übergibt die Gerechtigkeitsprobleme an die Politik. 204
Entweder ist das als politischer Irrealismus nicht ernst zu nehmen, oder aber: die reine Rechtslehre und ihre modernen Ausprägungen sind so rein (unpolitisch, unabhängig von einer bestimmten Sozialanthropologie, un-metaphysisch) nicht, wie sie sich geben.

Gemessen an der Geschichte der Rechtsphilosophie ist die Annahme nicht kühn, daß *Recht ohne metaphysische Begründung sich in Macht auflöst.* Zieht man die Metaphysik aus der Rechtsbegründung zurück, so müßte man, bliebe man folgerichtig, die Möglichkeit von Recht verneinen. **Recht ohne Metaphysik wäre nur machtvolle Regel**. Es ist aber eine der auffälligsten Erscheinungen in der Entfaltung der reinen Rechtslehre, daß der Rechtsbegriff nicht aufgegeben wird. Dies läßt sich nur so erklären, daß auch die Rechtserörterungen einer reinen Rechtslehre ein Stück Metaphysik (natürlich immer das modernste Stück) enthalten. Diese Situation: man will (in der reinen Rechtslehre) keine Metaphysik, aber ohne ein Stück Metaphysik ist ein von der Macht unterschiedenes Recht nicht zu haben, muß zu großen sprachlichen und begründungstechnischen Komplikationen führen.

Das gegenwärtige Zeitalter sieht sich im Bereich seiner reinen Wissenschaften außerstande, Metaphysik offen zu betreiben, sei es aus Mangel an Kenntnissen, sei es aus wissenschaftlicher Überzeugtheit. Die Folge in der reinen Rechtslehre ist, daß sich die Metaphysik in den rechtlichen Erörterungen verkleidet (»larviert«). Es werden Sprach- und Denkstile eingeführt, die die rechtsmetaphysischen Probleme behandelbar machen, ohne sie offen zu bezeichnen. Es werden Medien geschaffen, die Metaphysik enthalten, aber es nicht einzugestehen brauchen.

Hier findet man ein weiteres Hauptkennzeichen aktueller rechtsphilosophi- 205
scher Erörterungen: *Metaphysik des Rechts zu sein, ohne es zu sagen.* Es muß sich der Versuch anschließen, dieses Kennzeichen in der modernen reinen Rechtslehre nachzuweisen.

Zwei Hauptprobleme aller reinen Rechtslehren sollen als Beispiele dienen: der Begriff des positiven Rechts und der Begriff des Rechtsrelativismus.

Der Stolz der reinen Rechtslehre, der Rechtstheorie und der Wissenschafts- 206
theorie des Rechts ist, sich nur mit dem *positiven Recht* (nicht mit dem Naturrecht, der Metaphysik des Rechts, dem Gerechtigkeitsproblem) zu befassen. Wenn dieser Stolz nur auf willkürlicher Entscheidung: »wir wollen uns nur mit dem positiven Recht befassen« beruhte, wäre die reine Rechtslehre lediglich eine zufällige Schule, mithin zu vernachlässigen. Aber es ist anders. Im Begriff des positiven Rechts, den die reine Rechtslehre zur Begrenzung ihrer

rechtstheoretischen Bemühungen verwendet, steckt ein ganzes rechtsphilosophisches System. Dieser Begriff des positiven Rechts steht als Abkürzung für:

– die Sozialanthropologie macht Organisationsformen unter Menschen nötig;
– zu diesen Organisationsformen gehört das Recht;
– eine Möglichkeit, Recht verbindlich zu machen, ist die positive Setzung.

Die reine Rechtslehre und ihre Beschränkung auf das positive Recht lebt von der rechtsphilosophischen Tradition. Diese Abhängigkeit geht noch weiter. Betrachtet man die Züge, die die reine Rechtslehre am positiven Recht interessieren, so entdeckt man unschwer, daß doch nicht irgendein inhaltlich gleichgültiges positives Recht dem rein wissenschaftlichen Zugriff ausgesetzt wird, sondern ein bestimmtes, nämlich ein gutes, jedenfalls akzeptierbares positives Recht. Ein wenig *Hegel* kommt hier zutage: Das wirkliche, das positive Recht wird doch wohl vernünftig sein; und daher lohnt sich die rein wissenschaftliche Behandlung dieses positiven Rechts.

207 Diese Linie läßt sich am einfachsten herausbringen, wenn man zum Beispiel das positive Recht der Standgerichte einer Zeit (d. i. das positive Recht, kurzen Prozeß zu machen) der reinen Rechtslehre als Gegenstand rein wissenschaftlicher Bemühungen anbietet. Entweder sie akzeptiert den Gegenstand, dann ist sie nicht rein, sondern politisch teilnehmend. Oder sie akzeptiert ihn nicht: Dann belegt sie, daß sie eine Vorstellung vom guten Recht hat (eine Vorstellung, die ohne Gerechtigkeitskriterium nicht zu haben ist). Bestätigt wird diese Meinung, es gehe im Begriff des positiven Rechts der reinen Rechtslehre, in der angeblich von der Gerechtigkeit so weit entfernten Wissenschaftstheorie des positiven Rechts durchaus um absolute Maßstäbe, durch die Themen, die am positiven Recht behandelt werden: Zurechnung, Auslegung, Kausalität, Verhältnis Tatbestand – Rechtsfolge, Geltungsgrund des Rechts. Alle diese Gegenstände finden sich nur in einem bestimmten Typus des Rechts. Dieser Typus ist am ehesten charakterisiert als das Recht des bürgerlich-liberalen Staates: ein Recht, das am Ideal der Organisation kollidierender Freiheiten ausgerichtet ist; ein Recht, das Ordnung und Frieden will; das genau durchdacht ist (daher wissenschaftliche Anstrengung bei der Interpretation und Anwendung lohnt). Die Wissenschaftlichkeit der reinen Rechtslehre anzuwenden auf das positive Recht einer brutalen Diktatur, wäre politisch lächerliches Konsequent-Sein oder absichtsvolle Politik.

208 So ergibt sich als der *merkwürdigste Zug der modernen reinen Rechtslehren: sie sind Gerechtigkeitslehren, ohne es sagen zu müssen.* Der versteckten Metaphysik traditionsreicher rechtlicher Begriffe ist eben so leicht nicht zu entgehen.

Der Begriff des *Rechtsrelativismus*, auf dem die reine Rechtslehre ruht (alle Wertungen im Recht sind politisch, empirisch, sind nur in den jeweiligen historischen Situationen vernünftig), macht die absolute Gerechtigkeit in der reinen Rechtslehre noch klarer. Dieser Relativismus bewertet die bisherige rechtsphilosophische Beurteilung des menschlichen Wollens. Die bisherige rechtsphilosophische Beurteilung sah eine Entwicklung des menschlichen Wollens: von subjektiver, für andere gefährlicher Willkür zu individueller Freiheit. Aber noch bei *Kant* hat die Rechtsphilosophie die ständige Aufgabe, die individuelle Freiheit des einen als Gefahr für die Freiheit des anderen zu sehen und die Kollisionen von Freiheit rechtlich richtig regeln zu helfen. Der Relativismus der modernen reinen Rechtslehre muß dies alles für unwissenschaftliches Meinen halten. Die rechtliche Gestaltung der Freiheit wird zu einem Interesse unter vielen anderen Interessen.

Im Relativismus steckt dennoch eine feste, fast heftige Bewertung des rechtlichen Problems der Freiheit. Freiheit wird mit subjektivem, individuellem oder kollektivem Wollen gleichgesetzt. Der Relativismus meint, der Subjektivismus des einzelnen Menschen und der Subjektivismus der Gruppen seien die Grundeinheiten aller rechtlichen Diskussion. Freilich, einen zeitunabhängigen, absoluten Maßstab für die Einschränkung dieser Subjektivismen und ihrer Wirkung aufeinander als richtig oder falsch könne es nicht geben. Dies laufe einmal so und einmal anders.

Der Relativismus der reinen Rechtslehre garantiert damit die Dynamik der Rechtsentwicklung gegenüber dem positiven Recht, und zwar mit inhaltlichen Zielen. Das positive Recht, das die reine Rechtslehre und ihre Folge-Formen bearbeiten müssen, ist – historisch gesehen – ein an *Kant* orientiertes, ziemlich statisch gesehenes Recht. Dieses Recht zielt auf Stabilität der Organisation kollidierender Freiheiten aus Mißtrauen gegenüber der Dynamik der individuellen Freiheit.

Der Relativismus verbürgt Bewegung, Entwicklung zugunsten von Interessen, Wünschen und Bedürfnissen des Einzelnen. Man kann den Relativismus als die Rechtsphilosophie der absolut gesetzten, unbegrenzten Freiheit auffassen. Alles ist richtig, wenn es sich nur als Ausdruck von Freiheit durchsetzt. Im Zusammenspiel von Ausrichtung auf das positive Recht und Relativismus werden in der reinen Rechtslehre zwei inhaltliche Anforderungen an das Recht sichtbar: Sicherung der Nutzung von Freiheit bei gleichzeitiger Vergrößerung von Freiheit. Die richtige Gestaltung von Freiheit in einer offen metaphysischen Rechtsphilosophie besteht in der Festlegung von unveränderlichen Freiheitsgrenzen. Körperverletzung ist eine absolut ungerechte Beschädigung von Freiheit. Der Relativismus der modernen reinen Rechtslehre zerstört diese statische Richtigkeitsvorstellung unter Berufung darauf, daß es – wissenschaftlich geredet – absolute Richtigkeit im Recht nicht geben könne. Zugleich insinuiert der Relativismus aber eine neue wissenschaftlich wahre Richtigkeitsvorstellung: Es sei wissenschaftlich wahr (richtig), von der ständigen Beweglichkeit kollidierender Freiheitsgrenzen auszugehen. **Die Beweglichkeit von Freiheitsgrenzen ist die neue Gerechtigkeit.** Wahr (richtig) ist die Freiheitsgrenze, die sich gerade einstellt, die aber nicht fest ist. Körperverletzung ist eine unrichtige Beschädigung der Freiheit, falls und soweit das positive Recht dies vorübergehend meint.

Eine modernere Rechtsphilosophie als die moderne reine Rechtslehre kann es gar nicht geben. Das Modernste an ihr aber ist, daß sie nicht sagt, wie sehr sie Rechtsphilosophie ist. Die reine Wissenschaftlichkeit ist zum Transporteur unaufgedeckter, absoluter (metaphysischer) Rechtsmaßstäbe geworden.

Das inhaltliche Ideal aller Rechtsphilosophie hat sich auch in der reinen Rechtslehre durchgesetzt: absolute, erkennbare Gerechtigkeitsmaßstäbe ausbreiten zu können. Die Form, die dieses Ideal angenommen hat, ist freilich beklagenswert blaß, detailfern und unvolkstümlich (d. h. im täglichen Handeln ohne Chance der Wirksamkeit).

3.3 Kennzeichen der modernen Legierungen von Sozialanthropologie und Metaphysik des Rechts

209 Das Hauptproblem aktueller Rechtsphilosophie tritt klar hervor:

Sie muß nach einem kritikfesten Maßstab für Gerechtigkeit suchen, weiß, daß dies ohne Metaphysik nicht geht, darf aber offene Metaphysik nicht betreiben, muß vielmehr in dem Bereich einer unmetaphysischen Wissenschaftlichkeit bleiben, der allein für modern und akzeptierbar gilt.

Daß in dieser Situation eine »Rückkehr zu *Kant*« (rationale Metaphysik des richtigen Rechts) oder »Rückkehr zu *Hegel*« (rationale Metaphysik des wirklichen Rechts) immer wieder versucht wird, ist verstehbar. Es gibt einen breiten Strom des Kantianismus (und Neu-Kantianismus), des Hegelianismus (und des Neu-Hegelianismus), auch des Platonismus, Thomismus, Machiavellismus, Rousseauismus (und der jeweiligen Neu-Formen) in der Rechtsphilosophie. Aber das sind vornehmlich Ströme der Gelehrsamkeit, weit entfernt von der Chance, im Alltag der Gesetzgebung und Rechtsanwendung zu wirken: *Plato*, *Thomas*, *Kant* und *Hegel* sind zu offen, für die heutige Zeit zu ungeschickt Metaphysiker, *Machiavelli* und *Rousseau* sind zu versteckt Metaphysiker.

Die modernen Bedingungen für akzeptierbare Rechtsphilosophie – als Beitrag zum Problem des richtigen Rechts – bleiben:

- keine offene Metaphysik,
- betont unmetaphysische Wissenschaftlichkeit,
- Trennung von Politik und Erkenntnis
  (von Rechtspolitik und Rechtserkenntnis);
  Vorrang der Erkenntnis,

– ständige Betonung, daß »Theorie« betrieben wird, daß »wissenschaftlich« über Gerechtigkeit diskutiert wird[226].

An diesen Bedingungen läßt sich ablesen, daß die Unterschiede zur modernen reinen Rechtslehre und ihren Folgeformen nur gering sind. In der Tat, was die reine Rechtslehre nicht für möglich hält (wissenschaftlich über Gerechtigkeit zu reden), halten die gleich zu skizzierenden Schulrichtungen gerade eben noch in begrenztem Umfange für möglich.

Es bleibt bei einer relativistischen Grundauffassung – damit bei der Überantwortung aller grundsätzlichen Rechtsfragen an die Politik – und beim positiven Recht als Gegenstand rechtsphilosophischer, besser auch hier: rechtstheoretischer Bemühungen. Nur eben, es wird versucht,

> »das Gerechtigkeitsproblem, d.h. das Zentralproblem der klassischen Rechts- und Sozialphilosophie, in den Kreis der Wissenschaften zurückzuholen ... eine Theorie des richtigen Rechts als wissenschaftliche Theorie zu konzipieren[227].«

Dieser Versuch kann nur gelingen, wenn man sich auf jenen ehrwürdigen Ab- 210
leitungszusammenhang: Sozialanthropologie – Metaphysik des Rechts einläßt. Es ist aber gerade eine Bedingung moderner Rechtstheorie = wissenschaftlicher Begründung von Gerechtigkeit, dies nicht zu tun. Der Ausweg: die Metaphysik wird – sachlich ähnlich wie in der reinen Rechtslehre, nur massiver – ungeschiedener Bestandteil der wissenschaftlichen Theorie. Es kommt zu **Legierungen zwischen Sozialanthropologie und Metaphysik des Rechts**. Das Charakteristische dieser Legierungen ist, daß an der Oberfläche die Sozialanthropologie als Kennzeichen für Wissenschaftlichkeit den Vorrang hat.

»Legierung« bedeutet wörtlich: kompakte Mischung aus zwei Metallen, wobei die Mischung die ursprünglichen Bestandteile nicht mehr erkennen läßt und völlig andere Eigenschaften haben kann als die ursprünglichen Bestandteile. Wenn sich Sozialanthropologie und Metaphysik zu modernen Formen der Rechtstheorie mischen, so können – das soll das Bild »Legierung« sagen – bisher wenig diskutierte, neue rechtsphilosophische Inhalte entstehen. Selten werden in dieser neuen Form der Rechtsphilosophie die Bestandteile noch genannt[228].

Die aktuellen Mischungen aus Sozialanthropologie und unausgesprochener 211
Metaphysik in der Rechtsphilosophie sind zahlreich. Es scheint so zu sein,

226 Informative Zusammenfassung: *Hoerster*, Rechtsethik ohne Metaphysik, in: Juristenzeitung 1982, 265 ff.

227 *Dreier*, Was ist und wozu Allgemeine Rechtstheorie?, 1975, S. 27.

228 Ein beachtenswertes Gegenbeispiel ist das in der Einleitung (Rn. 22) aufgeführte Buch von *Adomeit*, das unter dem Titel *Rechtstheorie* ausdrücklich die Gegenstände einer reinen Rechtslehre zusammennimmt mit einer »Rechtspolitologie«.

daß man eine eigene rechtsphilosophische Lehre oder ein eigenes rechtsphilosophisches System schneller entwickeln kann, wenn man sich der Anstrengung der Metaphysik nicht offen zu stellen braucht, vielmehr den überall hingenommenen Stil der rechtsphilosophischen wissenschaftlichen Sozialanthropologie, legiert mit unausgesprochener Metaphysik, übernehmen und variieren kann.

Nur die geläufigeren Beispiele für solche Legierungen werden im folgenden skizziert. Dabei ist noch zu bemerken, daß »Legierung von Sozialanthropologie und Metaphysik des Rechts« eine Interpretation bestimmter Richtungen in der Rechtsphilosophie ist. Die jetzt aufzuzählenden Richtungen würden diese Interpretation für sich selbst wahrscheinlich nicht vornehmen; sie würden wohl auf ihrer »reinen« Wissenschaftlichkeit beharren. In der Universitätslandschaft sind diese Richtungen am besten zu beobachten im Grenzbereich von Philosophie und Sozialwissenschaften, in den unklar philosophischen Sozialwissenschaften oder in der unklar sozialwissenschaftlichen Philosophie. Die Richtungen wechseln schnell.

3.4 Beispiele für die modernen Legierungen von Sozialanthropologie und Metaphysik des Rechts

3.4.1 Die Behandlung des positiven Rechts

212 Eigentlich müßte eine moderne Theorie des positiven Rechts folgendes kühn und sachverständig erklären: Alle Metaphysiken des Rechts sind gescheitert; es gibt keine absoluten Gründe für die Verbindlichkeit von Recht; es gibt nur noch die positive Satzung, der man freiwillig zu gehorchen hat, weil man sonst gezwungen wird.

Daraus würde folgen, daß die »Positivierung des Rechts« (die Gesetzgebung) kein besonders eindrucksvoller Vorgang ist, da diese »Positivierung des Rechts« lediglich Regelsetzung ist. Die Macht, die sich gerade durchgesetzt hat, gibt die ihr adäquaten Regeln und drückt deren Einhaltung durch. Es würde aus dem eben formulierten Satz auch folgen, daß die Verbindlichkeit positiver Satzungen schwach ist, da sie lediglich vom Fortbestehen der satzungsgebenden Macht abhängt.

Doch findet sich ein derartig kühner und wissenschaftlich-sachverständiger Satz selten. Vielmehr macht die »Positivität des Rechts« in den modernen Legierungen von Sozialanthropologie und Recht eine ungeahnte Karriere. Diese »Positivität des Rechts« wird zum zentralen Interesse moderner Rechtstheorie. Die »Positivität des Rechts«, das positive Recht muß alle Erwartungen erfüllen, die an eine moderne reine Rechtslehre gestellt werden. Im Laufe der

Rechtsphilosophie-Geschichte hat die »Positivität des Rechts im allgemeinen« schwerlich so viel Aufmerksamkeit gefunden wie gegenwärtig.

Auffällig ist zunächst, daß das positive Recht in einer Weise behandelt wird, die die Metaphysik des Rechts einschließt. Im Laufe dieser Darstellung ist immer wieder zu belegen gesucht worden, daß die Schaffung positiven Rechts nur aus der Sozialanthropologie zu begründen ist (»positives Recht muß sein, damit die Menschen gut bleiben oder gut werden«). Es ist auch immer wieder zu belegen gesucht worden, daß dieses Begründungsverfahren metaphysische Teile nicht entbehren kann (»die Notwendigkeit, gut zu sein oder gut zu werden, ist empirisch nicht erkennbar, bedarf daher einer nichtempirischen Grundlage«). Diese metaphysischen Voraussetzungen positiven Rechts werden bei der modernen Behandlung positiven Rechts selbstverständliche, nie mehr ausgesprochene Bestandteile. Jede Interpretation undeutlicher oder unsinniger Gesetzesstellen, so professionell-nüchtern diese Interpretation auch auftreten mag, spielt meist auch auf die versteckten metaphysischen Qualitäten des positiven Rechts an, nimmt sie für sich in Anspruch. Die Rechtsphilosophie, die schwierige Lehre vom richtigen Recht, ist zum untrennbaren, stillschweigenden Bestandteil der Gesetzesinterpretation geworden. Wo immer in Literaturauseinandersetzungen oder in einem Rechtsstreit vor einem Gericht über eine Rechtsfrage juristisch sorgfältig gestritten wird, geht es nicht um belanglose Regelfindung, sondern um die unendlich verkürzte Auseinandersetzung zwischen rechtsphilosophischen Alternativen. *Wer rechtsphilosophisch etwas sagen will, muß die Form der Gesetzesinterpretation wählen.* Das ist eine verwickelte Situation. Nicht mehr wird positives Recht aus rechtsphilosophischen Vorstellungen begründet; »wissenschaftlich« soll dies ja angeblich gar nicht möglich sein. Positives Recht ist als Machtäußerung ermittelbar; und die ganzen unvermeidlichen rechtsphilosophischen Probleme nehmen nun die Form raffinierter Regel-Interpretationsverfahren an. Methodologie der Rechtsanwendung = aktuelle Form der Rechtsphilosophie.

Das klarste Beispiel für diesen Vorgang liefert der wissenschaftliche Umgang mit dem Grundgesetz als positivem Recht, insbesondere mit den (positiven) Grundrechten (Art. 1 ff. GG).

Die außergewöhnliche Bedeutung, die dem Grundgesetz als positivem Recht 213
heute zugemessen wird, läßt sich nur verstehen; wenn man einrechnet, daß der überwiegende Inhalt des Grundgesetzes – die Grundrechte (Art. 1 ff. GG) und die Grundsätze der Staatsorganisation (Art. 20 ff. GG) – bis zu *Kant* und *Hegel* die Hauptprobleme der Metaphysik des Rechts waren, die nun, da man nichts anderes hat, als Probleme lediglich des positiven Rechts abgehandelt werden müssen. Es ist kennzeichnend für die aktuelle Situation der Rechtsphilosophie, daß sie ihre Hauptgegenstände im positiven Recht festgelegt findet. Welch' merkwürdige Zeit, die die Grundrechte »positivieren« muß, da-

mit sie gelten. Aber es ist eben diese Positivierung, die die Rechtsphilosophie nötigt, rein wissenschaftliche Interpretationslehre zu werden.

Das mühselige Unternehmen, aus den Art. 1 ff., 20 ff. GG eine Art Wertordnung zu entwickeln, ist in vollem Gang, und dies ist Vollzug von Metaphysik durch Bearbeitung des positiven Rechts. Kein Wunder, daß die verschiedensten, früher »rechtsphilosophisch« genannten Auffassungen als »Grundrechtstheorien«, geschöpft aus dem positiven Recht, wieder auftauchen: rechtsstaatliche und sozialstaatliche, linke und rechte, konservative und fortschrittliche Rechtsphilosophie als Ergebnis von Grundrechtsinterpretation! Grundrechtsinterpretation, so viel Spezialistenwissen sie auch verlangt, ist freilich immer noch einfacher als Rechtsphilosophie. Ganz im Stil der neueren reinen Rechtslehre wird die Rechtsmetaphysik in Grundrechtstheorie überführt.

Vollzug von Metaphysik ist auch die Vorstellung des positiven Rechts selbst, daß es unabänderbares, »ewiges« positives Recht gebe (Art. 79 Abs. 3 GG: Der föderative Aufbau der Bundesrepublik, einige Grundrechte und die Prinzipien des demokratischen und sozialen Bundesstaates dürfen durch positives Recht nicht abgeschafft werden). Die Regelung im positiven Recht, daß das positive Recht nicht geändert werden darf, ist ein Kennzeichen für den *Ersatz metaphysischer Begründungen durch positives Recht.* Unabänderbares positives Recht, das ist heiliges, ideengerechtes, reines, geschichtlich notwendiges Recht. Bläßlich, aber wissenschaftlich spricht man im Verfassungsrecht von einer »Ewigkeitsgarantie«.

3.4.2 Natur der Sache und Recht

214 Das Verschwinden der Metaphysik, auch der rationalen Metaphysik, aus rechtlichen Erörterungen hat dem Argument, diese oder jene rechtliche Regelung durch den Gesetzgeber oder den Rechtsanwender entspreche der »Natur der Sache«, beachtliche Chancen verschafft. Dieses Argument liegt genau auf der Linie, die hier als Legierung von Sozialanthropologie und Metaphysik des Rechts bezeichnet worden ist[229].

Entspricht eine rechtliche Regelung – eine mietrechtliche Gesetzesbestimmung, ein Mietvertrag, eine Strafe, ein Freispruch – der »Natur der Sache«, so hat sie alle modernen rechtstheoretischen Merkmale auf ihrer Seite. Sie ist wissenschaftlich, von Politik abgesetzt, theoretisch, eben richtig, einer Metaphysik nicht verpflichtet. Die Natur der Sache steht objektiv dem Erkenntnisvermögen gegenüber. Wer die Natur der Sache erkennt, hat recht. So kann man zum Beispiel die Notwendigkeit des Strafens als der Natur der Sache entsprechend entwickeln.

229 Lehrreiche Übersicht: *Sprenger*, Naturrecht und Natur der Sache, 1976.

Die Bemühungen um die Klärung des Umgangs mit einer Natur der Sache, die mehr ist als nur Verbrämung für politisches Wollen, sind umfänglich. Dabei haben sich *Alternativen* ergeben, die alle die gleiche Organisation aufweisen wie die »Natur der Sache« selbst. Sie ermöglichen es, Rechtsregeln, d. h. verbindliche Handlungsanweisungen als Ergebnisse von theoretischen Erkenntnisverfahren, als Erkenntnis von Seiendem aufzufassen. Dem rechtstheoretisch interessierten Juristen sind neben der »Natur der Sache« folgende Wege zum Sein vertraut geworden:

- Erkenntnis des *Wesens* eines Rechtsinstituts (juristische Phänomenologie),
- verpflichtende Wirkung *ontologischer (seinsgesetzlicher) Strukturen* im Recht,
- Beachtung der *Vorgegebenheiten* des Rechts,

alles hochspezialisierte Bemühungen, Experten-Bemühungen, verbindliches Recht zu schaffen, ohne Macht oder Metaphysik bemühen zu müssen[230].

Die Rede vom »*Wesen* des Rechts oder des Eigentums oder des Betruges« fällt kaum auf, so sehr ist man an sie gewöhnt, weil man sie in der nachmetaphysischen Rechtsdiskussion braucht. Die Entwicklung, die diese Rede hervorgebracht hat, wird dabei aber zu selten mitgedacht, und oft auch ist man sich über die theoretische Verengung, die in dieser Rede steckt, kaum klar. Über einen Satz wie diesen: »Recht ist seinem Wesen nach auf Konsens angelegt«[231], wird man gegenwärtig wohl eher gelangweilt hinweglesen. Dabei ist der Satz ganz ungewöhnlich anspruchsvoll.

Die nächste Figur, die eine spezialisierte Form der Natur der Sache im Recht ist – die Figur der *ontologischen Strukturen* im Recht –, verdient große Aufmerksamkeit. Dem Jurastudenten ist die Figur aus den Erörterungen um den Begriff der menschlichen Handlung nicht ungeläufig. Es gibt die traditionelle Auffassung, Recht könne nur Handlungen (nicht Gesinnungen oder Auffassungen) betreffen. Was aber ist Handlung? Die Antwort wird auch mit Hilfe des Rückgriffs auf die ontologische Struktur der Handlung – diese Struktur lasse finales Verhalten erkennen, nichtfinales Verhalten könne Handlung daher nicht sein – zu geben versucht, ein Versuch, der den Handlungsbegriff mit rein-wissenschaftlichen, metaphysikhaltigen Mitteln der Regelungsmacht des modernen Gesetzgebers entziehen will.

Ähnlich wirkt und soll wirken die Annahme von sachlichen *Vorgegebenheiten* des Rechts. Natur der Sache, Wesen und ontologische Strukturen gehen in dieser Vorstellung von den Vorgegebenheiten des Rechts auf. Man meint

230 Übersicht: *Henkel*, Einführung in die Rechtsphilosophie, 2. Aufl., 1977, S. 172 ff., 227 ff.
231 *Engelhard*, in: Zeitschrift für Rechtspolitik, 1983, S. 233.

damit wohl, daß das Recht bestimmte Situationen, Organisationen, Dinge und Eigenschaften vorfinde und einrechnen müsse, sonst werde es ungerecht. Diese Vorgegebenheiten erweisen sich als Sammelbecken, als wahre Zuflucht für die alten metaphysischen Probleme der Rechtsphilosophie. Der Mensch ist gut, der Mensch ist böse, der Mensch braucht Eigentum, der Mensch braucht Sicherheit, alle diese für rechtliche Regeln so folgenreichen Sätze können sich als Teile der Vorgegebenheiten des Rechts wiederfinden.

3.4.3 Naturwissenschaften und Recht

215 Die Naturwissenschaften gelten als Beispiele für Wissenschaftlichkeit überhaupt. Die betonte reine Wissenschaftlichkeit modernen Nachdenkens über richtiges Recht hat daher immer versucht, Anleihen bei den Naturwissenschaften zu machen. Die Naturwissenschaften ihrerseits sind offenbar nicht abgeneigt, Kredit einzuräumen. Die allgemeine Fragestellung ist diese:

Lassen sich die komplizierten Ableitungszusammenhänge zwischen Sozialanthropologie und Metaphysik des Rechts so formulieren, daß sie mit naturwissenschaftlichen Mitteln behandelbar werden? Läßt sich die Güte oder die Schlechtigkeit des Menschen naturwissenschaftlich belegen? Läßt sich ein unausweichlicher Straftrieb naturwissenschaftlich beweisen? Ist das Eigentum für den Menschen eine naturwissenschaftliche, z.B. sozialbiologische Notwendigkeit?

Dies alles ist möglich; insgesamt kommt es zu einer Verwissenschaftlichung der Probleme der Sozialanthropologie, zu einer Verwissenschaftlichung, die die Metaphysik des Rechts aufsaugt.

Zunächst ein grobes, aber nicht erfundenes Beispiel:

Die Inzestverbote (Verbot sexueller Beziehungen zwischen engen Verwandten) im Strafrecht, Eherecht, Vertragsrecht sind für die heutige Lehre vom richtigen Recht schwer zu begründen. Man kann zur Begründung auf das positive Recht (z.B. § 173 StGB) verweisen, was man vorzugsweise tut. Gegenüber dem Interesse, dem Wunsch, sexuelle Beziehungen zu einem nahen Verwandten zu haben, erzeugt das positive Recht aber allenfalls Furcht vor Sanktionen, nicht die Vorstellung, Inzest müsse als Unrecht unterlassen werden. Worin aber liegt das Unrecht des Inzests? Nur von einer Bewertung als Unrecht kann sich das Inzestverbot ableiten; und nur durch eine solche Bewertung wird Zwang zur Durchsetzung der Inzestverbote legitim. Moderne Rechtstheorien sind, wenn es um die Richtigkeit bestimmter rechtlicher Regeln geht, um eine Antwort einigermaßen verlegen (vor allem beim verständlichen poetisch oder literarisch schilderbaren Inzest). Am konsequentesten wäre es, die Achseln zu zucken und resigniert auf die historischen Bedingtheiten sexueller Tabus zu verweisen; und hinzuzufügen, daß »die Wissenschaft« politische Handlungsziele zwar bezweifeln, aber neue Handlungsziele nicht setzen kann. Die dennoch aufgenommene Suche nach wissenschaftlichen Begründungen für Inzestverbote führt dann auf die Naturwissenschaften. Und hier wird man fündig:

»Inzest-Tabu biologisch notwendig[232]*.«*

Das heißt: Die wissenschaftliche Biologie beweist, daß rechtliche Inzestverbote unausweichlich sind; eine Natur-Wissenschaft beweist, was ehedem nur die Metaphysik konnte.

Doch, was man in der Soziobiologie als Teil der Biologie zur Notwendigkeit der Inzestverbote findet, ist nur Naturwissenschaft als Ersatz für Rechts-Metaphysik.

Am Beispiel ist das leicht einzusehen. Die Begründung für die »Notwendig- **216**
keit« der Inzestverbote wird in der Biologie darin gesehen, daß aus sexuellen Verbindungen unter nahen Angehörigen verschiedenen Geschlechts – wissenschaftlich gesichert – häufig behinderte Abkömmlinge hervorgehen. Bei einer Verbindung von Vater und Tochter sollen nach wissenschaftlichen Angaben 50% der Kinder geistig behindert zur Welt kommen. Also Inzestverbot! Für viele, an moderner Wissenschaftlichkeit geschulte Aufnahmegewohnheiten ist das ganz überzeugend. Aber man übernimmt eine ganze, möglicherweise nicht einmal sorgfältig durchdachte Weltsicht, wenn man solche Ableitungen für wissenschaftlich gesichert hält. Damit ein Ergebnis »Inzestverbot biologisch notwendig« richtig (verbindlich) werden kann, muß vorausgesetzt werden: Behinderungen bei Nachkommen sollen nicht sein. Die Biologie geht davon aus, daß dies völlig geklärt ist. Doch ist das sehr schwierig zu klären, und nur zu klären, wenn man ein wenig Metaphysik zu treiben bereit ist. Warum sollen Nachkommen nicht behindert sein? Darauf gibt es zahlreiche Antworten, deren Verbindlichkeit unterschiedlich mühsam zu rechtfertigen ist. Behinderungen von Nachkommen sollen ausgeschlossen werden,

- weil die Behinderung die Gesunden stört (Argument aus dem Interesse einer bestimmten Gruppe),
- weil dem Behinderten ein schweres Leben bevorsteht (Argument aus dem Mitleid für den Leidenden),
- weil der Behinderte zum Sozialprodukt weniger beitragen kann als der Nicht-Behinderte (Argument aus der wirtschaftlichen Zweckmäßigkeit),
- weil die Menschheit insgesamt »schlechter« werden würde (Argument aus der Evolutionslehre).

---

232 Überschrift eines Berichts in der Beilage »Natur und Wissenschaft« der Frankfurter Allgemeinen Zeitung vom 4. 2. 1981. Diesem Bericht sind auch die im Text folgenden Angaben entnommen. – Genaues Material und differenzierte Überlegungen bei: *N. Bischof*, Die biologischen Grundlagen des Inzesttabus, in: Wickler/Seibt (Hrsg.), Vergleichende Verhaltensforschung, 1973, S. 433 ff.

Zwischen solchen Argumenten gibt es richtige, verbindliche Entscheidungen nur, wenn man die Argumente von den Wünschen der Beteiligten, der Interessierten absetzt. Man muß diese Argumente von der Empirie im Sinne *Kants* absetzen. Innerhalb der wirklichen Interessen gibt es nur Machtentscheidungen; dieses Interesse setzt sich durch, das andere Interesse nicht. Dieses Verfahren erbringt aber nur Regeln, nicht Recht. Das Absehen vom Empirischen, von der Physik, das eben ist die Metaphysik des Rechts. Über das Inzestverbot mit Anspruch auf rechtliche Richtigkeit ist nur in einer Metaphysik des Rechts zu entscheiden (so ist es auch in der Tradition von *Plato* bis *Hegel*). Naturwissenschaft – wie man sieht – macht rechtsmetaphysischen Aufwand überflüssig; das ist das Kennzeichen einer Legierung von Sozialanthropologie und Metaphysik des Rechts.

Weitere Beispiele sind in jeder aktuellen naturwissenschaftlichen Spezialdisziplin zu finden:

217 Zahlreiche naturwissenschaftliche Fachrichtungen sind an der Erforschung der Unterschiede zwischen Kindes-, Jugend- und Erwachsenenalter beteiligt (Medizin, Humanbiologie, naturwissenschaftliche Psychologie). Die wissenschaftlich belegten Unterschiede gelten als ausreichende Rechtfertigung für unterschiedliche rechtliche Behandlung: eine außerordentliche Verkürzung des Problems. Die naturwissenschaftlichen Unterschiede zwischen den Altersgruppen können nur die Frage nach unterschiedlicher rechtlicher Regelung veranlassen, nicht entscheiden.

Vergleichende Verhaltenslehre und Instinktforschung zeigen, daß die Menschen weniger festgelegt sind als selbst noch die höchsten Tierarten. Daraus wird alles mögliche gefolgert, z.B. daß Ethik und Recht die Nachteile aus einem offenen Instinktgefüge ausgleichen müssen[233]. Aber auch hier: Die naturwissenschaftlichen Befunde zeigen ein Problem, enthalten nicht die Art gleich mit, wie das Problem zu lösen ist. Daß die Instinktoffenheit des Menschen durch Recht erträglich gemacht werden soll, das ist ein Problem der Metaphysik, nicht der Physik des menschlichen Zusammenlebens. Man braucht sich im übrigen nicht allzusehr anzustrengen, um in den Fragen der Gefährdung des Menschen durch Instinktoffenheit das alte Problem der Charakterisierung des Menschen im Naturzustand und das alte Problem des Übergangs vom Naturzustand in den rechtlichen Zustand wiederzuentdekken, nur eben naturwissenschaftlich umformuliert, was die Sache nicht klarer macht.

Die Entwicklung weg von der Rechtsmetaphysik hin zur reinen Rechtslehre hat offenbar jenen wissenschaftlichen Untersuchungsverfahren, die Natur-

---

233 Zusammenfassung aus rechtlicher Sicht: *Hellmuth Mayer*, Die gesellige Natur des Menschen, Sozialanthropologie aus kriminologischer Sicht, 1977.

wissenschaften und Gesellschaftswissenschaften verbinden, sehr zweckmäßige Entfaltungsmöglichkeiten verschafft. Möglicherweise entsteht hier ein Hauptgebiet moderner reiner Rechtslehre[234]. Die Literaturmenge wächst; die Untersuchungsgebiete dehnen sich aus. Hauptbeispiel: die »Soziobiologie«, die »Soziochemie« und die »Soziogenetik« zeichnen sich ab. Eine »Biologie der 10 Gebote« kann erscheinen[235], die ganz naiv meint, die Verbindlichkeit der 10 Gebote, die früher auf eine so massive Autorität wie Gottes Willen gestützt werden mußte, auf eine Naturwissenschaft gründen zu können. Die Klärung der »soziobiologischen Grundlagen menschlichen Verhaltens«: wäre das nicht die Lösung aller rechtsphilosophischen Probleme?[236] Die Humanethologie (also die Verhaltensforschung am Menschen) setzt an, grundlegende Rechtsinstitute als dem Menschen angemessen oder unangemessen zu diskutieren[237].

Die Versuche, *Naturwissenschaft zu sagen und Metaphysik des Rechts zu* **218**
meinen, sind aus vielen Gründen verständlich. Daß das Prestige der Wissenschaftlichkeit hier am ehesten genutzt werden kann, ist schon erwähnt worden. Daß die Verkümmerung schwieriger Ableitungen in diesem Bereich nicht gerügt wird, kann an der Fähigkeit der Naturwissenschaften liegen, mit ihren unausgesprochenen wertenden Voraussetzungen das Durchschnittsinteresse der Menschen zu treffen, jene Mitte zu treffen, von der *Aristoteles* meinte, sie sei das Ziel richtigen Rechts.

Wichtig ist aber auch, daß mit diesem Bemühen, Naturwissenschaft als Legierung von Sozialanthropologie und Metaphysik zu betreiben, eine an *Hegel* orientierte Tradition fortgeführt wird: Das Wirkliche ist vernünftig, die Natur, so wie wir sie vorfinden, enthält ihre eigenen Regeln, die zu Ende zu denken sind.

Auffällig sind auch die Ähnlichkeiten mit der Vorstellung von der Entelechie (Lehre von der Zielgerichtetheit allen Seins), bei der die Rechtsphilosophie von ihrem Ursprung an Hilfe gesucht hat. Uralte Themen, fast Hoffnungen der Rechtsphilosophie tauchen hier wieder auf: keine Trennung von Sein und Sollen; die Experten = die Wissenschaftler entnehmen dem (natürlichen) Sein, was gesollt wird.

---

234 Übersichten: *Beutel*, Die experimentelle Rechtswissenschaft, 1971; *Gruter/M. Rehbinder* (Hrsg.), Der Beitrag der Biologie zu Fragen von Recht und Ethik,1983; *Schurig*, Überlegungen zum Einfluß biosoziologischer Strukturen auf das Rechtsverhalten,1983; *Quambusch*, Recht und genetisches Programm, 1984.

235 *Wickler*, Die Biologie der Zehn Gebote, Neuauflage 1975.

236 Vgl. als Beispiel *Edward O. Wilson*, Biologie als Schicksal: die soziobiologischen Grundlagen menschlichen Verhaltens. (Aus dem Amerik. übersetzt von Friedrich Griese, 1980).

237 *S. Frank-Hermann Schmidt*, Verhaltensforschung und Recht, 1982; *Gruter*, Die Bedeutung der Verhaltensforschung für die Rechtswissenschaft, 1976.

Und es kommt hinzu, daß Naturwissenschaft auch Wissenschaft von den Möglichkeiten der Veränderung der Natur ist. Eine Wissenschaft von der Veränderbarkeit der Natur kann somit zugleich Wissenschaft von der Veränderbarkeit des Rechts sein. Naturgegebenheiten weisen auf rechtliche Notwendigkeiten; geänderte Naturgegebenheiten weisen auf die Notwendigkeit der Rechtsänderung. Damit wird die Flexibilität = die Mobilität des Rechts gesichert, die eines der wichtigsten Ziele des Zurückziehens der Metaphysik aus dem Recht gewesen sein muß.

Widerstände gegen diese Sozionaturwissenschaften sind selten, zu deutlich treffen sie die Erwartungen der reinen Rechtslehre, die Erwartungen an eine Legierung von Sozialanthropologie und Metaphysik. Immerhin sind *zwei wichtige Widerstandsbereiche* zu registrieren.

219 Am eindrucksvollsten lassen sich Widerstände auf einem Nebengebiet dieses Diskussionsbereichs erkennen, an den Stellen nämlich, an denen das Thema »Naturwissenschaft und Recht« zum Thema »Naturänderungswissenschaft und Recht« wird. Die einfache Überlegung, die Veränderbarkeit der Natur müsse die Veränderbarkeit des Rechts zur Folge haben, wird als zu einfach betrachtet. Das Hauptargument ist, daß nicht jede Veränderbarkeit der Natur verwirklicht werden dürfe, woraus dann folgt, daß auch die Veränderbarkeit des Rechts beschränkt sein muß. Doch hat es dieses Argument schwer. Es muß begründen, daß die Natur ganz oder teilweise so bleiben soll wie sie ist, daß die Natur ein Recht auf Unverletzlichkeit hat. Diese Begründung aber ist ohne Metaphysik nicht möglich. So kann es sein, daß die Suche nach einer Begründung dafür, daß die Natur Rechtsansprüche an den Menschen hat, Rechtsmetaphysik zurückbringt[238]. Aber dies wird langsam gehen. Zunächst bleibt es bei den rechtlichen Zementierungen, die die bequeme Legierung von Naturwissenschaften und Metaphysik erbringt. Der Protest gegen diese Bequemlichkeit, so leicht er zu formulieren wäre, ist auf wenige Stimmen beschränkt[239].

Der Kern der sehr einfachen aktuellen wissenschaftlichen Sozionaturwissenschaften – so und so ist der Mensch, das Recht hat dies nachzuzeichnen –

---

238 Viele Hinweise auf dieses Problem in: *Meyer-Abich* (Hrsg.), Frieden mit der Natur, 1979, vor allem in den Beiträgen von *Birnbacher* (Was kann Verantwortung für die Natur heißen?, S. 91 ff.), *Meyer-Abich* (Zum Begriff einer Praktischen Philosophie der Natur, S. 237 ff.) und *Daecke* (Auf dem Wege zu einer Praktischen Theologie der Natur, S. 262 ff.). Vgl. auch *Stutzin*, Die Natur der Rechte und die Rechte der Natur, in: Rechtstheorie 1980, S. 344 ff. und *Hasso Hofmann*, Natur und Naturschutz im Spiegel des Verfassungsrechts, in: Juristenzeitung 1988, bes. S. 277 f.

239 Beispiele: *Höffe*, Sittlich-politische Diskurse, 1981, S. 15 ff., 185 f.; *Schwarte*, Die Bedeutung der Soziobiologie für die Rechtswissenschaft, einige Worte der Warnung, in: Gruter/Rehbinder (Hrsg.), Der Beitrag der Biologie zu Fragen von Recht und Ethik, 1983, S. 51 ff., bes. S. 57 f.

wird durch die Überlegung zerstört, daß eine genau ermittelte Natur des Menschen nicht lehrt, was der Mensch soll, sondern ganz im Gegenteil lehrt, wie gefährlich der Mensch für den Menschen ist, also lehrt, daß der Mensch in seinen Ausdehnungswünschen durch Recht nicht zu bestätigen, sondern zu begrenzen ist. In dieser Überlegung steckt die alte rechtsrealistische Vorstellung vom Menschen, der für den anderen Menschen ein Wolf ist; die Vorstellung ist allerdings ins Erdrückende erweitert durch die Kenntnis der Mittel, die die Wolfseigenschaften des Menschen unendlich verstärken. In dieser Überlegung steckt auch, und nicht einmal ganz verborgen, die traditionell nur metaphysisch begründbare Forderung, der Mensch dürfe auf keinen Fall des anderen Menschen Wolf sein. In diesem Zusammenhang ist das Ergebnis der modernen Sozionaturwissenschaften ein einziger Appell an das (richtige) Recht, dem Menschen Natürlichkeit auf keinen Fall zu erlauben[240].

3.4.4 Sozialwissenschaften und Recht

Auch die Bemühungen um eine sozialwissenschaftliche Orientierung des Rechts gehören in den hier geschilderten Zusammenhang. Das eindeutige Bekenntnis dieser Bemühungen ist: auf keinen Fall Metaphysik, sondern nur Wissenschaft, möglichst reine Wissenschaft, aber Wissenschaft, die die Rechtspolitik mit betrifft und einen Teil der Politik für die Wissenschaft zurückgewinnt. Nur die beteiligten Disziplinen, Interessen, Ziele sind andere als im Bereich »Naturwissenschaften und Recht«. 220

Die Sozialwissenschaften, die sich um das Recht bemühen, sind vorwiegend: Soziologie in spezialisierten Zweigen (z.B. die Soziologie der Abweichung und die Soziologie der Institutionen) und die Sozialpsychologie in allen Richtungen, die verschiedenen Schulen der Psychoanalyse eingeschlossen. Die Absicht der Sozialwissenschaften im Recht ist, die Sozialanthropologie (die soziale Wirklichkeit des Menschen im Verhältnis zu anderen Menschen) empirisch so weit aufzuhellen, d. h. soweit zu erkennen, daß die richtige und verbindliche rechtliche Organisation des Menschen wie von selbst zutage tritt, eine von der sozialen Erkenntnis gelöste Richtigkeits- und Verbindlichkeitsdiskussion also überflüssig wird.

Die Psychologie bemüht sich eingehend um die sozialempirische Untersuchung von gefühlsbegleiteten Gerechtigkeitsvorstellungen, nimmt aber nur die austeilende, modern: die sozialstaatliche Gerechtigkeit in den Blick[241]. Die

---

240 Vgl. *Hans Jonas*, Das Prinzip Verantwortung, Versuch einer Ethik für die technologische Zivilisation, 10. Aufl., 1992; *Hans Mohr*, Biologische Wurzeln der Ethik?, 1983.

241 Informative Zusammenfassung: *Mikula* (Hrsg.), Gerechtigkeit und soziale Interaktion, Experimentelle und theoretische Beiträge aus der psychologischen Forschung, 1980.

Psychoanalyse, erweitert um Soziologie und Verhaltensforschung, nimmt sich aller Themen der bisherigen Rechtsphilosophie-Geschichte an, erklärt diese Themen zum einen Teil für erledigt, übernimmt und präzisiert diese Themen zum anderen Teil; die Sozialpsychoanalyse und die in ihr liegenden Entwicklungsmöglichkeiten erscheinen ausdrücklich als das modernste Kapitel der Rechtsphilosophie[242].

221 Die Untersuchungen in den Bereichen

Soziologie und Recht,
Kulturtheorie und Recht,
Evolutionstheorie und Recht,
Ökonomie und Recht,
Kommunikationstheorie und Recht,
Strukturtheorie und Recht

sind kaum übersichtlich zu sammeln. Was immer man aus diesem Bereich in die Hand nehmen wird, man wird finden: Berufung auf Sozialwissenschaftlichkeit, gerade »Wissenschaftlichkeit« betont, führt nur zur Neudiskussion der alten rechtsphilosophischen Probleme, freilich ohne daß die Alternative sichtbar würde, die die »alte« Rechtsphilosophie kannte und die diese »alte« Rechtsphilosophie zu so großen Anstrengungen brachte. Die »alten« Probleme waren: sollen die Menschen rechtlich geordnet miteinander leben? Falls die verbindliche Antwort »ja« ist, kann die rechtliche Ordnung in unbedingt notwendige und in veränderbare Teile getrennt werden? In den Sozialwissenschaften ist die Frage nach dem »Ob« rechtlicher Ordnung zugunsten einer vorweggenommenen, fast indignierten Antwort »selbstverständlich« verschwunden. Die fast vollständige Veränderbarkeit des Rechts scheint unausgesprochenes Dogma in allen Sozialwissenschaften zu sein, die sich mit dem Recht beschäftigen.

222 Doch sind diese Sozialwissenschaften im Recht schließlich nur Metaphysik des Rechts in einem Gewande, die das Zeitalter akzeptieren kann[243]. Beim Beginn sozialwissenschaftlicher Forschung sind die alten rechtsphilosophischen Fragen eben schon immer mitgestellt, die Frage z.B., ob der Mensch im Verhältnis zum anderen Menschen eher pessimistisch oder optimistisch zu sehen ist – mit allen Folgen für die Organisation des Rechts als Teil der Ordnung unter Menschen.

Eine den Menschen frei, gleich und mitleidend sehende Sozialwissenschaft wird Rechtsregeln finden oder fordern, die diesem Menschenbild entspre-

242 Wichtigstes Buch: *Ehrenzweig*, Psychoanalytische Rechtswissenschaft, 1973.
243 Am Beispiel dargestellt: *Naucke*, Die Sozialphilosophie des sozialwissenschaftlich orientierten Strafrechts, in: Hassemer/Lüderssen/Naucke, Fortschritte im Strafrecht durch die Sozialwissenschaften?, 1983, S. 1 ff.

chen: sozialorientierte, Macht begrenzende, Freiheit und Gleichheit fördernde Rechtsregeln; und der Wissenschaftlichkeit der Sozialwissenschaften werden immer wieder die Mittel, zu solchen Regeln zu kommen, einfallen.

Eine Sozialwissenschaft, die den Menschen besorgt als böse betrachtet, wird Rechtsregeln finden und fordern, die die Bösartigkeit des Menschen in Grenzen hält, Regeln, die zwingen und beschränken.

Das durchgängige Kennzeichen dieser Linie ist die Berufung auf Erkenntnis, **223**
empirische Erkenntnis. Methodologisch gesicherte empirische Erkenntnis wird Rechtsquelle[244]. Die Erkenntnis des Seins ersetzt das Auseinanderhalten von Sein und Sollen. Die Ähnlichkeit zum Verhältnis von Sozionaturwissenschaften und Recht ist auffällig. In der Tat ist die Grenze zwischen Sozionaturwissenschaften und Sozialwissenschaften unklar. Daher können viele Ergebnisse für das Recht ebensogut sozionaturwissenschaftlich wie sozialwissenschaftlich dargestellt werden, z.B. die Aufgabe des Rechts, bestimmte, für den Mitmenschen gefährliche Schwächen des Menschen auszugleichen. Diese Aufgabe läßt sich gleich einleuchtend mit naturwissenschaftlich-psychologischen und mit sozialwissenschaftlich-soziologischen Mitteln erläutern. Die künftige Entwicklung kann ergeben, daß die Sozionaturwissenschaften eher die Rechtsphilosophie »Recht ist notwendiger Zwang«, die Sozialwissenschaften eher die Rechtsphilosophie »Recht ist Sicherung von Freiheit und Milderung von Leid« ausdrücken, allerdings im gleichen Gewande der reinen, empirisch gesicherten Rechtstheorie.

Huldigungen an *Hegel* oder an die Lehre von der Entelechie vermißt man freilich in den Sozialwissenschaften, die der Aufhellung des sozialen Seins das rechtliche Sollen entnehmen.

Alle diese Bemühungen sind ganz augenfällige Legierungen von empirisch **224**
gemeinter Sozialanthropologie und Metaphysik mit dem modernen Vorrang der Sozialanthropologie[245].

Ob dieses Aufgehen der Rechtsmetaphysik in der Rechtsempirie eine große Zukunft hat, ist sehr zweifelhaft. Die Professionalität, die vorausgesetzt wird,

---

244 Vgl. den Titel des Buches von *Lüderssen*, Erfahrung als Rechtsquelle, 1972, in diesem Titel ist Erfahrung = empirische Erkenntnis.

245 Zusammenfassungen: *H. W. Schünemann*, Sozialwissenschaften und Jurisprudenz, 1976; Sozialwissenschaften im Studium des Rechts, 4 Hefte (Zivil- und Wirtschaftsrecht; Verfassungs- und Verwaltungsrecht; Strafrecht; Rechtsgeschichte), 1977 ff.; *Büllesbach*, Rechtswissenschaft und Sozialwissenschaft, in: Arthur Kaufmann/Hassemer (Hrsg.), Einführung in Rechtsphilosophie und Rechtstheorie der Gegenwart, 6. Aufl., 1994, S. 440 ff. Siehe zum Verhältnis von Sozialwissenschaften und Abweichung: *Lüderssen/Sack* (Hrsg.), Abweichendes Verhalten, 4 Bände, 1974 ff. und *Lüderssen/Sack* (Hrsg.), Vom Nutzen und Nachteil der Sozialwissenschaften für das Strafrecht, 2 Bände, 1980.

um die Sprache und die Argumentationstechniken überzeugend zu beherrschen, welche diese aktuelle Legierung von Metaphysik und Sozialanthropologie verlangt, ist nicht einfach zu erreichen. Die unüberzeugende Übernahme von Schulhaltungen und Schulsprachen liegt nahe. Die Anziehungskraft der sozialwissenschaftlich formulierten Rechtstheorie für Leute, die in ihrem Alltag auf richtiges Recht angewiesen sind, dürfte gering sein.

Ein kleiner Schritt in der Entwicklung des Kapitels »Sozialwissenschaften und Recht« liegt eigentlich sehr nahe, eine kleine Rückentwicklung fast, nämlich das Wiedereindringen der Sozialwissenschaften in die Philosophie, des rechtlich interessierten Teils der Sozialwissenschaften in die Rechtsphilosophie – und dabei, zum Nutzen beider Disziplinen, das Wiederentdecken der »alten« metaphysischen Probleme der Rechtsphilosophie, der Hauptfrage vor allem, was denn Recht eigentlich sei, ob überhaupt Recht sein solle und wenn ja, ob es einen notwendigen und einen nicht-notwendigen Inhalt habe. Aufmerksam muß man daher Buchtitel wie diesen zur Kenntnis nehmen: »Philosophie der Sozialwissenschaften«, Titel, die ausdrücklich die »metaphysischen« Voraussetzungen der Sozialwissenschaften umfassen wollen[246].

3.4.5 Ökonomische Analyse des Rechts

225 Die ökonomische Annäherung an die Frage: Was ist richtiges Recht?, ist an der Oberfläche leicht zu verstehen als eine aktuelle Ausprägung des Verhältnisses von Sozialwissenschaften und Recht. In der Ökonomischen Analyse des Rechts wird die Ökonomie aufgefaßt als eine moderne, spezialisierte Sozialwissenschaft.

Die Ökonomische Analyse des Rechts setzt unbefragt voraus, daß es einen Staat gibt, daß in diesem Staat gesteuert werden muß, damit alles ordentlich läuft. Und in diesem Steuerungsmechanismus werden Recht und Wirtschaft als gleichrangige Steuerungsmittel aufgefaßt. Diese Annäherung ist dem modernen Ordnungsbewußtsein völlig plausibel und wird nicht weiter befragt.

226 Zu debattieren ist in der Ökonomischen Analyse des Rechts nur noch mit wissenschaftlichen Verfahren, wann welches Mittel effektiv, ökonomisch (geld- und ressourcenangemessen) zur Erreichung der vorgefundenen oder angenommenen Steuerungsziele einzusetzen ist. Ergibt die Debatte, daß das Recht als Steuerungsmittel zweckmäßig einzusetzen ist, muß weiter untersucht werden, welches Rechtsgebiet mit welchen Institutionen, eventuell mit

246 *Acham*, Philosophie der Sozialwissenschaften, 1983, bes. S. 6.

welchen Änderungen am geeignetsten ist[247]. Beispiel: Eine sozialistische Planwirtschaft muß in eine soziale Marktwirtschaft überführt werden. Die Ökonomische Analyse des Rechts kann unter Einbeziehung des Sachverstands von Juristen, Volkswirten und Betriebswirten die wirtschaftlichen Instrumente, einschließlich der Rechtsform dieser Instrumente einer solchen Überführung, entwickeln, die Folgen der Alternativen abschätzen und die beste, d.h. die gesellschaftlich am wenigsten schädliche Alternative zu präsentieren versuchen. Die Treuhandanstalt, die nach der Wiedervereinigung 1990 zur Privatisierung der sozialistischen Planwirtschaft der DDR entstanden ist, verdankt solchen Überlegungen die Rechtsform als Anstalt des öffentlichen Rechts, die »ihre Aufgaben in dezentraler Organisationsstruktur über Treuhand-Aktiengesellschaften (verwirklicht)« (§§ 2, 7 des Treuhandgesetzes der DDR v. 17. Juni 1990). Weiteres Beispiel: Vorausgesetzt, das Strafrecht solle Straftaten vorbeugen, so kann die Ökonomische Analyse des Rechts ermitteln, welche Straforganisation am ökonomischsten ist, eine vergeltende, eine abschreckende oder eine erziehende Organisation[248]. Viele weitere Beispiele finden sich in großer Zahl in allen Rechtsgebieten[249].

Das Aufgehen der Rechtsmetaphysik in der Rechtsempirie ist in dieser praktisch sehr wirksamen Lehre in kurzer Zeit fast klassisch geworden. Diese Lehre tritt als »Analyse« des Rechts auf, ist aber eine vollständige, zum Teil allerdings verkappte Rechts- und Staatstheorie. Der schwierigste Teil aller Rechtsphilosophie – der metaphysische Teil der Rechtsphilosophie – ist verschwunden. Daß der Mensch gefälligst ordentlich mit anderen Menschen zusammenzuleben hat, ist selbstverständliche Annahme. Die Frage an die Ökonomische Analyse des Rechts, wie man zu einer solchen Selbstverständlichkeit komme, muß damit rechnen, für lächerlich gehalten zu werden. Das ist eben so. Und es geht nur noch darum, die Rechtsorganisation »ökonomisch«, »effektiv« zu halten. Ein großes, beeindruckendes Expertentum hat sich um die Ökonomische Analyse des Rechts entwickelt. Aber es ist nur ein

---

247 Die grundlegenden Texte, die die Ökonomische Analyse des Rechts begründet haben, sind zusammengestellt von: *Assmann/Kirchner/Schanze*, Ökonomische Analyse des Rechts, 1993. Allgemein zum Verhältnis von Rechtsphilosophie und Ökonomischer Analyse des Rechts: *Lorenz Schulz*, Betrachtungen zum Verhältnis von Markt und Recht, in: Müller-Funk (Hrsg.), Die berechnende Vernunft, über das Ökonomische in allen Lebenslagen, 1993, S. 100 ff.

248 Plastischer Beleg: *Neu*, Ökonomische Probleme des Strafvollzugs in der Bundesrepublik Deutschland, 1971.

249 S. für das Zivilrecht: *Kübler*, Effizienz als Rechtsprinzip, Überlegungen zum rechtspraktischen Gebrauch ökonomischer Argumente, in: Baur u.a. (Hrsg.), Festschrift für Steindorff zum 70. Geburtstag, 1990, S. 687 ff.; für das Arbeitsrecht: *Dorndorf*, Ökonomische Analyse des Rechts und Betriebsverfassungsrecht, in: KritV 1992, S. 416 ff.; für das Strafrecht: *Lüderssen*, Law and Economics in der Kriminalpolitik, in: *Lüderssen*, Abschaffen des Strafens?, 1995, S.391 ff.; *Stefan Werner*, Die Ökonomische Analyse des Rechts im Strafrecht, in: KritV 1992, S. 433 ff.

Expertentum der Empirie, ein Expertentum der Geld- und Ressourcenorganisation. Das Recht ist dabei eine vorausgesetzte, positiv vorhandene Menge, aus der man sich versorgen kann, wenn es zweckmäßig erscheint.

227 Die Sozialanthropologie ist verkürzt auf den ökonomisch-effektiv handelnden Menschen. Diese Verkürzung ist aber nicht empirisch begründet, sondern entsteht aus einer bewertenden Annahme: regelmäßig *ist* der Mensch so, und so *soll* er auch sein. Der Mensch wird nicht nur im Notfalle, sondern im »ökonomischen« Falle unter – auch starken – Druck gesetzt. Hier stecken die bis zur Unkenntlichkeit vereinfachten metaphysischen Probleme der Rechtsphilosophie.

Die Begründung dafür, daß der Mensch ökonomisch-effektiv handeln soll, wird nicht mehr versucht. Ordnung – irgendeine Ordnung –, die ökonomisch, effektiv und reibungsarm funktioniert, verdient es, erhalten und bekräftigt zu werden. Das kann zu ökonomisch richtigen, aber für viele Einzelne schrecklichen juristischen Zuständen führen. Die juristische Organisation der Kriegswirtschaft am Ende des 2. Weltkrieges war – nach den Regeln der Ökonomischen Analyse des Rechts – perfekt, aber grauenvoll. Für den Fall, daß dieser Einwand erhoben wird, hält die Ökonomische Analyse die Menschenrechte als Korrektur bereit[250]. Aus der Rechtsphilosophie kann man freilich lernen, daß – soll Recht nicht ausarten – die absolute Gerechtigkeit mühsam zu erwerbende Grundlage, nicht schnell herbeigeholte Randkorrektur von ökonomisch zutreffend analysiertem Recht sein muß.

Die Ökonomische Analyse des Rechts ist moderner Rechtsrealismus, aktualisierter *Machiavelli*: der Rechtsrealismus ist so stark geworden, daß nach seinen metaphysischen Voraussetzungen nur noch mit querulatorischer Anstrengung gefragt werden kann. Eine »Philosophie der Ökonomischen Analyse des Rechts« ist – anders noch als bei den Sozialwissenschaften (»Philosophie der Sozialwissenschaften« im Recht) – nicht zu sehen.

Eigentlich ist das erstaunlich, denn das Verhältnis von Recht und Wirtschaft ist lange Zeit in der marxistischen Rechtstheorie auf einem theoretisch viel anspruchsvolleren Niveau diskutiert worden. Freilich ist auch diese Lehre nur eine jener Legierungen von Sozialanthropologie und Metaphysik, die in diesem Abschnitt erörtert werden. Dies ist kurz zu zeigen.

3.4.6 Marxistische Rechtstheorie

228 Diese Lehre – systematisch ausformuliert von *Karl Marx* (1818–1883), Hauptwerk: Das Kapital, 3 Bände, 1867 ff. – meint, *Recht sei das notwendige*

250 Präzise: *Kübler* (Anm. 249), S. 701 f.

Produkt gesellschaftlicher Entwicklungen. Die Richtigkeit des Rechts lasse sich aber genau beurteilen. Gesellschaftliche Entwicklung sei ständig in Bewegung, weg von einem relativen Recht, das nur Ausdruck der Interessen sozialer Klassen ist, hin auf das absolute Ziel der befriedeten Gesellschaft der Gleichen. Der Abstand des gegebenen interessenverseuchten Rechts vom Recht des absoluten Zielpunktes sei die aktuelle Masse an Ungerechtigkeit.

Diese Auffassung erfüllt in ihrer Selbstbeurteilung fast glänzend die Anforderungen, die an moderne Rechtstheorie gestellt werden:

- reine Wissenschaftlichkeit im Bezug auf das Seiende,
- Verachtung aller traditionellen Metaphysik,
- Erkenntnis (anstelle von metaphysischer Begründung) des Rechts,
- Notwendigkeit der Ergebnisse,
- völlige Verbindlichkeit, d. h. absolute Unwiderstehlichkeit dessen, was die Theorie an richtigem Recht ergibt.

Alle Hoffnungen und Sehnsüchte, die je in der – auch metaphysischen – Rechtsphilosophie eine Rolle gespielt haben, sind hier versammelt:

- Die Entwicklung vom rohen in den wirklich menschlichen Zustand,
- die völlige argumentative und technische Sicherung der gesellschaftlichen Entwicklung gegen Abweichung,
- die notwendige und gerechte Rolle des Rechts in dieser Entwicklung.

Nur eben, die Abhängigkeit der Behandlung dieser Themen von der Fähigkeit, Metaphysik – und sei es rationale Metaphysik – zu treiben, ist geleugnet. *Hegel* wird zwar als Ahnherr anerkannt, nicht aber sein Eingeständnis, es gehe ohne »Metaphysik« im Recht nicht.

Für die marxistische Rechtstheorie ist die richtige, d.h. die richtig erkannte Sozialanthropologie und ihre notwendige Entwicklung schon das Recht – als habe es die vielfältigen Probleme das Übergangs von der Sozialanthropologie zur Verbindlichkeit des Rechts nie gegeben.

Es ist kaum ein eindringlicheres Beispiel für die Bereitschaft zu finden, Metaphysik des Rechts unbefragt zu akzeptieren (d.h. auf die Begründung dieser Metaphysik zu verzichten), wenn diese Metaphysik nur politischen Wünschen entsprechend in die wissenschaftlich verbürgbare Sozialanthropologie integriert ist und unwiderstehliches, technisch einsetzbares positives Recht entstehen läßt[251].

---

251 Übersichten: *Wolf Paul*, Marxistische Rechtstheorie als Kritik des Rechts, 1974; *Mazurek*, Marxistische und sozialistische Rechtstheorie, in: Kaufmann/Hassemer (Hrsg.), Einführung in Rechtsphilosophie und Rechtstheorie der Gegenwart, 6. Aufl., 1994, S. 404 ff.

3.4.7 Systemtheorie und Recht

229 Die Systemtheorie sieht Gesellschaft und Staat als kompliziertes System mit vielen Untersystemen. Ziel des Systems und seiner Untersysteme ist es, sich stabil zu halten, und sei es durch Entwicklung, d. h. durch Anpassung an neue Bedingungen. Dem Recht kommt die Aufgabe zu, diesem Prozeß der Systemerhaltung und Systemanpassung zu dienen.

Die Systemtheorie und ihre »Anwendung« auf das Recht ist eigentlich nur ein Unterfall der vorher skizzierten reinen Rechtslehren. Die breite aktuelle Erörterung des Kapitels »Systemtheorie und Recht« verlangt eine gesonderte Aufführung. Damit ist auch das Problem gelöst, ob man das Thema »Systemtheorie und Recht« bei den Sozionaturwissenschaften oder bei den Sozialwissenschaften und ihren jeweiligen Schlüssen auf das Recht ansiedeln soll. Die neuere Systemtheorie ist im naturwissenschaftlichen Bereich entwickelt worden zur Erforschung der Stabilität, der Änderungsbedingungen und der Änderungen natürlicher Systeme (z.B. biologischer Systeme wie Seen oder Pflanzen). Die Übertragung auf Erscheinungen in den menschlichen Gesellschaften ist die Übertragung des naturwissenschaftlichen Systemgedankens auf menschliche Institutionen[252].

230 Das Kapitel »Systemtheorie und Recht« behandelt also auch die Umformung einer naturwissenschaftlichen Vorstellung in eine sozionaturwissenschaftliche und schließlich in eine sozialwissenschaftliche Vorstellung. Dieser Vorgang verhüllt, daß dabei nicht nur Forschungsmittel, sondern auch massive Richtigkeitsforderungen weitergegeben werden. Faßt man Gesellschaft und Staat als System (mit vielen Untersystemen) auf, das sich auch mit Hilfe des Rechts stabil zu halten sucht, so ist Recht notwendig auf *ein Mittel* innerhalb einer komplizierten Regelungstechnik beschränkt. Abgesehen von Stabilität und Wiedergewinnung von Stabilität bei Änderungen gibt es kein notwendiges Regelungsziel. Recht, das eine schlimme Diktatur stabil erhält, ist vom Recht anderer »Systeme« nicht zu unterscheiden; der Übergang vom Recht einer Diktatur zum Recht z.B. einer Demokratie ist nur ein Stück Systemanpassung oder Systemerhaltung – und alles dies kann mit einer eindrucksvollen wissenschaftlichen Sprache und Methodik untersucht werden.

231 Wenn man in der Geschichte der Rechtsphilosophie ein wenig herumgelesen hat, ist das Aufkommen von Überlegungen zu »Systemtheorie und Recht« einleuchtend. **In der Systemtheorie steckt der alte Gedanke** (freilich sehr verwissenschaftlicht), **daß der Mensch in Gesellschaft leben möchte und dazu stabilisierender Instrumente bedarf**. Weggelassen ist allerdings die zweite alte Überlegung, nämlich, ob die Organisation der Gesellschaft denn

252 Zweckmäßige Übersicht: Systemtheorie, Berlin, 1972.

legitimierbar sei, ob das Recht jene systemstabilisierende und systemanpassende Aufgabe haben dürfe. Diese – metaphysische – Frage ist weggelassen oder besser: ist in die wissenschaftliche Ausarbeitung der Systemprobleme unentdeckbar eingelassen. *Die Legitimation des geordneten Verlaufs der Gesellschaft versteht sich von selbst.* Diese Legierung von Sozialanthropologie und Metaphysik des Rechts mit ihrer Annahme, die Vernünftigkeit eines Systems = der geordnete Ablauf innerhalb eines Systems sei nicht mehr zu diskutieren, ist ohne die machiavellistische Tradition kaum zu denken. Die Systemtheorie des Rechts variiert nur das Problem, das *Machiavelli* mit glänzender Schärfe formuliert hat: Vorausgesetzt, Ordnung – irgendeine Ordnung – ist gut, wie kann sie auch durch Recht erhalten werden[253]? Aber nimmt man es genau, so erörtert die Systemtheorie nicht ihr Verhältnis zum »Recht«, sondern nur ihr Verhältnis zu »machtvollen Regeln«.

Die **Verschränkung von reiner Wissenschaftlichkeit** (reiner Natur- und Sozialwissenschaftlichkeit) **mit Ordnungserwartungen**, die Fähigkeit, den Systemtheoretiker von Begründungsverpflichtungen für den Inhalt von Ordnungen freizustellen, dem Systemtheoretiker zugleich aber ein unverrückbares Rechtsziel anzugeben, haben die Systemtheorie für Juristen anziehend gemacht. Der systemtheoretisch arbeitende Jurist ist immer zugleich moderner reiner Rechtstheoretiker, d. h. Rechtsphilosoph, ohne sich als solcher ausweisen zu müssen.

In der Systemtheorie und in ihren Erklärungen von Recht finden die Juristen **232**
in eleganter, von Nicht-Juristen schwer zu verstehender Sprache wieder, was sie ohnehin meinen: **Recht ist nur eine stabilisierende Sozialtechnik**. Das erklärt, warum die der Systemtheorie zugeneigte Rechtslehre alle **Wendungen der Systemtheorie** mitmacht.

Zunächst kann die Systemtheorie das **Recht als ein eigenes in sich geschlos-** **233**
senes System unter anderen Systemen (Politik, Wirtschaft, Bildung, Militär) auffassen, das seinen abgegrenzten Beitrag zur Stabilität des gesellschaftlichen Gesamtsystems leistet. »Stabilität« ist ein selbstverständliches Systemziel, das einer Begründung nicht bedarf: Insoweit ist die Systemtheorie, wo immer und in welcher Form sie auftritt, der moderne Beleg für den Verlust metaphysischer Grundlagen des Rechts. Warum Stabilität und mit welchem Inhalt Stabilität? – das ist die metaphysische Rechtsfrage, ohne deren Beantwortung Recht nichts ist. In der Systemtheorie ist die Frage aufgegeben.

Aber nicht einmal in der naiven Legierung von Sozialanthropologie und Metaphysik – das geschlossene Rechtssystem trägt zur gerade gewünschten Sta-

253 Übersichten: *Luhmann*, Rechtssoziologie, 2. Aufl., 1983; *Luhmann*, Ausdifferenzierung des Rechts, 1981; *Luhmann*, Das Recht der Gesellschaft, 1993; *Damm*, Systemtheorie und Recht, 1976; *Zielcke*, Die symbolische Natur des Rechts, 1980.

bilität des Gesamtsystems bei – hat sich die Systemtheorie im Recht halten können. Man braucht kein großer Wissenschaftler zu sein, sondern man braucht nur auf der Straße oder im Gerichtssaal die Augen aufzumachen, um sehen zu können, daß die Vorstellung, »das geschlossene Rechtssystem stabilisiere« zu einem Teil das gesellschaftliche Gesamtsystem, zu simpel ist. Die Systemtheorie hat sich daher weiterentwickelt zu der Vorstellung, die einzelnen Systeme in der Gesellschaft stünden nicht isoliert nebeneinander, sondern seien offene Systeme, die sich gegenseitig beeinflußten, freilich immer zum Wohle gesamtgesellschaftlicher Stabilität.

234 Für diese Vorstellung ist das **Rechtssystem ein offenes System**, das z.B. mit den Systemen Politik und Wirtschaft in ständiger Kommunikation steht, damit die Stabilisierungsaufgabe bestmöglich erfüllt werden kann. Diese Vorstellung ist realistisch und informativ, zeigt freilich fast mehr noch als die naive Form, wie weit sich diese Rechtstheorie von der Gerechtigkeitsfrage entfernt hat – oder die Gerechtigkeitsfrage ohne Anstrengung in die Frage, wie hält man ein gesellschaftliches System stabil, hat aufgehen lassen. Die traditionsreiche, aber schwierige rechtsphilosophische Frage, ob Stabilität des gesellschaftlichen Systems für sich erstrebenswert ist, oder ob man nicht zumindest zwischen gesellschaftlichen Systemen, die es wert sind, stabil gehalten zu werden, und gesellschaftlichen Systemen, die es nicht wert sind, stabil gehalten zu werden, unterscheiden muß, ist in der Formel »Streben des gesellschaftlichen Systems nach Stabilität versteht sich von selbst« verschwunden. Das ist wieder jener moderne Rechtsrealismus, jener aktualisierte Machiavellismus, der typisch ist für moderne Rechtstheorien.

Immerhin, die Entwicklung zu der Auffassung, das Rechtssystem sei ein z.B. zur Politik und zur Wirtschaft hin offenes System, hat für das Rechtssystem einen großen Nachteil. Die Auffassung kann nur zu gut erklären, daß in einer modernen, ökonomisch orientierten Gesellschaft das Recht eine untergeordnete Rolle spielt; zu leicht kann es von den Systemen Politik und Wirtschaft aufgesogen werden. Aus dieser Sorge hat sich die Vorstellung entwickelt, das Recht – wie möglicherweise auch andere gesellschaftliche Systeme – hätte die Fähigkeit, autopoietisch[254] oder selbstreflexiv[255] zu sein.

235 Niemand weiß genau, was **Autopoiese oder Selbstreflexivität des Rechts** (oder im Recht) ist. Wörtliche Übersetzungen dieser hochstilisierten Fremdworte sind nur unvollkommen möglich: Selbststeuerung, Selbstbezüglichkeit des Rechts kommen als Synonyme nahe. Gemeint ist (wahrscheinlich), daß das Recht kein immobil geschlossenes, aber auch kein leicht zu überwältigen-

254 *Teubner*, Recht als autopoietisches System, 1989.
255 *Ladeur*, Postmoderne Rechtstheorie, Selbstreferenz, Selbstorganisation, Prozeduralisierung, 2. Aufl., 1995.

des offenes System ist, sondern ein System, das sich immer wieder auf sich selbst, auf seine eigenen Fragestellungen besinnt und sich aus seiner eigenen Professionalität entwickelt, ergänzt und erneuert, ohne aber das Eindringen von Informationen aus anderen Systemen scheuen zu müssen (denn es – das autopoietische, selbstreflexive Rechtssystem – kann diese neuen Informationen ja den Mechanismen juristischer Selbstreflexivität unterwerfen)[256]. Allerdings, auch das selbstreflexive Recht bleibt eine maskierte Legierung von Metaphysik und Sozialanthropologie.

Die metaphysischen Fragen: Was ist richtiges Recht?; Kann der Beitrag des Rechts zur Stabilität des gesellschaftlichen Systems die Richtigkeit des Rechts schon verbürgen?, sind aufgefangen in einer sprachlich hochkomplizierten bis arroganten Variation des alten Satzes: die Menschen wollen ordentlich in Gesellschaft leben, eines Satzes, dessen Begründbarkeit die Rechtsphilosophie immer bezweifelt hat. Zur Minderung dieser Zweifel ist die Metaphysik des Rechts entstanden, die Ordnung und gerechte Ordnung voneinander unterscheiden kann. Die Systemtheorie des Rechts – in welcher Form auch immer – hat es geschafft, diese Zweifel sehr erträglich zu machen.

3.4.8 Vertragstheorie und Recht

Der Rechtsrealismus – das Recht ist technisches Instrument in der Ordnung der Gesellschaft; dieser physische Charakter reicht zu seiner Begründung; die unerläßliche Metaphysik wird in der Physik des Rechts aufgelöst –, der Rechtsrealismus also ist überhaupt juristisch en vogue. So ist es nicht auffällig, daß eine der Hauptquellen des Rechtsrealismus – das Werk von *Hobbes*, insbesondere der Leviathan – wieder auftaucht. **236**

Hobbes hat gegenüber dem schieren Rechtsrealismus eines *Machiavelli* den rechtsphilosophischen Vorteil, daß die Gerechtigkeitsfrage nicht ganz untergeht. Zwar bricht *Hobbes* mit der rechtsphilosophischen metaphysischen Tradition und stellt das Recht auf seine Fähigkeit, den Abweichenden zu zwingen. Aber (s. oben Rn. 118 ff.) die unbändige Zwangsmenge, die im Rechtsrealismus steckt – alles, was zweckmäßig zur Befriedung aggressiver oder auseinanderstrebender Bürger ist, darf angewandt werden – wird erträglich gemacht, indem der Druck auf den Bürger zurückgeführt wird auf die Erlaubnis durch einen Vertrag unter den Bürgern. **237**

An allen Ecken und Enden der aktuellen rechtsphilosophischen Diskussion taucht dieser Gedanke wieder auf, unter Berufung auf *Hobbes* und unter Berufung auf alle die anderen vielen Autoren, die sich um den Vertragsgedanken

256 Übersicht über Verlauf und Stand der Diskussion: *Büllesbach*, Systemtheoretische Ansätze, in: Arthur Kaufmann/Hassemer (Hrsg.), Einführung in Rechtsphilosophie und Rechtstheorie der Gegenwart, 6. Aufl., 1994, S.371ff.

gekümmert haben[257]. Aber die Wiederauflage der Vertragstheorie kommt über *Hobbes* nicht hinaus. Das Recht bleibt Instrument zur Zähmung der Bürger, allerdings – wie bei *Hobbes* – erträglich gemacht durch die Vorstellung, das Instrument sei, da es unter den Bürgern vertraglich vereinbart worden sei, richtig. Und nun schiebt man – anders als bei *Hobbes* – in den Vertrag alle Inhalte hinein, derer eine moderne Gesellschaft als Recht bedarf: nicht nur Sicherheit von Leben, Leib, Freiheit und Eigentum, sondern generelle soziale Gleichheit, Fairneß unter den Bürgern, alle Grundrechte, Pazifismus, Bellizismus – was immer einfällt[258]. Die inhaltliche Offenheit des rechtlichen Vertragsdenkens, die schon *Hobbes* nicht verdeckt hatte (s. oben Rn. 121), erweist sich in der Gegenwart als außerordentlich nützlich.

Das Wiedererstehen der Vertragstheorie zur Gründung von aktuellem Recht ist einleuchtend. Der Bedarf an sicherem Recht ist groß. Mit dem Ende der Suche nach einer Metaphysik des Rechts, nach einer unbefragbaren Verbindlichkeit des Rechts gibt es aber nur unsicheres Recht. Das Bedürfnis nach einem Metaphysik-Ersatz des Rechts, das Bedürfnis nach einem funktionalen Äquivalent für Rechtsmetaphysik bleibt.

238 Eine offene Rückkehr zur Rechtsmetaphysik ist dem Zeitgeist unangemessen. Es bleibt nur, was dieser Text als Legierung von Sozialanthropologie (= Rechtsrealismus) und Rechtsmetaphysik »verfolgt«. Die zeitangemessenste Legierung scheint jene zu sein, die die Sozialanthropologie (= die Wünsche des aktuellen Menschen an das Recht) und das Verbindlichmachen dieser Wünsche durch Recht über einen Vertrag verbindet. Das Zeitalter ist bereit, diese Legierung nicht allzu beharrlich auf seine Stimmigkeit zu prüfen.

239 So taucht der Gedanke, eine Regel sei eine richtige Rechtsregel, wenn sie nur auf einem Vertrag beruht oder doch beruhen könnte, überall auf, wenn es darum geht, eine lediglich realistische Rechtsbegründung (wir oder viele oder die Mächtigen wollen das rechtlich so) zu überhöhen, d.h. abzusichern, als unwiderstehlich auszuweisen. Selbst Strafprozesse lassen sich durch Verträge zwischen Gericht, Staatsanwaltschaft, Verteidigung und Angeklagtem beenden, auch wenn die Gesetze eine andere Beendigung vorgesehen hätten. Das ist eine merkwürdige Wendung, verglichen mit *Hobbes*, dem man doch nachfolgt. *Hobbes* wollte das Gesetz und nur das Gesetz auf den Vertrag unter den Bürgern gründen – und nicht die Aufweichung des Gesetzes.

Die moderne Vertragstheorie ist eine plastische Legierung von Sozialanthropologie und Metaphysik, plastischer noch als bei *Hobbes* – das macht sie für den heutigen Rechtstheoretiker anziehender noch als die Systemtheorie.

---

257 Gute Übersicht: *Kersting*, Die politische Philosophie des Gesellschaftsvertrages, 1994.

258 Vgl. die Übersicht bei *Koller*, Neue Theorien des Sozialkontrakts, 1987.

Die moderne rechtliche Vertragstheorie ist moderner Rechtsrealismus in der Nachfolge von *Hobbes*, bietet eine theoretische Alternative zur Systemtheorie, kommt aber über *Hobbes* nicht hinaus: Recht ist ein zwingendes, auch brutales Instrument ohne Gerechtigkeitsgarantie.

3.4.9 Konsenstheorie und Recht

Das Ergebnis der Konsenstheorie für das Recht ist etwa: Recht ist das Ergeb- 240
nis eines Diskussions- und Einigungsprozesses. Besteht Konsens (= Übereinstimmung), daß etwas Recht sein soll, so wird es akzeptiert und ist verbindlich. Die Vertragstheorien sind nicht weit entfernt.

Das Fazit einer Konsenstheorie des Rechts muß aus einer Fülle von Diskussionslinien herausformuliert werden[259]. Die Diskussionslinien werden zusammengehalten von »Theorielagern«, die mit weithin sichtbaren Etiketten versehen sind: **Kommunikations- und Diskurstheorien**. Kommunikation kann übersetzt werden mit »Verbindung aufnehmen unter Menschen«; Diskurs ist argumentative Auseinandersetzung, schriftlich und mündlich. Das Verhältnis von Kommunikation, Diskurs und Konsens ist nicht sehr klar. Folgende Reihe wird den Kern treffen: Der Grundbegriff ist der der Kommunikation unter Menschen. Die menschlichste Form der Kommunikation ist der Diskurs. Der gelungene Diskurs ist der Konsens oder die Akzeptanz.

Diese Reihe ergibt für das konfliktreiche Zusammenleben unter Menschen dies:

Ausgangspunkt ist der Stand rechts- oder regelphilosophischer Debatten am Beginn des Jahrhunderts. Für die Konsenstheorie des Rechts ist die Orientierung von Handlungen und Unterlassungen nicht mehr durch vorgegebene feste absolute Maßstäbe bestimmbar. Es gibt allenfalls sog. »Letztbegründungen«; das sind Festlegungen, die im kommunikativen Diskurs nicht mehr aufgelöst werden können. Die in Kommunikation und Diskurs gefundenen »Letztbegründungen« oder sonstigen haltbaren Stufen werden im Konsens festgestellt (publiziert) und damit sichtbar gemacht. Der Konsens schreibt die Handlung oder die Unterlassung dann vor, auch im Recht.

> »Recht ist seinem Wesen nach auf Konsens angelegt[260].«

Die Modernität dieser Rechtstheorie ist unschwer zu sehen. Sie ruht auf jenen Bedingungen, die die neuere reine Rechtslehre haben entstehen lassen.

---

259 Übersichten: *Oelmüller* (Hrsg.), Materialien zur Normendiskussion, 3 Bände, 1978 ff.; *Lüderssen*, Kriminalpolitik auf verschlungenen Wegen, 1981, S. 50 ff.
260 *Engelhard*, in: Zeitschrift für Rechtspolitik, 1983, S. 233.

Diese Bedingungen sind:

- richtiges Recht ist nicht möglich,
- Metaphysik des Rechts ist unmodern,
- damit sind auch Rechtsphilosophie und Gerechtigkeitslehren im engeren Sinne unmodern.

Eigentlich müßte der völlige Relativismus, die Überantwortung des Rechts an die Macht folgen. Aber wie alle »Theorien«, die hier als Legierungen von Sozialanthropologie und Metaphysik des Rechts abgehandelt worden sind, will auch die Konsenstheorie des Rechts ein Stück Politik wissenschaftlich und damit als richtig oder falsch beurteilbar machen.

Freilich betrifft dieses Stück absoluter Wissenschaftlichkeit in der großen Menge relativer Politik nicht die Inhalte des Rechts, sondern nur das Verfahren, in dem Recht erzeugt wird. »Recht« kann nur sein, was vereinbart worden ist und akzeptiert wird. Die Kommunikation, der Diskurs und der Konsens mit nachfolgender »Anerkennung« (Akzeptanz) werden zu Kriterien für die Richtigkeit und die Verbindlichkeit des Rechts.

Es ist auch hier nicht schwierig, in der so wissenschaftlich auftretenden Lehre die alten metaphysischen Themen der Rechtsphilosophie, nur leicht vermummt und sozialanthropologisch eingeformt, wiederzufinden.

241 Die »Konsenstheorie im Recht« ist ein eigenes wissenschaftliches Gebiet. Im folgenden werden die Hauptstichworte eingeführt und erklärt.

Da ist zunächst eine geschichtsphilosophische Seite. Fragt man, was denn Diskurs, Einigung und Anerkennung als Kriterien für richtiges Recht so vorziehbar machen, so erhält man wohl den Hinweis, es gebe eine notwendige irreversible Entwicklung *vom Zwang im Recht zur Einigung im Recht*[261].

242 Diese geschichtsphilosophische Konsenstheorie verbindet sich mit sozialwissenschaftlichen, empirischen Überlegungen. Die Entwicklung zum Konsens im Recht oder zum Recht als Konsens hat nach dieser Meinung den Vorzug, daß im rechtlichen Konsensfindungsprozeß alle empirischen Kenntnisse, die sich in den Sozialwissenschaften über den Menschen angesammelt haben, aufgenommen werden können. Die erfahrungsgesättigte Genese von Recht wird zu einem Geltungs- Richtigkeitskriterium[262]. Freilich muß dabei vorausgesetzt werden, daß die sozialwissenschaftliche Empirie eine Art Richtigkeitsgarantie wie von selbst enthält, ein weiterer Beleg für das Zusammengehen von empirischer Sozialanthropologie und Rechtsmetaphysik.

---

261 S. *Lüderssen*, Recht, Strafrecht und Sozialmoral, in: Kriminalpolitik auf verschlungenen Wegen, 1981, S. 39 ff. (bes. 50 ff.); *Lüderssen*, in: Lüderssen/ Sack (Hrsg.), Abweichendes Verhalten II, 1975, S. 14 ff.

262 *Lüderssen*, Genesis und Geltung in der Jurisprudenz, 1996, S. 7 f., 18 ff., 114 ff.

Die geschichtsphilosophisch-sozialwissenschaftliche Konsenstheorie des Rechts beschreibt freilich nicht die Hauptströmung der Entwicklung zur Konsenstheorie im Recht. Die Hauptströmung hat viel einfachere Voraussetzungen und Gründe. Diese Hauptströmung könnte das Etikett **rein-theoretische Konsenstheorie des Rechts** tragen, weil sie versucht, die *Kant*ische Rechtslehre zu aktualisieren.

Die moderne reine Rechtslehre hält es (anders als *Kant*) für unmöglich, inhaltliche Richtigkeit (Gerechtigkeit) für Rechtsregeln in Anspruch zu nehmen: Alles Recht ist relativ. Relatives Recht mit Zwang durchzusetzen, ist politisch schwierig, fast unmöglich, gerät an den Rand terrorisierender Willkür. Relatives Recht unter Berufung auf Einigung, Konsens, Akzeptanz durchzusetzen, ist politisch klug und naheliegend. Konsens ist das opportune Mittel, relatives Recht verbindlich zu machen.

Die Vermutung, es könne sich bei dieser Variante der Konsenstheorie im Recht um nichts anderes handeln als um die juristische Ausführung einer ernstgenommenen politischen Entscheidung zugunsten der Demokratie, findet keine rechte Stütze. Wäre nämlich die Vermutung richtig, so wäre die Konsenstheorie (durch den Konsens, sie nach ausgetragenem Diskurs nicht zu akzeptieren) politisch wegwischbar. Sie will aber mehr sein als nur relativ richtig. Sie erhebt Anspruch auf allgemeine, notwendige Anerkennung. Das konsentierte und akzeptierte Recht ist verbindliches Recht. Daraus entsteht der Zwang, Recht auf Konsens und Akzeptierfähigkeit zu gründen. »Wir müssen in Rechtsdingen zum Konsens kommen«, dieser Satz ist zum spürbaren Druckmittel in rechtlichen Auseinandersetzungen geworden. Dieser Druck mindert Entscheidungsmacht, z.B. in einem bestimmten Rechtsstreit; der Richter, der sich der Forderung, Konsens zu finden, ausgesetzt sieht, oder der Richter, der diese Forderung selbst erhebt, kann seine gesetzlich gegründete Entscheidungsmacht gegen den Willen der Mitbeteiligten nicht mehr nutzen. Der Druck, doch Konsens zu finden, schiebt z.B. eigentlich fällige parlamentarische Abstimmungen über Gesetze hinaus; kommen diese Gesetze dann doch durch Mehrheiten zustande, kann die Mehrheit sich des Abstimmungssiegs nicht freuen, die Unterlegenen dürfen das Gefühl haben, Ungerechtes dulden zu müssen, einen neuen Diskurs fordern zu dürfen oder Widerstand leisten zu sollen.

Auf dem Wege zur Begründung des Anspruchs der Konsenstheorie, verbind- **243**
liches Recht zu schaffen, begegnet man *Kant*, der reinen Vernunft, dem a priori (nur zögernd der Metaphysik, die bei *Kant* dazugehört). Das **»Apriori einer Kommunikationsgemeinschaft**[263]« – ein Erkennungswort

263 *K. O. Apel*, Das Apriori der Kommunikationsgemeinschaft und die Grundlage der Ethik, in: K. O. Apel, Transformation der Philosophie, Bd. III, 1973, S. 358 ff. Übersicht: *Seelmann*, Rechtsphilosophie, 1994, § 9 Rn. 26 ff., 32 ff.

für Konsenstheoretiker – gilt als inhaltsreiche Vorstellung, aus der zahlreiche Verpflichtungen, auch aus dem Rechtsbereich folgen.

Das »Apriori der Kommunikationsgemeinschaft«, zunächst nicht für den Rechtsbereich erfunden, aber alsbald auf diesen Bereich übertragen, soll sagen: Menschenwürdiges Verhalten unter Bürgern eines Staates ist nur durch diskursive Kommunikation unter Gleichen möglich; diskursive Kommunikation unter Gleichen ist notwendig der Versuch, Konsens unter Mitbürgern zu erzielen; werden Verhaltensregeln nicht durch Konsens akzeptiert, hat die **diskursive Kommunikation** versagt; die Regeln, die dann gegeben werden, sind falsch, unverbindlich. Das »Apriori«, das dabei eingeführt wird, soll nach alter rechtsphilosophischer Tradition sagen, daß kein Politiker Macht über diesen Gedankengang und seine Konsequenzen hat. Der Gedankengang ist nicht ein möglicher unter vielen möglichen Gedankengängen. Er ist absolut richtig und liefert einen Maßstab zur Beurteilung von positivem Recht. Gegenüber vielen älteren Maßstäben hat der Konsens- und Anerkennungsmaßstab den technischen Vorteil, daß er ungemein leicht zu handhaben ist. Man braucht ja nur in sich hineinzuhorchen, um herauszufinden, ob man konsentiert bzw. akzeptiert; hört man »ja«, ist die rechtliche Regel, um die es geht, richtig und verbindlich; hört man »nein«, ist die Regel unrichtig und unverbindlich. Das Bemühen, dieses »Hineinhorchen« als »Gewissenserforschung« oder »Befragung des Rechtsgefühls« zu interpretieren, ist schon eine Einschränkung des Konsensprinzips im Recht, ein Mißtrauen ihm gegenüber[264].

244 Die nicht-empirischen Bedingungen, von denen die Konsenstheorie abhängt, liegen auf der Hand, wenn man sich klarmacht, daß diese Theorie *Konsens für »besser« als Zwang* halten muß. Diese Annahme beruht entweder auf Willkür, auf freundlich begrüßten moralischen Grundströmungen (die sich auch wieder ändern können) oder auf ganzen metaphysischen Systemen. Und daß in dieser Annahme »Konsens vor Zwang« höchst verschlüsselt das alte Thema vom Verhalten des Menschen mit und ohne Recht steckt, wird nicht leicht zu bestreiten sein. Die Meinung, die die Konsenstheorie zu diesem Thema hat, dürfte etwa so aussehen: Der Mensch ist gut; im Naturzustand ist er freundlich und kommunikationsbereit; der Naturzustand setzt der Entwicklung der menschlichen Güte aber Grenzen; so »muß« ein rechtlicher Zustand gegründet werden, der den selbstlosen, kommunikationsgegründeten Einigungseigenschaften des Menschen zu voller Blüte verhilft. *Rousseau* ist nicht fern; doch dürfte *Rousseau* in der Frage der Einigungsbereitschaft des Menschen realistischer gewesen sein als die Konsenstheorie.

Daß es mit dem Verfahren »Recht nach Diskurs durch Konsens« Schwierigkeiten hat, wenn man sich im Gebiet reiner Wissenschaft aufhält, wird durchaus

264 Beispiel: *Zippelius*, Rechtsphilosophie, 3. Aufl., 1994, S. 80 ff., 136 ff.

gesehen. Es ist beeindruckend, wie diese Schwierigkeiten mit metaphysischen Argumenten gelöst werden, ohne je in die Nähe der Metaphysik zu kommen.

Die metaphysischen Ansprüche, die die mit Kommunikations- und Diskurs- 245
theorie verbundene Konsenstheorie des Rechts erhebt, werden in jenem Wort sichtbar, das wie ein Feldzeichen in allen Erörterungen auftaucht: **»Letztbegründungen«**. Auf Letztbegründungen, die nicht widerlegbar sind, will man nicht verzichten. Freilich sind diese Letztbegründungen nur Verfahrensweisen (bei Letztbegründungen kann man nicht mehr argumentieren), keine Inhalte. Eigentum oder Strafe können nicht richtig oder falsch sein. Strafe (oder Abschaffung von Strafe), Eigentum (oder Abschaffung von Eigentum) sind letztbegründet, wenn das eine oder das andere mit Argumenten nicht mehr erreicht werden kann: eine in der Sprache bläßliche, im Inhalt bürokratische, professorale, politisch hilflose Metaphysik[265]. Das ist ganz der Stil der modernen reinen Rechtslehre, deren schemenhafte »Grundnorm« zur Erzeugung positiven Rechts ein unmittelbarer Vorfahr der ledernen »Letztbegründung« ist.

Dem Problem, daß man doch nicht alles, worauf man sich einigen kann, Recht sein lassen möchte, kann man nicht entkommen. Bestimmte Strafformen, auf die man sich einigen könnte, will man in der Konsenstheorie sicher nicht als Recht hinnehmen (z.B. die Todesstrafe). Die *merkwürdige Formel vom »notwendigen Konsens aller Demokraten«* gehört hierher, eine Formel, die in schwierigen Zeiten in aller Munde ist und sagen will, es gebe nur *eine* inhaltlich erträgliche rechtliche Entscheidung, d. h. das zu entscheidende Problem sei dem Konsensprinzip gerade entzogen, mag der tatsächliche Konsens noch so umfangreich sein. Es kommt also in der Konsenstheorie zu der Übernahme der alten rechtsphilosophischen Unterscheidung zwischen echtem Recht (das

---

265 Die Geschichte des Eindringens dieses Wortes »Letztbegründung« in den wissenschaftlichen Sprachgebrauch auch der Rechtstheoretiker ist noch nicht geschrieben. Offenbar wird dieses Wort zunächst untechnisch gebraucht; »Letztbegründungen« = metaphysische Begründungen in Recht und Moral sind nicht möglich (*Albert*, Traktat über kritische Vernunft, 2. Aufl., 1969, S. 8 ff.). Die Wendung gegen diese Auffassung, also die Suche nach nichtdeduktiven, durch Diskurse gesicherten Letztbegründungen (etwa bei *Apel*, Das Apriori der Kommunikationsgemeinschaft und die Grundlagen der Ethik, in: Transformation der Philosophie, Bd. II, 1973, S. 358 ff., bes. S. 405 ff.), läßt die Chancen sichtbar werden, die der Ausdruck »Letztbegründung« in der aktuellen reinen Moral- und Rechtslehre hat. Vgl. zum Gebrauchsumfang des Ausdrucks: *Oelmüller* (Hrsg.), Materialien zur Normendiskussion, Bd. I (Transzendentalphilosophische Normenbegründungen), 1978, S. 101 ff., 152 ff., 164 ff.; sprachlich besonders vage, aber offenbar als seriös hingenommen S.101: »Letztbegründung kann wohl nur dann behauptet werden, wenn in der Rekonstruktion des Begründungsprozesses das Begründen selber generiert wird.« Die Formulierung zeigt etwas von der politischen und individuellen Spannungslosigkeit, die in den wissenschaftlichen Debatten um Konsens, Diskurs und Letztbegründung herrscht.

der Verfügung durch den Konsens entzogen ist) und dem unechten Recht (bei dem das Konsensprinzip gute Dienste leistet und seit *Plato* geleistet hat). Man sollte genau unterscheiden: Konsens kann Quelle richtigen Rechts sein (im Gebiet unechten Rechts); richtiges Recht muß die Reichweite des Konsenses begrenzen (im Gebiet echten Rechts).

246 Aber immer ist das Konsensfindungs-Verfahren von vorausgesetzten, absoluten (metaphysischen) Maßstäben abhängig, die die Zulässigkeit (Richtigkeit) der Konsens-Ergebnisse steuern:

Da ist z.B. die Frage, wer denn am Konsensverfahren teilnehmen darf. Doch wohl jeder! Darf aber jeder jedes Interesse einbringen? Nach einer empirisch betriebenen Konsenstheorie doch wohl auch! Also sollten dann der Straßenräuber, der Geld oder Leben will, und der zu Beraubende, der Geld und Leben behalten und sich gewaltsam gegen den Räuber wehren will, in einen Diskurs, in ein Konsensverfahren eintreten müssen mit dem Ziel, einen Kompromiß zu finden, vielleicht, daß ein Schuß ins Bein genügt, dafür aber nur die Hälfte des Geldes gegeben wird. – Die Konsenstheorie muß besorgt sein. Sie muß absolute, nicht relativierbare Sicherungen erfinden. Sonst begünstigt sie den Starken und den Frechen; beide sind in der Lage, ihre Interessen dem Konsensfindungsverfahren aufzunötigen. Wer im Konsensfindungsverfahren viel fordert, bekommt immer etwas.

247 Auch wenn über Gewalt diskutiert wird oder wenn weit auseinanderliegende Auffassungen in Streit geraten, wird es für die Konsenstheorie im Recht schwierig. Sie wird kaum mit ruhiger Sicherheit vertreten wollen, Gewalt sei in Ordnung, wenn man sich über ihre Ausübung nur habe einigen können. Konsens über Gewaltanwendung ist keine Rechtfertigung von Gewaltanwendung. Konsens über das Einsperren von Straftätern ist keine Rechtfertigung für das Einsperren. Dies folgt aber nicht aus der Konsenstheorie, sondern aus einem vorausgesetzten anderen – metaphysischen – Prinzip.

Es muß also vor der Anwendung des Konsensprinzips geklärt werden, wer welches Interesse in den Einigungsprozeß einführen darf. Weiß man das, dann funktioniert auch das Konsensprinzip. An dieser Stelle taucht das – neben dem Apriori der Kommunikationsgemeinschaft – zweite Erkennungswort der Konsenstheorie im Recht auf: **»die ideale Sprechsituation**[266]**«**. Der Begriff enthält eine moderne Zusammenfassung für inhaltlich bestimmte, absolute Prinzipien zur Auswahl der Interessen, die Zugang zum Rechtserzeugungsprozeß haben dürfen, und zur Auswahl der Methoden, mit denen Interessen im Konsensverfahren zu vertreten sind. Vereinfacht heißt das, daß am Konsensverfahren nur teilnehmen darf, wer argumentieren kann, wer den

266 Quelle für diesen Begriff: *Habermas*, Wahrheitstheorien, in: Wirklichkeit und Reflexion, Festschrift für W. Schulz, 1973, S. 211 ff., insbes. 255 ff.

anderen argumentieren läßt und wer nur Vernünftiges einbringt. Das ist die traditionelle, ein wenig gemilderte Beschreibung des Experten des Richtigen, ohne den offenbar keine Rechtsphilosophie auskommt.

Schließlich: Wenn es zu einem Konsens kommt, wer soll ihn dann verbindlich machen? Wenn ich zustimme, daß Diebstahl bestraft werden soll, was hindert mich, diese Zustimmung in der nächsten Sekunde zurückzuziehen und damit Recht wieder zunichte zu machen. Eigentlich nichts, es sei denn, man sehe – in der Nachfolge *Rousseaus* und *Hegels* – in der einmal im ausführlichen Diskurs gefundenen Einigung über Recht den Ausdruck einigermaßen absoluter, objektiver Vernünftigkeit; womit man dann allerdings wieder bei der Metaphysik des Rechts wäre.

Die Konsenstheorie des Rechts läßt sich mit ruhiger Gewißheit nur anbieten, wenn man modern-wissenschaftlich, unmetaphysisch formulieren, aber Metaphysik betreiben will[267].

Die Konsenstheorie im Recht ist nur das moderne beengende Gefäß für alte Probleme. Das zeigt sich selbst noch dann, wenn man die Bemühungen der Konsenstheorie um die Frage »Welche Grenzen sind dem Recht gesetzt?«, besichtigt. Die alten Rechtsmetaphysiken sind von der Sorge begleitet, fast getrieben, das menschheitsfördernd gedachte Recht könne in ein menschheitsminderndes Instrument umschlagen. Diese Sorge hat viele wirkliche Gründe. Wohltätiges Recht kann – gemessen an der Rechtsgeschichte des 20. Jahrhunderts ziemlich leicht – willkürliche Macht oder bedrückende Verrechtlichung aller Lebensvorgänge werden. Die alten Rechtsmetaphysiken hatten gegen solche Entwicklungen ein Mittel, das in aktuellen schwierigen politischen Lagen unwirksam, über längere Zeiträume aber sehr wirkungsvoll sein konnte: die ständige Probe auf die inhaltliche Legitimität positiven Rechts. Diese Probe ist in modernen reinen Rechtstheorien nicht möglich, da ja jeder Inhalt Recht sein kann, wenn das Recht nur äußerlich korrekt hergestellt ist. Die rechtliche Konsenstheorie als eine Ausprägung moderner reiner Rechtstheorie ist ein nicht unbedeutender Antrieb in diesem Vorgang. Die Berufung auf Konsens kann willkürliche Rechtsmacht und bedrückende Verrechtlichung vermehren. Keine Rechtstheorie leistet es sich, solchen Entwicklungen achselzuckend zuzusehen. Aber die Konsenstheorie im Recht hat es schwerer als die alten Rechtsmetaphysiken, gegen solche Entwicklungen Einwände zu finden. Die Einwände lauten dann doch so: Zwar, Recht muß auf Kommunikation, Diskurs, Konsens gegründet sein; doch kann sich dann das Recht so weit ausdehnen, daß Kommunikation, Diskurs, Konsens nicht mehr frei wirken können. Das konsensorientierte Recht muß daher ei-

267 Übersicht über die Konsenstheorie und ihre Facetten im Recht: G. *Jakobs* (Hrsg.), Rechtsgeltung und Konsens, 1976.

nen vom Recht freien, dem rechtlich ungebundenen Konsens vorbehaltenen Raum respektieren. Das konsensorientierte Recht muß die rechtsfreie Konsensfindung sichern[268]. Das ist freilich nicht neu. Unschwer erkennt man einen Bestandteil älterer ungeschützt metaphysischer Rechtsphilosophie wieder: es ist unmöglich, daß sich das Recht alle natürliche Freiheit des Menschen nimmt. Doch die sprachliche und theoretische Veränderung dieses Gedankens ist groß. Aus einem plastischen und menschlichen, politisch schwachen, aber geachteten Bild ist ein philosophisch-schulmäßiges, politisch chancenloses Argument im Konsensfindungsverfahren geworden, das typische Ergebnis beim Gang von der Metaphysik des freiheitsfördernden Rechts zur modernen reinen unmetaphysischen Rechtstheorie[269].

3.4.10 Argumentationstheorie/Prozedurale Theorie und Recht

248 Diese Variante einer Legierung von Sozialanthropologie und Metaphysik des Rechts ist hier anzuführen als Beleg, wie weit sich ein bestimmter Stil in der Rechtstheorie durchgesetzt hat. **Die Argumentationstheorie ist eine Komplementärerscheinung zur Konsenstheorie**, eine folgerichtige Ergänzung. Wenn Recht durch »echten«, sachverständigen, vernünftigen Konsens geschaffen werden kann, dann muß es Regeln für »echtes«, sachverständiges, vernünftiges Argumentieren geben. Diese Regeln zu entwerfen und als verbindlich zu begründen, unternimmt die Theorie des rechtlichen Argumentierens mit großem Scharfsinn. Die Argumentationstheorie im Recht setzt die viel zu allgemeine Konsenstheorie im Recht in kleine Münze um. Die Konsenstheorie kann sich zu Staat und Recht überhaupt ganz gut, kann sich zu Eigentum und Besitz kaum äußern; die Argumentationstheorie kann dies.

Das Argumentieren ist ein Verfahren. Wer im Recht richtig argumentiert, verfährt richtig. Die Argumentationstheorie für das Recht läßt sich zu einer Verfahrenstheorie für das Recht ausweiten. Richtiges Recht ist dann nicht durch richtige Inhalte ausgezeichnet. Richtiges Recht entsteht durch richtiges Verfahren (*prozedurale Rechtstheorie*). Wer die Regeln zur Erzeugung von positivem Recht beachtet, gewinnt die Möglichkeit, sich auf gerechtes Recht zu berufen. Wer die formalen Regeln zur Anwendung positiven Rechts beachtet, entscheidet juristisch richtig.

In dieser Argumentations-Verfahrens-Theorie sind alle modernen Voraussetzungen für Nachdenken über Recht versammelt:

---

268 Beispiel für diese Argumentation: *Habermas*, Theorie des kommunikativen Handelns, Bd. 2, 1981, S. 522 ff. (546f.).

269 Gegenwärtiges Hauptbeispiel: *Habermas*, Faktizität und Geltung. Beiträge zur Diskurstheorie des Rechts und des demokratischen Rechtsstaats, 2. Aufl., 1992, bes. Abschnitte III. und IV.

- Menschen wollen Verschiedenes in den verschiedenen historischen Situationen,
- Wissenschaft kann über dieses Verschiedene nicht entscheiden (Relativismus),
- es gibt keine absoluten Maßstäbe (keine Metaphysik),
- Wissenschaft kann aber zeigen, wie man sich zu verhalten (zu prozedieren) hat, wenn es zu Konflikten kommt, d. h. Wissenschaft kann zeigen, wie man sich zu verhalten (zu prozedieren) hat, um Einigung über und durch rechtliche Maßnahmen erzielen zu können.

Wenn alles menschliche Verhalten, auch das rechtliche Verhalten, auf Kom- 249
munikation, Diskurs und Konsens zielt, dann muß man in der Gesetzgebung, in der staatlichen und privaten Rechtshandhabung vor allem auf Gewalt verzichten, man muß argumentieren, aber nicht irgendwie, sondern rational. »Rational« heißt etwa: mit Wahrheitsliebe; widerspruchsfrei; tolerant; bereit, die Gleichheit im Argumentieren zu befürworten; bereit zum Verzicht auf Zwang und Täuschung in der Argumentationssituation. Und das Ziel rationalen Argumentierens kann nur sein, die allgemeine Akzeptierbarkeit der Ergebnisse diskursiv zu sichern und gefundene Einigungen verallgemeinerbar zu machen – bei aller historischen Relativität. Ob die Bedingungen kundigen Argumentierens und Prozedierens eingehalten sind, entscheidet der Wissenschaftler.

Dies sind eben die Ergebnisse, die bis zu *Kant* nur über eine Metaphysik – betrieben von Fachleuten – als verbindlich zu erlangen waren: Ordnung, Gewaltlosigkeit, möglichst weitgehende Befriedigung der Bedürfnisse aller durch verbindliches Recht. Nur, auf eine Metaphysik des Rechts läßt sich jetzt verzichten. Der Gedanke ist rein wissenschaftlich: Absolute Richtigkeit gibt es im Recht nicht, im Konfliktfall kann man sich aber einigen, für das Verfahren bei dieser Einigung lassen sich Regeln aufstellen.

Das ist schon ein erstaunlicher Zirkel. Über den Inhalt der Verfahrensregeln zur Erzielung von Konsens im Recht, durch eine Prozedur wird eben das begründet, was man als unbegründbar bezeichnet hatte, nämlich bestimmte absolute rechtliche Maßstäbe. Man darf sie nur nicht absolut nennen; und das gehört zu den Kennzeichen der aktuellen rechtsphilosophischen Situation[270].

---

270 Übersichten: *Alexy*, Theorie der juristischen Argumentation. Die Theorie des rationalen Diskurses als Theorie der juristischen Begründung, 2. Aufl. 1991; *Perelmann*, Über die Gerechtigkeit, 1967, bes. S. 85 ff.; *Aarnio* u.a. (Hrsg.), Methodologie und Erkenntnistheorie der juristischen Argumentation, 1981; *Krawietz/Alexy* (Hrsg.), Metatheorie juristischer Argumentation, 1983; *Bund*, Juristische Logik und Argumentation, 1983; *Arthur Kaufmann*, Prozedurale Theorien der Gerechtigkeit, 1989. – In der Nähe steht: *Ballweg/Seibert*, Rhetorische Rechtstheorie, 1982.

3.4.11 Theorien der Gerechtigkeit

250 Der Buchtitel »Theorie der Gerechtigkeit«[271] ist ein treffendes Kennzeichen für jene moderne Richtung im Nachdenken über Recht, die als Legierung zwischen Sozialanthropologie und Metaphysik des Rechts bezeichnet worden ist. Die Bücher über die »Theorie der Gerechtigkeit« behandeln zwar im Kern jeweils eines der im vorangegangenen Text behandelten Kapitel, sind also entweder rechtslogisch oder sozialwissenschaftlich oder vertragstheoretisch oder argumentationstheoretisch oder prozedural ausgerichtet. Aber sie koppeln diese Theorie-Stücke jeweils mit der Gerechtigkeitsfrage. Hier findet man wichtige Versuche, mit modernen theoretischen Mitteln Terrain für die Wissenschaft zurückzugewinnen, das an die Politik des Rechts abgetreten worden ist.

»Theorie« will sagen:
- Wissenschaftlichkeit,
- keine Politik, sondern Erkenntnis,
- Sachverstand gegen Wollen,
- keine Metaphysik,
- Gerechtigkeit ist wissenschaftlich (theoretisch) belegte Richtigkeit des Rechts.

»Theorie der Gerechtigkeit« bedeutet also: wissenschaftliche, unmetaphysische, unpolitische Experteneinsicht in das richtige Recht. Damit sind die Erwartungen an aktuelle Äußerungen über richtiges Recht gesammelt.

Kein Wunder also, daß von den »Theorien der Gerechtigkeit« im wissenschaftlichen Bereich viel gesprochen wird[272].

Man kann diesen Theorien sicher entnehmen, daß es ein verbreitetes Ausschau-Halten nach Gerechtigkeit, ein Gelangweilt-Sein über die vielen reinwissenschaftlichen Bemühungen um Gerechtigkeit und eine Unzufriedenheit mit der überwiegenden Zuständigkeit der Politik für Gerechtigkeit gibt. Die Reaktion hierauf kann aber gegenwärtig über originelle Neuformulierungen klassischer Modelle nicht hinauskommen.

Man findet den Versuch, mit den Mitteln der Argumentations- und Sprachtheorie doch Inhalte der Gerechtigkeit formulieren zu können[273]. Oder man

---

271 *Rawls*, Eine Theorie der Gerechtigkeit, 1975; *Tammelo*, Theorie der Gerechtigkeit, 1977; *Arthur Kaufmann*, Theorie der Gerechtigkeit, 1984. Der Sache nach gehört hierher: *Nozick*, Anarchie, Staat, Utopia, o.J.; *Perelmann*, Zur Theorie der Gerechtigkeit, in: Rechtstheorie, 1980, S. 129 ff. Übersicht über die Reichweite des Gebrauchs des Wortes »Gerechtigkeitstheorie«: *Dreier*, Recht und Gerechtigkeit, in: D. Grimm (Hrsg.), Einführung in das Recht, 2. Aufl., 1991, S. 95 ff., bes. 106 ff.

272 vgl. *Höffe* (Hrsg.), Über John Rawls' Theorie der Gerechtigkeit, Theorie-Diskussion, 1977.

273 So *Tammelo*, Theorie der Gerechtigkeit, 1977.

bemüht sich um eine vereinfachende, die Metaphysik des Rechts vernachlässigende, die moderne Wissenschaftssprache achtende Reformulierung der *Kant*ischen Auffassungen[274]; dieser Versuch ist wahrscheinlich die am weitesten gehende (daher auch die am aufmerksamsten verfolgte) Annäherung und Durchdringung von Wissenschaft und Politik.

In diesen Zusammenhang gehört weiter das Stichwort von der »**Rehabilitierung der praktischen Philosophie**[275]«. Dies ist der Versuch, die Legierungen zwischen Sozialanthropologie und Metaphysik des Rechts wieder aufzulösen, die Bestandteile nebeneinanderzustellen und das Problem der Verbindlichkeit (der Metaphysik) des Rechts in seiner ganzen Schwierigkeit neu entstehen zu lassen. Das bedeutet auch: *das Recht – seine Richtigkeit und seine Verbindlichkeit – der Politik nicht weiterhin zur Verfügung zu überlassen*[276]. 251

Gebündelt findet man alle diese Unternehmungen in dem Abhandlungstitel »Rechtsethik ohne Metaphysik« (*Hoerster*). Dieser Titel, ein Programm, befähigt, mit den Mitteln reiner analytischer Wissenschaft rational (d.h. »unmetaphysisch und empiristisch«) die Verbindlichkeit von Regeln, z.B. der Regel »Du sollst nicht töten«, zu begründen[277]. Dies heißt, daß »metaphysikfreie Rechtsethik« genauso viel vermag wie einst eine »Metaphysik des Rechts«. »Recht ohne Metaphysik« und »Metaphysik des Rechts« sind identisch in den Möglichkeiten, inhaltlich richtiges Recht verbindlich zu begründen. Warum die riesige Anstrengung, diese Identität zu finden? Offenbar kann man nur für kurze Zeit nicht zur Kenntnis nehmen, daß der Bürger im Verhältnis zum Mitbürger, zur Gesellschaft und zum Staat, und daß ein Staat im Verhältnis zu einem anderen Staat auf eine wenigstens kleine Menge inhaltlich absolut richtigen und verbindlichen Rechts angewiesen ist.

Das Entstehen zahlreicher alltagsferner, politisch mutloser »Theorien« der Gerechtigkeit ist ein scharfer Hinweis auf einen Mangel, auf das Fehlen alltagsnaher, politisch erfahrungsreicher und menschenfreundlicher Gerechtigkeitslehren. »Theorien« der Gerechtigkeit sind kein Ersatz für Gerechtigkeitslehren, allenfalls ein das Thema bewahrendes Übergangsstadium.

---

274 So *Rawls*, Eine Theorie der Gerechtigkeit, 1975 (5. Aufl., 1990).

275 *M. Riedel* (Hrsg.), Rehabilitierung der praktischen Philosophie, 2 Bände, 1972, 1974.

276 Beispiele für diese Linie aus dem juristisch-rechtsphilosophischen Bereich sind die Bücher von *Larenz*, Richtiges Recht, 1979; *Kriele*, Recht und praktische Vernunft, 1979; *Zippelius*, Das Wesen des Rechts, 4. Aufl., 1978; *Zippelius*, Rechtsphilosophie, 3. Aufl., 1994; *D. Mayer-Maly/Simons* (Hrsg.), Das Naturrechtsdenken heute und morgen, Gedächtnisschrift für René Marcic, 1983; *Ilting*, Naturrecht und Sittlichkeit, 1983.

277 *Hoerster*, Rechtsethik ohne Metaphysik, in: Juristenzeitung, 1982, S. 265 ff.

3.5 Richtiges Recht oder Rechtsrelativismus? Rechtsphilosophie oder Rechtstheorie?

252 Die Kennzeichen, die bisher für die Beschreibung der aktuellen rechtsphilosophischen Situation angegeben werden konnten, sind reichlich blaß – wie diese Situation selbst. Die Frage, um die sich alles dreht, ist *die Frage der Wissenschaftlichkeit*, die Frage des Prestiges der Theorie. Kann das richtige Recht wissenschaftlich, mit Anspruch auf theoretische Richtigkeit betrieben werden? Die Antwort auf diese Frage entwickelt sich so:

Kant steckt einen äußersten Rahmen wissenschaftlich ab. Freiheit und Menschenwürde sind theoretisch als für das Recht verbindliche Ziele, als »wahre« rechtliche Ziele beweisbar. Alle anderen Ziele sind wechselnden menschlichen Zweckerwägungen unterworfen, also relativ. Es gibt einen kleinen Bereich richtigen Rechts und einen großen Bereich inhaltlich belanglosen Rechts.

Die an *Kant* anknüpfende Entwicklung radikalisiert diesen Gedanken. *Alle* Ziele für das Recht sind der wechselnden menschlichen Zwecksetzung unterworfen, also relativ. Nur dieser Rechtsrelativismus ist theoretisch, wissenschaftlich sicher – so wird angenommen. Gerechtigkeit ist – wissenschaftlich gesehen – eine Chimäre. Es gibt nur inhaltlich belangloses Recht. Rechtslehre ist distanzierte Betrachtung dessen, was als Rechtssetzung und Rechtsanwendung geschieht: Rechtstheorie.

Im 20. Jahrhundert beginnt man, die allzugroße Eleganz und politische Unbekümmertheit dieses Standpunktes zu bemerken. Man versucht aus dem Lager der relativistischen Rechtstheorie Ausfälle in das Gebiet zweckmäßigen, zeitangepaßten Rechts, das jetzt fest in der Hand der Politik ist. Aber es gelingen nur kleine Eroberungen: Rechtstheorie als Einsicht in die logische Struktur des Rechts, in die Abhängigkeiten des Rechts von vielfältigen politischen, sozialen, natürlichen Faktoren und in das richtige Verfahren zur Erzeugung von Recht. Die Forderung, Recht müsse notwendig zumindest Freiheit und Menschenwürde sichern, wird in der Rechtstheorie zwar nicht verworfen, aber doch als pathetisch und unwissenschaftlich eher geniert betrachtet; die Erfüllung der Forderung ist in der Rechtstheorie ein willkommenes, doch fast zufälliges Nebenprodukt der Verwissenschaftlichung der Rechtsphilosophie.

Diese grobe Zusammenfassung zeigt, daß in der neueren rechtsphilosophischen Diskussion ein altes Thema scharf zugespitzt erörtert wird: Gibt es inhaltlich richtiges Recht oder ist alles Recht nur relativ, bezogen auf eine bestimmte Situation oder auf bestimmte Wünsche?

253 Rechtsphilosophie hält inhaltlich richtiges Recht, hält absolute Verbindlichkeit des Rechts, hält Metaphysik des Rechts – und sei es in dem ganz engen Bereich der Sicherung von Freiheit und Menschenwürde – für begründbar.

Rechtstheorie denkt, daß es nur relativ vernünftiges Recht gibt; und Rechtstheorie ist allenfalls bereit, kleine Kompromisse zugunsten einer Metaphysik des Rechts zu machen.

Nun mag es sein, daß der enge Bereich, in dem Rechtsphilosophie richtiges Recht für möglich hält und der kleine Kompromißbereich zwischen Rechtstheorie und Metaphysik des Rechts identisch sind, sich decken, ungefähr Sicherung von Freiheit und Menschenwürde meinen. Dennoch bleiben große Unterschiede. Und diese Unterschiede gehören zu den Kennzeichen der aktuellen rechtsphilosophischen Situation.

Die Rechtsphilosophie in der Tradition jener Modelle, die nach einer not- 254
wendigen Verbindlichkeit des Rechts suchen, begegnet den wirklichen menschlichen Zwecksetzungen mit Skepsis. *Die Sozialanthropologie der rechtsphilosophischen Modelle ist überwiegend pessimistisch.* Der Mensch ist für den Menschen gefährlich, wenn man seinem Wollen nicht Grenzen setzt. Selbst die wohlwollendsten Sozialanthropologien – etwa in manchen theologischen Rechtslehren oder im Naturrecht *Rousseaus* – suchen nach verbindlichen Grenzen für menschliches Wollen, weil sie der Vernunft dieses Wollens mißtrauen. Erst diese Skepsis gegenüber dem Wollen des Menschen macht die Suche nach absoluten Maßstäben – Recht, nach dem jedes Wollen sich richten muß – verständlich; und macht die Sorge, die Angst verständlich, die Suche nach absoluten Maßstäben für menschliches Wollen könne mißlingen, es könne mißlingen, eine Rechtfertigung für Zwang gegenüber diesem Wollen zu begründen – mit der Folge, daß mit diesem Wollen zu leben sein wird.

Die Rechtstheorie dagegen sieht in diesem menschlichen Wollen eine Art empirisches Absolutum, das man nicht bewerten kann, das nicht gut ist und auch nicht böse. Man kann allenfalls registrieren, daß es kein einheitliches Wollen gibt, daß Wollen und Gegenwollen die gesellschaftliche Entwicklung in Gang halten und daß »Recht« dabei eine erforschbare Rolle spielt. Einschränkungen dieses Standpunkts, die man in beträchtlicher Zahl findet, sind Kompromisse mit der Rechtsphilosophie.

Wenn man den Unterschied zwischen Rechtsphilosophie und Rechtstheorie in dieser Weise bestimmt, kann man eine Reihe von Diskussionslinien in der aktuellen Literatur mit Selbständigkeit verfolgen. Drei dieser Linien sind hervorzuheben:

Da wird **Naturrecht gegen Relativismus** gestellt. Das Problem ist in dieser 255
Weise aber nicht exakt beschrieben. »Naturrecht« ist nur *eine* Form der Bemühungen um das richtige Recht. Der Gegensatz ist: richtiges Recht gegen relatives Recht oder noch zugeschärfter: Metaphysik des Rechts gegen Rechtsrelativismus.

256 Da wird **Naturrecht gegen positives Recht** gestellt. Auch dieses Problem ist in dieser Form nicht exakt beschrieben. Es muß mindestens heißen: richtiges Recht gegen positives Recht.

Doch auch das ist noch zu eng. Das positive, gegebene Recht ist nichts Selbständiges. Das Durchgehen rechtsphilosophischer Modelle zeigt, daß das positive Recht entweder Mitteilung des richtigen Rechts ist. Oder aber die Positivität des Rechts teilt mit, daß es kein richtiges Recht, sondern nur aufgeschriebene Willkür gibt. Der Gegensatz ist also wieder: Richtiges Recht oder Rechtsrelativismus (beide können sich des positiven Rechts bedienen).

257 Da wird **natürliches gegen zweckmäßiges Recht gestellt**. Genauer muß es heißen: Es wird Gerechtigkeit gegen Nützlichkeit, Utilität gestellt (**Utilitarismus** = Lehre vom größtmöglichen Nutzen als Handlungsprinzip)[278]. Und wahrscheinlich ist das der härteste Gegensatz in der aktuellen rechtsphilosophischen und rechtstheoretischen Diskussion. Rechtsphilosophie begegnet dem Menschen, der sein Handeln nach seinem Nutzen ausrichtet, mit beträchtlichen Vorbehalten und sucht nach Gründen, dieses Nutzen-Prinzip zu begrenzen. Das Nutzen-Prinzip ist dagegen für die Rechtstheorie eine wichtige Grundlage; Recht wird zum Teil der Nutzen-Organisation, die der Mensch sich gibt. Als positives Recht einer solchen Nutzen-Organisation wird es Gegenstand der Rechtstheorie. Die Lehren, die oben als Legierungen aus Sozialanthropologie und Metaphysik des Rechts beschrieben worden sind, reagieren auf die »schlechten« Erfahrungen, die man mit einer Nutzen-Orientierung des Rechts und ihrer rechtstheoretischen Aufarbeitung macht, die man macht, wenn man eine bestimmte Sozialanthropologie (der Mensch folgt seinem Nutzen) unbewertet in positives Recht übersetzt. Aber eine Bewertung als »schlecht« ist ohne Metaphysik nicht zu haben.

3.6 Zusammenfassungen – Die rechtsphilosophischen Probleme

3.6.1 Sozialanthropologie und Recht

258 Der Gang der Darstellung hat zeigen sollen, daß alle Rechtsphilosophie aus der Sozialanthropologie entsteht.

Der immer wiederkehrende Gedankengang ist dieser: Überläßt man den Menschen in seinem Verhältnis zum anderen Menschen sich selbst, seinem frei entwickelten Wollen, so verhält er sich unfriedlich, feindlich, zumindest

---

278 Systematisch entwickelt von *Bentham*, An Introduction to the Principles of Morals and Legislation (1789).

unzweckmäßig und belästigend. Die immer wiederkehrende Folgerung aus diesem Gedankengang ist, daß man Mittel ersinnen müsse, das Verhältnis des Menschen zum Mitmenschen friedlicher, freundlicher, zweckmäßiger zu verfassen. Zu diesen Mitteln gehört das Recht.

Aus diesem Gedankengang folgt die *Nähe des Rechts zum Zwang und zur Macht*. Das Recht ist nach seinem sozialanthropologischen Ursprung zwingende Organisation, auch Unterdrückung.

Hier beginnen die rechtsphilosophischen Fragen.

Der Gedanke: Wenn man das Verhalten des Menschen zum anderen Menschen nicht in Formen zwängt, dann wird dieses Verhalten gefährlich, dieser Gedanke führt ja nicht auf Recht, sondern nur auf die durch Macht gestützte Information, wie zu verfahren ist, auf die machtvolle Regel.

Das Institut »Recht« entsteht im rechtsphilosophischen Zusammenhang erst, wenn man die Frage zu stellen lernt, warum denn der Mensch in seinem Verhältnis zum anderen Menschen nicht alles sich selbst überlasse. Gibt es Gründe dafür, daß das friedfertige, organisierte Miteinander dem alltäglich sich fortentwickelnden Zufall vorzuziehen ist? Kann man Zwang gegenüber demjenigen rechtfertigen, der sich dem organisierten, friedlichen menschlichen Verband nicht anschließen will?

Recht ist mit rechtsphilosophischen Begriffen legitimierter Zwang.

3.6.2 Metaphysik des Rechts; ihre Schwierigkeiten

Diese Legitimation ist außerordentlich schwer zu erlangen. Die Versuche, **259**
diese Legitimation zu erreichen, sind in diesem Text als Metaphysik des Rechts zusammengefaßt worden.

3.6.2.1 Metaphysik des Rechts als Begrenzung von Macht

Dieser Ausdruck »Metaphysik des Rechts« weist auf das Problem hin, daß **260**
das vorgefundene Wollen von Menschen in Fragen der Organisation menschlicher Verhältnisse nicht von allein (natürlicherweise) zu Recht, sondern, wenn dieses Wollen sich durchsetzt, immer nur zu Macht führt. Erst wenn es gelingt, Notwendigkeit und Inhalt bestimmter Organisationsformen des Verhältnisses von Menschen zu Menschen anzugehen, Gründe, die vom wirklichen Wollen unabhängig sind, entsteht Recht. Gründe, die vom wirklichen Wollen bestimmter Menschen unabhängig sind, lassen sich aber nur in einer Metaphysik des Rechts finden. Gelingt eine Metaphysik des Rechts, so gelingt eine Begründung der absoluten Verbindlichkeit des Rechts und gelingt eine Begründung des Zwanges im Recht.

Wer Recht behandelt (und den praktisch weitreichenden Fragen der Rechtsphilosophie nicht ausweicht), behandelt nicht Interessen, Wünsche, wirkliches Wollen einzelner Menschen oder angebbarer Gruppen von Menschen, sondern behandelt die Sache der Menschheit, auch noch in der Behandlung des Mietrechts. Hier liegt der Unterschied zwischen Recht und zweckmäßiger Regel.

Diese Aufgabe der Metaphysik des Rechts erklärt auch, warum Macht sich nicht nur des (positiven) Rechts, sondern gerade der Metaphysik des Rechts so gern bedient, warum Macht beim Recht und der Metaphysik des Rechts stets Unterschlupf sucht. Recht, und verstärkt Metaphysik des Rechts, erhebt den Anspruch legitimierter Unwiderstehlichkeit. Was liegt näher, als Recht und Metaphysik des Rechts zur Verstärkung von Macht zu nutzen?

Im gegenwärtigen Staat und in der gegenwärtigen Gesellschaft gibt es keinen Minister, keinen Parlamentarier, keinen Parteifunktionär, keinen Verbandsfunktionär und keinen Demonstranten, der sich beim Erheben von Forderungen nicht auf das Recht (auf das richtige Recht) beriefe. Keiner dieser Personen käme es in den Sinn zu sagen, es würden nur zufällige Interessen vertreten.

Rechtsphilosophie muß daher darauf aus sein, daß man ihre Absichten und ihre Reichweite treffend zu beurteilen lernt. Die Sozialanthropologie, die die Bemühungen der Rechtsphilosophie anreizt, schließt ein, daß man sich um die Entfaltung von Macht, von Interessen, von Wünschen und Egoismen keine Sorgen zu machen braucht. Diese Sozialanthropologie enthält die Erfahrung, daß der Mensch machtwillig, interessengeleitet und egoistisch ist. Die Organisation der Entfaltung dieser Eigenschaften ist nicht Recht in dem Sinne, den die Rechtsphilosophie diskutieren will. Wird die Entfaltung von z.B. Interessen in Regeln gefaßt, so ist das nur Verfestigung, Sichtbarmachung von Information über Interessen, ist nur organisierter Utilitarismus.

Recht zielt in der rechtsphilosophischen Tradition immer auf Begrenzung von Interessen, von Macht und von Egoismen durch Suche nach Legitimation von Machtinteressen und Egoismen.

3.6.2.2 Die Geschichte der Metaphysik des Rechts als Geschichte der Schwächung dieser Metaphysik

261 Die Geschichte der Metaphysik des Rechts als Begrenzung von Macht, von Wünschen und Interessen ergibt vier Modelle:

- Rechtsidealismus (ewige Ideen als Kriterien für Gerechtigkeit),
- Rechtstheologie (Gottes Wille als Kriterium für Gerechtigkeit),
- wissenschaftlich gesicherte Rechtsphilosophie (die reine menschliche Vernunft als Kriterium für Gerechtigkeit),

– Rechtsphilosophie als Geschichtsphilosophie (notwendige historische Entwicklungen als Kriterien für Gerechtigkeit).

Man kann diese Modelle noch einmal zusammenfassen.

Kritikfeste Autorität scheint in der Gerechtigkeitsdiskussion nur auf zwei 262
Wegen erreichbar zu sein: durch Offenbarung (Rechtstheologie) oder durch Wissenschaft (Rechtsidealismus, Recht aus reiner Vernunft, Recht aus der Notwendigkeit geschichtlicher Entwicklungen).

Je weiter das Problem einer Metaphysik des Rechts entfaltet wird, um so deutlicher treten zwei Schwierigkeiten hervor.

Die älteren Modelle, Rechtsidealismus und Rechtstheologie etwa, stützen sich auf eine Sozialanthropologie, die das Wollen, das Interesse, den Egoismus des einzelnen Menschen als gefährlich oder doch unzweckmäßig für andere Menschen ansehen. Die Möglichkeit, Zwang durch Recht begründen zu können, ist von einer solchen Sozialanthropologie her nicht einfach, aber auch nicht unüberwindlich schwer.

Das ändert sich, sobald – sichtbar zum Beispiel bei *Rousseau* – das Wollen, 263
das Interesse und der Egoismus des einzelnen, seine Subjektivität positiv aufgefaßt werden: als Freiheit; und sobald diese Freiheit ihrerseits einer metaphysischen Begründung für würdig befunden wird. Die entstehende Metaphysik der Freiheit sichert die Freiheit gegen das zufällige Wollen anderer und bringt die Metaphysik des Rechts, die eine Freiheitsbeschränkung sichern will, in kaum überwindbare Schwierigkeiten. Macht und Interesse können jetzt als (metaphysisch begründete) Freiheit auftreten. Recht (und metaphysisch begründetes Recht) kann dieser Freiheit nicht überlegen, sondern nur gleichrangig sein. Die Begrenzung subjektiver Willkür durch metaphysisch gesichertes Recht ist einfach. Die Begrenzung der Freiheit durch Recht wird schwierig. *Kant* ist ein Hinweis auf dieses Problem.

Man kann bei *Kant* studieren, daß eine wissenschaftlich-metaphysisch gesi- 264
cherte Freiheit große, fast von vornherein zum Scheitern verurteilte Anstrengungen hervorruft, die Metaphysik des Rechts auf eine Stufe zu stellen, die eine Begrenzung der Freiheit, auch durch Zwang, legitimiert erscheinen läßt.

Parallel zur Entwicklung dieses Problems läuft die Entwicklung der Überzeugung, daß Metaphysik überhaupt, mithin, daß auch Metaphysik im Recht kaum je gelingen werde. Mißlingt aber die Metaphysik des Rechts, so muß jede Legitimation von Recht mißlingen; und es bleibt übrig: Recht als verfestigte Information über Machtverhältnisse und über das Klima, in dem Macht ausgeübt wird. Aber es handelt sich nicht mehr um Recht, sondern nur noch um Regeln. Wenn man diese Regeln weiterhin Recht nennt, dann wohl nur in der Hoffnung, durch diese Benennung Macht mildern zu können.

Machiavelli schildert dies zuerst (Rechtsrealismus), *Kant* macht den Versuch, die Entwicklung zu kanalisieren.

265 Die Entwicklung, die die Metaphysik aus dem Recht zurückzieht und nur noch machtvolle Regeln übrigläßt, enthält durch einen anderen Zug zusätzliche Sprengkraft. Die Schwächung aller Formen von Metaphysik schwächt auch die Metaphysik der Freiheit, läßt von ihr nur die äußere Willkür im Handlungsraum, das opportune, utilitäre Verhalten übrig. Aber so wie die machtvolle Regel weiter »Recht« genannt wird, so wird die Willkür weiterhin »Freiheit« genannt. Auf diese Weise kann Willkür – unter dem Namen der Freiheit –, Willkür, die nur auf Übersetzung in machtvolle Regeln Anspruch machen kann, sich als Recht präsentieren. Dabei kann verlorengehen und dabei geht im Laufe der politischen Geschichte des 20. Jahrhunderts verloren, was die Suche nach absolut richtigem Recht gerade angereizt hatte: die rechtliche Sicherung der Mindestbedingungen für ein menschenwürdiges Leben.

Streicht man die Metaphysik des Rechts (= die Legitimation der auch zwangsweisen Begrenzung menschlicher Egoismen oder der menschlichen Freiheit), so werden zweckmäßige Ordnung des Zusammenlebens und gewünschte Unordnung des Zusammenlebens unter Menschen gleichrangig. Seit *Machiavelli* weiß man das. Aber weder *Machiavelli* noch irgendein anderer antimetaphysischer Rechtsrealist nach ihm verzichtet auf die (zweckmäßige) Ordnung als den Grundbegriff der Rechtslehre, nur abgeleitet, begründet wird die Notwendigkeit der Ordnung durch Recht (durch Regeln) nicht mehr. *Es entsteht eine uneingestandene Ordnungsmetaphysik in der Rechtstheorie* als Reaktion auf die Entwicklung, die die Willkür durch das Recht verstärkt hat und die nun eine Willkür-Ordnung auf die nächste widersprechende Willkür-Ordnung folgen läßt.

Aber diese uneingestandene Ordnungsmetaphysik ist schwach. Ihr Begriff von (zweckmäßiger) Ordnung ist formal, buchgelehrt; es kann nicht angegeben werden, welchen Inhalt diese Ordnung haben muß. Und man kann diese uneingestandene Ordnungsmetaphysik leicht dazu bringen, ihre Anlehnung an die Metaphysik zu verleugnen. Man braucht nur auf die metaphysische Anlehnung anklagend hinzuweisen. Rechtslehre hat gegenwärtig wie selbstverständlich antimetaphysisch, nur-weltlich (physisch) zu sein. Daß Rechtslehre dann nur noch Regellehre ist, gesteht sie sich nicht ein. Die Schwierigkeiten, die hieraus für viele Menschen entstehen, sind so groß, daß das Fehlen einer Rechtsphilosophie als Lehre vom inhaltlich richtigen Recht immer spürbarer wird.

In den letzten Jahren werden daher die Anstrengungen, die Tradition der Rechtsphilosophie gegen den Relativismus der Rechtstheorie zu betonen, wieder größer[279]. **266**

3.6.2.3 Rechtsphilosophie und rechtliches Detail

Über allen diesen riesigen Schwierigkeiten vergißt die Rechtsphilosophie nicht, daß Recht mehr ist als ein Begriff, *daß Recht zu den Lebensbedingungen des Alltags gehört*, als Mietrecht, Strafrecht, Bildungsrecht, Straßenverkehrsrecht. **267**

Folgerichtig müht sich Rechtsphilosophie von Anfang an, alle rechtlichen Einzelheiten in den Ableitungszusammenhängen von Recht, in die Metaphysik des Rechts einzubeziehen, jede rechtliche Einzelheit zur Gerechtigkeitsfrage zu machen.

Bis zu *Kant* und *Hegel* hält die Rechtsphilosophie das durch. Dann gibt sie mehr und mehr auf. Das Aufgeben der Metaphysik des Rechts bedeutet das Aufgeben der Suche nach Gerechtigkeit im Detail – und in der Folge den Verlust der Fähigkeit, diese Suche überhaupt zu betreiben. Das rechtliche Detail, das für den einzelnen Rechtsabhängigen lebenswichtig sein kann als Strafbestimmung, Hochschulzulassungsregel oder Scheidungsfolgenrecht, wird zum historisch zufälligen Datum. Mietrecht, Straßenverkehrsrecht: Gerechtigkeitsprobleme? Vielleicht wünscht man noch, daß es so wäre. Aber wenn man hört, daß man sich dann auf Metaphysik, und sei es auf eine wissenschaftliche Metaphysik, einlassen muß, schreckt man doch zurück (und beläßt es bei Interessendurchsetzung und Interessenausgleich, bei Konfliktvermeidung und Konfliktregelung mit – hoffentlich, vielleicht – Rechtscharakter; gewaltlos sollte der Interessenausgleich auch schon sein, wenn es geht).

3.6.3 Ausweglose Situation der Rechtsphilosophie?

Gegenwärtig befindet sich die Rechtsphilosophie in einer ziemlich ausweglosen Situation. **268**

Es gibt einen Satz, auf den die meisten Wissenschaftler und Politiker, die über Recht nachdenken, sich einigen können: Absolute Maßstäbe für Gerechtig-

---

279 Beispiel: *Michael Köhler*, Der Begriff der Strafe, 1986; *Höffe*, Politische Gerechtigkeit, Grundlegung einer kritischen Philosophie von Recht und Staat, 1987; *Herzog*, Prävention des Unrechts oder Manifestation des Rechts, 1987; *Höffe*, Kategorische Rechtsprinzipien, 1990; *Kahlo/E.A. Wolff/Zaczyk* (Hrsg.), Fichtes Lehre vom Rechtsverhältnis, 1992; *Harzer*, Der Naturzustand als Denkfigur moderner praktischer Vernunft, 1994.

keit gibt es nicht, d. h. es gibt keine Metaphysik des Rechts. *So geht Recht in politischer Bewegung auf.* Es gibt nur vorübergehende Regelfestsetzung. Der Widerstand gegen diese bequeme Annahme nimmt nur langsam Gestalt an (s. oben Rn. 266).

Die Politik ist es zufrieden, weil ihr der ganze Bereich des Rechts nach Willkür zur Verfügung steht. Die Willkür gewinnt gegenwärtig durch Mehrheiten Gestalt. Aber notwendig ist das nicht. Man kann selbst das Mehrheitsprinzip aufgeben zugunsten eines Konsens- oder Diktaturprinzips, ohne daß dies nach wissenschaftlichen Prinzipien absolut ungerecht wäre.

In Schwierigkeiten kommt die Politik freilich bei sehr allgemeinen Fragen, bei massenhafter Gewaltanwendung etwa oder bei massenhafter Not und Unterdrückung und im Krieg, wenn also die Grundbedingungen des Miteinanderauskommens unter Menschen unsicher werden. Dann sieht sich auch die Politik nach einer »höheren Instanz« um, kann sie freilich so leicht nicht entdecken, schon deswegen nicht, weil selbstverständlich auch die Politik auf jeden Fall antimetaphysisch und wissenschaftlich zu sein wünscht. Bei diesen Gelegenheiten beschwört die Politik den schon einmal zitierten »notwendigen Konsens aller Demokraten« bei der Rechtssetzung, eine fast mitleiderregende Geste, die zeigt, wie weit man von rechtsphilosophischen Traditionen entfernt ist. Die Geste zeigt freilich auch, daß es Schwierigkeiten geben kann, wenn jede Suche nach absoluten Maßstäben der Gerechtigkeit für längere Zeit ausgesetzt wird.

269 Parallelerscheinungen finden sich in der Wissenschaft: keine Metaphysik, dabei bleibt es. Die Folgen sind aber recht unangenehm. Ohne absolute (metaphysische), nur dem Experten zugängliche Maßstäbe gibt es keinen Einfluß auf die Politik. Was die »moderne reine Rechtslehre« produziert, ist für den Gesetzgeber, den Rechtsanwender, den Bürger, den Mieter und den Vermieter, die täglich auf Recht angewiesen sind, von sehr geringer Bedeutung. Die »reine Rechtslehre« führt zu Einseitigkeiten und Langweiligkeiten und zum Verlust an Einfluß. Die Tendenz, wieder in das Gebiet der Metaphysik des Rechts, in das gefährliche Gebiet, in dem man sagen und begründen muß, was im Recht inhaltlich »richtig« heißen soll, zurückzukehren, ist daher auch durchaus zu sehen. Aber der Weg in dieses Gebiet ist mit zu vielen Sperren besetzt, als daß er sich leicht öffnete. Der Weg muß wissenschaftlich geklärt sein, möglichst sozialwissenschaftlich; analytisch muß er sein, nicht philosophisch in einem abgestandenen Sinne; auch nicht politisch, vielmehr rein theoretisch und expert; und zweckmäßige Ziele muß er eröffnen. Weit in das Gebiet der Gerechtigkeit kommt man mit einer solchen Rechtstheorie nicht. Aber Zeit, die Schwierigkeiten zu mindern, steht nicht unbegrenzt zur Verfügung.

Nimmt man alle Entwicklungslinien zusammen, so laufen sie vielleicht doch auf einen Punkt zu:

Die Metaphysik des Rechts im überkommenen Sinn (= Rechtsphilosophie) hat ursprünglich jede rechtliche Erscheinung beherrschen wollen. Die neue Zeit – insbesondere *Kant* – zeigt, daß diese Metaphysik sich zufriedengeben würde, könnte sie Menschenwürde und Freiheit als absolute Maßstäbe für die Gerechtigkeit jeden Rechts sichern. 270

Die Politik des Rechts, die entschieden vom Rückzug der Metaphysik des Rechts profitiert hat, weil sie Recht (= Regeln) nach Opportunität und Utilität »machen« konnte, wird unsicher, wenn sie Grundsatzprobleme der individuellen Existenz und der Existenz der Gemeinschaft als nur politische Probleme und nicht als Probleme absoluter Gerechtigkeit behandeln soll. Es ist nicht willkürlich, diese Grundsatzprobleme in der Sicherung von Menschenwürde und Freiheit zu sehen.

Das positive Recht steht, wie es glaubt, allen Inhalten offen, aber es macht Unterschiede. Die Abschaffung von Menschenwürde und Freiheit zum Beispiel will es als positives Recht nicht zulassen (Art. 79 Abs. 3 GG).

Die Rechtstheorie im aktuellen Stil will sich nur in der extremen Form der modernen reinen Rechtslehre von dem Problem der Gerechtigkeit gänzlich entfernt halten. Im übrigen befindet sich die Rechtstheorie auf dem Weg zurück zur Lösung der Gerechtigkeitsfrage, doch wohl mit dem Ziel, Menschenwürde und Freiheit theoretisch mitsichern zu können.

Alles das deutet darauf hin, daß die ältere Rechtsphilosophie das Problem richtig bestimmt hatte und daß es wieder aufzunehmen ist. Es gibt einen bestimmten, wahrscheinlich sehr *engen Bereich von Regeln, der mit Anspruch auf absolute Richtigkeit durch das Recht gegen Abweichung zu sichern ist.* 271

Dieser Bereich ist durch die Begriffe: Sicherung von Leben, Würde und Freiheit gegen Gewalt und List skizziert. Hier muß es wirkliches Recht, deutliche Trennung von Recht und Unrecht, Befugnis zu zwingen, und hier muß es Gerechtigkeit geben. Das ist der Bereich der Rechtsphilosophie. Und diese Rechtsphilosophie setzt voraus: eine pessimistische Sozialanthropologie (Leben, Würde, Freiheit sind durch andere Menschen dauernd gefährdet); und das Vertrauen, eine Metaphysik des Rechts (Angriffe auf Leben, Würde, Freiheit sind absolut ungerecht) werde begründbar sein.

Alles andere kann der Politik, dem Interesse, der Macht und ihrer milden modernen Form (dem Konsens) überlassen werden. Dieses »andere« ist der Bereich, den die ältere Rechtsphilosophie den Bereich der »üppigen, nicht-notwendigen Bedürfnisse« genannt hatte. Soweit es hier vorübergehend – zu Regeln kommt, mag man sie »Recht« nennen, aber das ist fast mißbräuchlich; das wären Rechtsregeln nur in einem untechnischen Sinne. Diese Regeln enthalten lediglich verfestigte Informationen über Machtverhältnisse, nicht Informationen über gerechtes Recht.

Auf diese Weise entsteht ein von der Rechtsphilosophie beherrschter *kleiner Bereich politikfreien, zweckungebundenen richtigen echten Rechts*, das wegen seiner Richtigkeit auch ohne Positivierung verbindlich ist, und ein *großer Bereich willkürlicher technischer Regeln* für die Verfahrensordnung in Gesellschaft und Staat, Regeln, die positiviert werden müssen, deren Legitimität aber nicht weiter reicht als die Macht, sie durchzusetzen.

Personenverzeichnis

(Die Zahlen bezeichnen die Randnummern)

Stichwortregister

(Die Zahlen beziehen sich auf die Randnummern)